XINFAZHAN LINIAN
YINLING MINGCHENG MINGDU JIANSHE
2017NINGBO FAZHAN YANJIU BAOGAO

新发展理念
引领名城名都建设
2017宁波发展研究报告

林崇建◎主编

中国发展出版社
CHINA DEVELOPMENT PRESS

图书在版编目（CIP）数据

新发展理念引领名城名都建设——2017 宁波发展研究报告 / 林崇建主编．—北京：中国发展出版社，2018.6

ISBN 978-7-5177-0864-3

Ⅰ.①新… Ⅱ.①林… Ⅲ.①区域经济发展—研究报告—宁波—2017 ②社会发展—研究报告—宁波—2017 Ⅳ.①F127.553

中国版本图书馆 CIP 数据核字（2018）第 110962 号

书　　名：新发展理念引领名城名都建设——2017 宁波发展研究报告
主　　编：林崇建
出版发行：中国发展出版社
（北京市西城区百万庄大街 16 号 8 层　100037）
标准书号：ISBN 978-7-5177-0864-3
经 销 者：各地新华书店
印 刷 者：北京明恒达印务有限公司
开　　本：787mm×1092mm　1/16
印　　张：18.75
字　　数：350 千字
版　　次：2018 年 6 月第 1 版
印　　次：2018 年 6 月第 1 次印刷
定　　价：58.00 元

联系电话：（010）68990630　68990692
购书热线：（010）68990682　68990686
网络订购：http：//zgfzcbs.tmall.com//
网购电话：（010）88333349　68990639
本社网址：http：//www.develpress.com.cn
电子邮件：bianjibu16@vip.sohu.com

编 委 会

目 录

名城名都

湾区经济

“一带一路”

实体经济

社会民生

名城名都

贯彻新发展理念　推动宁波高质量发展

◎ 林崇建

宁波市委经济工作会议提出："拉高标杆创一流，扬长补短创优势，坚定不移推动宁波走在高质量发展前列。"这是宁波坚决贯彻习近平新时代中国特色社会主义经济思想的具体行动。推动宁波高质量发展，我们要努力从三个方面下功夫。

一、深刻把握内涵及必然性，坚定高质量发展决心

"我国经济已由高速增长阶段转向高质量发展阶段。"这是以习近平同志为核心的党中央立足世情、国情和民情，对新时代中国经济历史方位作出的科学判断。转向高质量是符合经济发展阶段演进的一般规律，也是世界主要国家成功转型的普遍经验，当前我国推动高质量发展势在必行、刻不容缓。

高质量发展就是体现新发展理念的发展。高质量发展是创新成为第一动力、协调成为内生特点、绿色成为普遍形态、开放成为必由之路、共享成为根本目的的发展，就是满足人民日益增长的美好生活需要的发展，讲求的是质量第一、效益优先。从经济运行角度看，高质量发展就是以高质量的供给来满足和引领高质量的需求，以高质量的配置来充分发挥市场配置资源的决定性作用，以高质量的投入产出来提升全要素生产率，以高质量的分配来促进居民收入持续均衡增长，以高质量的循环来解决经济运行中突出的失衡问题，增强可持续发展能力。

高质量发展是突破资源要素制约倒逼发展方式转变的客观需要。从全国来看，我们过去推动高速增长的低成本优势大大减弱，中低端供给过剩和中高端供给不足结构性矛盾突出，资源环境承载力接近极限。从宁波来看，目前也明显存在土地供需矛盾突出、劳动力成本持续上涨、能耗居高不下、开放优势弱化等等问题，这些问题催人警醒。显然，传统发展方式已经难以为继，可见我们必须在高质量发展上下功夫，时不待我，刻不容缓。

高质量发展是应对国际竞争跨越"中等收入陷阱"的根本支撑。我国已成为世界第二大经济体、第一大进出口贸易国，但"大而不强"特征明显。国际竞争上，面临着发达国家"再工业化"和许多发展中国家抢占中低端市场的双重挑战。发展

阶段上，面临着“中等收入陷阱”的严峻挑战，研究表明，1960 年的 101 个中等收入经济体中只有 13 个经济体先后进入高收入经济体，其中人口超过 2500 万的只有日本、韩国和西班牙 3 个国家。这都是我们全面建设社会主义现代化强国必须要迈过去的坎，爬坡过坎唯有依靠高质量发展。

高质量发展，是我国当前和今后一个时期确定发展思路、制定经济政策、实施宏观调控的根本要求，国家已经在 GDP 统计方式、市场公平竞争审查、房地产市场稳定发展长效机制、地方债务限额、环境容量严控和生态环境改善诸方面，出台了一系列限制传统发展方式的宏观政策举措，也倒逼我们转向高质量发展的轨道。

二、推动产业提质增效，筑牢高质量发展根基

推动宁波高质量发展，最突出的也是最亟须突破的问题在产业。具体来说，高新技术产业和现代服务业发展不快、比重不高，新增长点挖掘不充分，这些发展领域又都是走向高质量发展的重点方向，我们必须花大力气加以突破。

要加快提升高新技术产业带动力。高新技术产业决定着制造业质量的高低，是宁波强化制造业优势的关键所在。纵向看我们成绩不少，但横向比差距明显。宁波高新技术产业增加值比重和增速与先进城市相比差距较大，战略性新兴产业增加值占比也低于省内多个城市。我们要在全面落实现有各项举措的基础上，进一步突破三个方面的重点。一是留住人才和柔性引才用才。必须重视培育和用好本土人才、存量人才，让人才真正扎根在宁波。同时，要鼓励和支持企业扩大柔性引才用才，让全球全国优秀人才为我所用，这是改革开放四十年来宁波发展重要的经验和优势。二是促进科技成果转化落地。要充分发挥国家科技成果转移转化示范区的优势，加快打造高效的成果转移转化体系，在推进本土成果转化的同时，也要特别重视引进全国乃至全球的科技成果在宁波落地转化，要加快谋划建设一批承接成果转化落地的专门园区等空间载体。三是改造提升传统产业。推动传统产业与新工艺、新技术、新模式等相融合，加快转型为智能化、高端化的高新技术产业，这是宁波高质量发展的基础支撑。

要加速补齐服务业短板。进入新时代，服务业已经成为支撑我国经济高质量发展的主要贡献者，也是促进制造业高质量发展的重要支撑。目前，宁波服务业增加值占 GDP 比重落后于全国全省平均水平，增速也不快，服务业发展滞后是宁波经济发展的痛点，是高质量发展的最大短板。我们必须跨越式发展现代服务业，像抓工业一样大力度来抓服务业，要有专门机构来抓，要着力发展融合性强、带动力大的高端生产性服务业，提升城市综合服务功能和资源控制力的专业服务业。特别要大力引进培育以新技术、新模式为基础的专业领域整体解决方案运营商，在传统行业纵向联合、特色小镇建设、产业园区运营、商业文化功能区设计运营、节能环保服

务等领域发掘一批示范企业，引进一批国内外有影响力企业，在壮大本土产业的同时，要努力形成在国内可复制和推广的运营模式，拓展宁波服务业发展市场。

要抢抓机遇培育壮大新增长点。由新技术革命孕育的，或有准入限制而在于始改革探索的，或市场潜力开始形成有效需求的诸多领域，都是可积极研究探索并抓住机遇重点突破的新增长点。比如，低空经济领域，以通用机场为核心，可结合宁波制造配套优势和国家级通用航空产业综合示范区建设、宁海通航机场获批建设的先机，大力发展培训维修服务、关键部件制造、集成系统乃至整机等产业；军民融合领域，要积极探索融合新路径、新模式，鼓励本土民营企业积极“参军”提供高质量配套产品，招引一批大企业、大项目，建设一批军民融合创新示范区和技术转移中心；乡村振兴领域，集体经营性建设用地入市，农村宅基地管理制度改革，建立多主体供应、多渠道保障“租购并举”的住房制度，农民工市民化以及林业经济改革等重点改革发展的领域都蕴藏着机遇，要深入研究、争取和扩大试点，尽早谋划一批新的增长点；此外，在教育、文化、健康、养老、医疗卫生等开放度不高、有效供给不足、发展不充分的社会服务领域增长潜力巨大，需要加大产业主体的培育壮大，挖掘新潜力。

三、深化内外开放合作，拓展高质量发展空间

新时代，宁波更要发挥好开放这个最大优势，要强化内外全面开放合作的理念，以更宽广的视野、更积极的姿态推动区域协同协调发展，深度融入以“一带一路”建设为统领的更全面的开放，统筹利用好两种资源、两个市场，增强全球资源要素集聚配置能力，为高质量发展开辟更广阔的发展空间。

对外开放合作上，要加快以“一带一路”建设创建国家级综合试验区为龙头，统领各类开放平台建设和政策体制创新，加快形成宁波新一轮对外开放的战略体系框架。一要争创一批高能级的开放平台。以做实“16＋1”经贸合作示范区为重点，力争中国—中东欧贸易便利化国检试验区有实质性成果，高质量办好中国—中东欧国家经贸促进部长级会议，推动中东欧投资贸易博览会成为国家展会，在引进一批中东欧国家代表处和签证中心、国际商务贸易机构和国际性组织办事处等方面要取得实质性突破，努力成为中东欧国家投资经贸合作首选之地。要全力申报自由贸易港，同时研究承接自由贸易港溢出效应的重点方向、区域布局和体制机制。二要推进外贸由“大”转“强”。在促进出口的同时，要像抓出口一样抓进口，把握国家进口促进策略调整和进口商品结构调整的趋势，拓展口岸优势和功能，创新内外对接的贸易畅通机制，建设一批进口商品仓储中心、分拨中心、交易展示中心，建设全球跨境电商中心城市。三要提升对外投资水平。健全“走出去”综合服务体系，降低对外投资合作风险。鼓励以对外投资带动贸易发展、产业升级，支持以跨国并

购、建设海外基地等方式深度嵌入全球化生产营销网络和创新体系，积极培育一批本土跨国公司。

对内开放合作上，要深入贯彻国家区域协调发展战略，深入挖掘长三角南翼经济中心和宁波都市圈核心城市国家战略定位的内涵和优势，着重在接轨上海扩大长三角合作、推进宁波都市圈建设等方面上主动有为开创新局面。要更加主动接受上海的辐射带动，深化沪甬合作示范区建设，加大在港口合作、产业对接、平台共建、交通廊道建设、承接适合宁波的上海非核心城市功能疏解等方面力度，借助上海高质量发展的“力”与“势”，提升区域协同发展的动力。推进宁波都市圈建设是国家和省的战略要求，宁波要立足大湾区、大花园、大通道、大都市“四大建设”，提升市内区域间的协调发展水平，突出极核服务辐射功能，重点提升与舟山、台州的协同合作水平。深化甬舟一体化，加快在公共服务、基础设施、功能布局、要素流动等方面实现同城化。积极主动加强与台州合作，推动环三门湾等临界区域的融合发展，加快两市陆湾岛一体化发展。加快市内全域城区化步伐，借鉴武汉、南京、厦门等城市成功经验，关注杭州、青岛、大连等地加快全域城区化的制度安排，尽早谋划宁波整体战略部署，适时启动有时序的宁波全面“撤县（市）设区”工作，为现代化大都市建设提供强大动力。

四、提升宜居宜业水平，增强高质量发展支撑

建设优美的宜居宜业环境，既是满足人民美好生活需要的必然要求，也是吸引优质人才和企业、有效提升发展质量效益的有效路径。宁波在全面提升的基础上要有重点突破。

要在基础教育高水平优质均衡上突破。学前教育、义务教育和高中教育的优质均衡是宁波百姓关注的焦点问题，也是高层次人才引进和扎根的首要的关注点，要以更大的力度加以推进。在政府加大投入力度的前提下，要用改革的手段增强对外资、民资和社会资本投入的吸引力，善于优化提升政府资金投入的乘数效应，把政府资金更多地投向向社会购买学位的领域，同时要促进市场化的高质量的民办基础教育发展。通过几年的持续努力，把宁波建成基础教育最优的城市。

要在诸多新城充分发展上有突破。宁波中心城区和各区县（市）有诸多的新城和新区，为都市发展作出了重大贡献，但同时发展的不充分问题不同程度地存在，有的是公共服务配套不健全，有的是产业引入不充分，有的是缺少重大功能性项目支撑，这些问题使之发展的效率明显受限，城市功能提升不快。要在开展城市有机更新、深化国家城市设计、“城市双修”、海绵城市等试点的过程中，全面研究优化规划，并有序实施建设计划。对市级重大功能性园区，要提升产城融合发展水平，加快完善城市服务功能，打造宜居宜业的高质量发展高地。

要在提升城市国际化环境方面有突破。围绕打造具有全球影响力的国际化城市目标，推进国际社区、国际街区、国际学校、国际医院，以及国际化生活服务体系的建设。完善城市公共双语标识系统，提高涉外教育、医疗、文化等公共服务水平，强化包容、开放、多元、和谐的城市人文环境塑造。要更加重视涉外会计、税务、审计、评估、法律、科技、人才等市场化中介服务的发展，重视国际性、区域性文体赛事和会展等活动承办，进一步提升国际化宜居宜业环境和城市国际影响力。

五、着力优化营商环境，激发高质量发展活力

新时代，推动高质量发展，地方政府发展经济的理念、手段和方式也随之发生根本性变革，许多传统工作方式方法的功能作用，有的已经弱化，有的已经不适用。目前，国家已经就全面优化营商环境作出了明确的部署和行动，这就需要我们坚决打破思维定式、路径依赖和工作惯性，牢固树立新发展理念，从过去拼资源、拼政策优惠转到通过“降成本”和“优服务”打造宁波优质营商环境上来。

要多管齐下降低企业成本。抓住“最多跑一次”改革这个“牛鼻子”，抓住“放管服”改革这个关键，突出抓好信息孤岛破除和信息共享，做好简政放权的“减法”、加强监管的“加法”，全力创建“审批事项最少、办事效率最高、政务环境最优、群众和企业获得感最强”的城市。深化投资贸易便利化改革，减少和优化外资项目手续，加快中国—中东欧国家贸易便利化国检试验区建设，推广负面清单试点，打造法治化、国际化、便利化的营商环境。加大降低企业税费成本力度，不折不扣落实好国家减税降费政策，规范涉企收费目录清单管理，清除不合理涉企行政性收费。保障资源要素供给，推进土地、能源、排放等资源要素配置改革，积极盘活低效和闲置用地，让高质量发展企业更便利地获得资源要素。

要深化政策作用的有效性。提高政策的协同性，定期开展各类政策审查和梳理，减少政策“打架”现象，确保政策可操作可落地，按照“清晰好用”原则制定年度政策清单。实施既扶持重点产业又体现公平的政策导向，在全面实施国家产业政策的基础上，探索建立起对初创企业给予政府补贴，对成长型企业按税收贡献度给予奖励，对龙头骨干企业更有针对性解决发展制约问题的政策体系。严格依法行政，依法有效保护各种所有制经济组织和公民财产权，强化知识产权保护，严格规范公正文明执法，着力营造公平公正公开的市场竞争环境。

全面把握“六化协同”的作用内涵和突破重点

◎ 课题组

宁波市第十三次党代会确立了建设国际港口名城、打造东方文明之都的奋斗目标，提出了“六化协同”是宁波推进创新发展、协调发展、优质发展、跨越发展的总方略、总抓手，这是新阶段宁波贯彻落实党中央治国理政新理念新思想新战略、深入践行省委“八八战略”的集中体现，全面提升城市发展质量和综合竞争力的行动指南。充分认识“六化协同”地位作用和内涵要求，进一步明确“六化协同”的突破重点和推进举措，是贯彻落实市第十三次党代会精神的基础性工作，将为全市统一思想认识、明确战略导向、破解关键难题，加快共建“名城名都”，提供理论和实践上的有力支撑。

一、充分认识“六化协同”的地位作用

“六化协同”是全面落实新发展理念，以“八八战略”为指引，以建设“名城名都”为目标，以产业高新化、城市国际化、发展均衡化、建设品质化、生态绿色化、治理现代化为基本路径，以统筹发力、协同推进为基本策略，事关宁波全局性和长远性发展的科学决策。

（一）“六化协同”是新发展理念在宁波的全面落实

新发展理念是以习近平同志为核心的党中央治国理政新理念新思想新战略在发展问题上的集中概括，是“十三五”乃至更长时期我国发展思路、发展方向、发展着力点的集中体现，也是谋划和推动宁波未来发展的重要遵循和基本方向。市党代会提出“六化协同”，就是坚持以新发展理念引领发展行动，全面推动新理念全方位覆盖、一体化推进、精准式落地的具体部署，就要将新发展理念贯穿于经济社会发展全过程，体现在改革发展稳定各领域，转化为推动宁波高起点上新发展的强大动力。

“六化协同”对新发展理念的贯彻落实是全面而深入的，宁波通过实施“六化协同”这一总抓手能够有效提升统筹贯彻新发展理念的能力和水平。“六化”契合

宁波实际，是对五大发展理念更具针对性、更显宁波特质的细化和具体化，产业高新化、城市国际化、发展均衡化、建设品质化、生态绿色化分别突出了创新、开放、协调、共享和绿色发展的主题，具有一一对应的关系，而治理现代化则从区域发展制度层面给予强大保障，“六化”全面体现了宁波贯彻落实新发展理念的方向、路径和重点。同时，“协同”作为统筹谋划和系统推进“六化”的基本方法策略，深刻把握了五大理念的辩证关系，充分体现了一体坚持、一体贯彻的要求，进一步增强了“六化协同”总抓手的整体统一性和科学有效性。

（二）“六化协同”是宁波践行“八八战略”的创新举措

“八八战略”是引领浙江发展的总纲领，坚定不移沿着“八八战略”指引的路子走下去，是当前和今后一个时期全省各级党委、政府工作的主题。宁波提出“六化协同”，就要为切实践行“八八战略”注入新的活力，使“八八战略”在宁波的新发展中更显生机。

“六化协同”充分体现了“八八战略”的“走在前列”的战略要求。宁波是长江经济带龙头龙眼和“一带一路”战略枢纽，中央和省委对宁波发展寄予厚望，勉励宁波早日跻身全国大城市第一方队，为全国全省大局作出更大贡献。“六化协同”紧紧围绕这一总要求，确定六大重点领域“走在前列”的努力方向和基本路径，从而推动宁波加快实现新一轮跨越发展，为建设好“浙江的今天”提供更多的宁波实践、宁波经验、宁波样板。

“六化协同”更加突出了“八八战略”的“强优势、补短板”的重点举措。“六化协同”既着眼于强化优势，在继续巩固发挥港口优势、开放优势、均衡发展优势、制造优势等已有优势的同时，也很好回答了找短板、补短板这个命题，不仅要补上发展中存在的薄弱环节，同时要抓紧补齐制约未来长远发展的深层次、关键性短板，如创新动能不够强、文化发展较为滞后、城市品质形象亟待提升、治理制度有待完善等。这是宁波在“八八战略”指引下，对“强优势、补短板”要求的具体落实。

（三）“六化协同”是宁波实现“名城名都”奋斗目标的总方略总抓手

宁波市十三次党代会确立了未来宁波发展新的奋斗目标，建设“名城名都”，是实现“两个一百年”奋斗目标和中华民族伟大复兴中国梦的宁波使命、宁波坐标、宁波行动。推动实现这个总目标涉及众多方面，在实际工作中必须要有一个总揽全局、牵引各方的总方略、总抓手，才能做到提纲挈领、纲举目张，“六化协同”是能够承担起这样一个作用地位的科学决策。

“六化协同”是在准确把握宁波发展实际、科学判断宁波发展方位的基础上作出的科学决策。当前，宁波正处于激流勇进的追赶跨越期、发展动能的集成发力期、城市品质的全面提升期、城乡一体的加速融合期、高水平全面建成小康社会的决战决胜期。在这关键节点上，宁波面临着众多难得的历史性重大机遇，也面临着更多风险挑战和矛盾困难，必须要有一个全面把握机遇、沉着应对挑战、赢得战略主动的总体性方案。“六化协同”准确判断当前阶段发展特征和形势，全面系统概括了宁波未来发展的方向路径和方法策略，是一个能够有效指导发展实践的科学决策。

“六化协同”是宁波建设“名城名都”的总方略总抓手。“六化协同”和“名城名都”“十个一流”组成了新时期宁波发展的整体战略目标体系，“名城名都”是奋斗目标，“六化协同”是总方略总抓手，“十个一流”是重点任务。“六化协同”在目标和任务中起到承上启下的作用，明确了“名城名都”建设的六大基本路径，是建设“名城名都”奋斗目标的总方略；明确了协同推进经济社会发展的基本策略，是牵引“十个一流”重点任务的总抓手，是确保宁波继续干在实处、走在前列的动力集成。

二、准确把握“六化协同”的内涵要求

“六化协同”内涵丰富、意蕴深远，也是一项事关宁波长远发展的艰巨而复杂的系统工程。深入实施“六化协同”，必须要全面准确地理解其本质、核心和关键的内涵要求所在，才能把思想和行动统一到市委决策部署上来，确保取得最好的实施效果。

（一）“六化协同”的本质是领先发展

希望宁波成为发展质量领先、生活品质领先、文明程度领先的城市，这是中央和省委对宁波发展的厚望，是全市人民对宁波发展的期待。领先发展是未来相当长时期内宁波改革发展的主线，是整体战略目标体系的本质要求。早日跻身全国大城市第一方队的总要求，加快建设国际港口名城、努力打造东方文明之都的总目标，以及打造“十个一流”的具体任务都充分体现了宁波要领先发展的要求，这就决定着“六化协同”的本质内涵在于领先发展。从“六化协同”的六大路径看，高起点谋划、高目标引领、高标准追求的领先发展的目标方向也十分明确。

产业高新化体现了以创新为导向的领先发展路径，解决的是经济发展方式转变不快的问题，其实质内涵就是以创新为核心动力，以智能经济等新经济为主攻方向，以新产业为主导产业，加快形成具有领先水平的经济新结构和新体系。

城市国际化体现了以国际竞争为视野的领先发展路径，重点解决开放优势的拓展和丰富问题，其实质内涵就是加快形成产业国际竞争力、文化国际影响力、环境国际吸引力等新优势，真正成为开放强市和具有全球影响力的国际化城市。

发展均衡化体现了以产城人融合为标准的领先发展路径，重点解决结构不合理

问题，其实质内涵就是精准补齐文化发展滞后、农村发展滞后等明显短板，推动区域高水平均衡发展，加快高水平全面建成小康社会。

建设品质化体现了以高品质为特征的领先发展路径，重点解决城市形象内涵提升问题，其实质内涵就是打造活力之城、魅力之城、智慧之城和最具幸福感城市，提升城市形象品质和民生服务品质，让人民更具获得感、共享发展成果。

生态绿色化体现了以可持续发展为要求的领先发展路径，重点解决承载力提升问题，其实质内涵就是加快生产方式和生活方式绿色化，促进生产空间集约高效、生活空间宜居适度、生态空间山清水秀，打造美丽宁波。

治理现代化体现了政府职能转变为保障的领先发展路径，重点解决治理制度、方法和效率问题，其实质内涵就是加快提升政府管理和服务的能力水平，建设更高水平的法治宁波、平安宁波。

（二）“六化协同”的核心是整体推进

“六化协同”是内在统一的有机整体，其中，“六化”是基本路径，“协同”是基本策略，路径与策略的整体谋划使其兼具方向引领性和实践指导性。

“六化”内容事关全局、涵盖全面、符合规律，具有紧密的内在逻辑，是互相关联、互相促进、相辅相成的有机整体，是一个整体战略部署的有序展开。产业高新化是“双腿”，强调创新，注重经济的更高质量、更高效益，是领先发展的动力支撑；城市国际化是“臂膀”，强调开放带动，注重发展的开放性和竞争性，是领先发展的必由之路；发展均衡化是“骨干”，强调全面协调，注重产城人的融合发展，是领先发展的基本标志；建设品质化是“生命”，强调品质共享，注重城市内涵提升和人民生活水平的提升，是领先发展的根本原则；生态绿色化是“血脉”，强调绿色发展，注重生产生活生态的和谐和更有质量的发展，是领先发展的内在要求；治理现代化是“心脏”，强调善治，注重治理体系和治理能力的提升，是领先发展的根本保障。

“协同”是“灵魂”，强调发挥整体力量、放大协同效应，注重“六化”路径的同步融合和互为促进，能有效集成“六化”的推动力，避免偏执一方、畸轻畸重；注重上下协同、部门协同和政企社会的协同，能有效集成各类主体的工作合力，避免单打独斗、顾此失彼。“协同”是领先发展的基本策略，能破解难题和制约的有效方法。

（三）“六化协同”的关键是改革推动

习近平总书记在中央全面深化改革领导小组第二十二次会议上强调，“夺取全面建成小康社会决胜阶段的胜利，很关键的一条是通过全面深化改革推动落实新发展理念。”宁波在新发展理念指引下，全面实施“六化协同”也必须紧紧依靠全面深化改革这个动力源。

新时期推进“协同”的要求高、难度大，不仅需要工作的开拓创新，需要思路的深刻变革，也会涉及利益格局的深刻调整。从目标要求看，要解决宁波“名城名都”建设的深层次、关键性短板，实现领先发展的目标；从发展思路看，要解决条块分割、各自为政的难题，强化大局观念、全局观念，树立“一盘棋”统筹发展思维；从工作层面看，要解决传统方式方法难以适应新形势新要求的状况，创新形成能把握规律性、增强主动性、提高实效性的方式方法；从利益格局看，要突破利益固化的藩篱，让发展成果更多更公平惠及全体人民，让人民群众更有获得感。这些难题和挑战，只有通过全面深化改革，才能得到根本性破解。因此，改革是推进“六化协同”的关键所在。

三、牢牢锁住“六化协同”的突破重点

宁波全面实施“六化协同”，首要的是提升“协同”水平，要抓住“牵一发动全身”的重点领域和关键环节，实施更精准和实效的改革举措，构筑更有利于“协同”的基础性体制机制，为宁波整体推进“六化协同”、加速形成领先发展之势奠定扎实基础。

（一）建立持续推进“四梁八柱”的体制机制

创建“一带一路”综合试验区、建设沪嘉甬铁路、迁建庄桥机场、推进东钱湖区域提升发展等具有战略性、引领性、全局性的重大平台、重大改革和重大项目，是有效保障、有力支撑“名城名都”建设的“四梁八柱”，是未来宁波实力、魅力和活力的集中体现。“四梁八柱”能充分代表“六化协同”的主体项目和核心任务，充分衡量“六化协同”的实施成效，也是长期而艰巨的重大任务，不可能一蹴而就、一帆风顺，必须要保持锲而不舍、久久为功的决心和毅力，确保一抓到底、敬终如始、善始善终。因此，必须把推进“四梁八柱”的工作放在更在突出的位置，关键是要建立确保一以贯之、持续推进、持续深化的体制机制，以钉钉子精神，确保一张蓝图绘到底、干出实效。

一要增强“四梁八柱”的法定地位。根据“四梁八柱”项目性质、内容不同，通过制定实施意见、规划、计划、方案等规范性文件的形式，将“四梁八柱”的持续推进任务纳入各级党委政府和人大的重大决策决定。明确每个项目建设的任务目标、完成时限和阶段性实施计划，涉及项目重大调整的，必须按照规定的程序进行审议，增强项目推进工作的严肃性和权威性，从体制机制上保持推进工作的稳定性和连续性，确保不变调、不折腾、不反复，一年接着一年干、一任接着一任抓。

二要深化领导持续挂帅制度。深化“大脚板走一线、小分队破难题”的领导挂

帅制度，强化“一个项目、一名领导、一个分队、一抓到底”的工作机制，层层压实责任，层层抓好落实，形成领导深入一线、领衔攻坚破难的鲜明工作导向。挂帅制度不因领导调整而中断，彰显项目推进的决心和力度。挂帅领导要定期或者按需组织召开项目推进联席会议，听取项目进展汇报，加强协调指导，及时研究解决项目建设中出现的困难和问题，推动形成上下联动、各部门统筹协调的工作格局，着力打通“中梗阻”。

三要完善持续推进工作机制。实施挂图作战，加强工作任务分解，明确责任单位和时间节点，每一个阶段、每一个环节、每一个事项都要明确完成时限。加强督查和考核，将“四梁八柱”项目建设纳入年度重点督办和目标考核内容，完善督导督查机制，完善正向激励和反向倒逼机制，对认真落实、成效突出的要给予表扬和激励，对落实不力、敷衍塞责的要坚决整改和问责。建立报告公示制度，各地各部门定期向市委市政府进行专题报告，总结项目建设主要成效、重大进展和存在问题，并适时向社会公示。

（二）加速实现全域“多规合一”

“多规合一”是指市域各类规划确定的空间数据一致、空间功能一致，关键是形成空间规划一套图，目的是为了解决规划自成体系、内容冲突、缺乏衔接协调等突出问题，进一步强化政府的空间管控能力。加快实现“多规合一”是顺应国家规划体制改革的必然要求，是宁波推进“六化协同”的基本保障、基本手段，也是国内先进城市促进资源整合重组和优化配置的重要经验。近年来，宁波“多规融合”试点工作取得积极成效，中心城区内“三规”实现了管制意图高度一致。但是，全域的规划统筹性仍不足，空间规划体系不统一、城市碎片化发展等问题仍较为明显。全面推进“六化协同”必须强化规划的龙头引领作用，以新一轮城市总规编制为契机，积极创建国家空间规划改革示范城市，推进全市域“多规合一”，从规划层面打破行政区划分割和部门壁垒，加强市级层面对重大项目和空间资源的统筹，将“六化协同”的要求全面落实到空间规划上，并带动建设项目审批流程再造，促进项目建设提速增效和投资环境优化。

一要实现全市空间规划一套图。深化巩固“多规融合”成果，在中心城区空间规划一套图的基础上，进一步融入多种规划和扩大区域范围，加快实现国民经济和社会发展规划、产业发展规划等多种规划在空间数据和功能上的一致，加快推进县市“多规合一”工作，构筑全市域的空间规划一套图。强化“一图”的空间管控体系，合理划定城市开发边界，明确开发边界内各类控制线，完善以控制线为主导的市域空间资源统筹管控体系，守住发展底线。加强“多规合一”信息平台动态更新维护，统一规划成果格式和数据标准，逐步将各项规划数据全面纳入信息平台，实现长期有效、实时更新、动态融合的市域空间规划图。

二要构建“多规合一”的长效运行机制。完善全市统一、各项规划相融合的空间规划编制体系，建立分层决策机制，加快制定实施“多规合一”实施方案，适时制定出台“多规合一”规划管理规定。建立部门、市县工作联动机制，及时沟通有关信息，提高规划优化调整的一致性，协同提升规划的行政审批效率。严格依法执行规划，建立规划执法和查处协同机制。加强规划决策过程中的程序合法，减少规划调整的随意性，强化对规划工作的监督。

（三）加快推进城市标准化建设

标准是准则、规范，是经济活动和社会发展的技术支撑。城市标准化建设就是在经济社会各领域制定并遵循统一的技术规则体系，通过建立标准体系、推动标准实施、强化标准监督、提升标准化服务能力，加快标准化的普及应用和深度融合，构筑“事事有依据、处处有标准”的发展格局。加快推进城市标准化建设是促进和规范“六化协同”的有力之举，能有效破解“九龙治水”、责任盲区、权责变通过大等现实难题。近年来，宁波深入实施标准化战略，产业发展领域标准化建设取得显著成效，但全社会标准化意识仍较薄弱、经济社会各领域的普及应用和融合程度仍不够。目前，国家已经出台十三五标准化建设规划，浙江省制定了《浙江省“标准化+”行动计划》并获批首个国家标准化综合改革试点，标准化建设也已成为深圳、杭州、青岛等城市贯彻落实新发展理念的有效经验。因此，宁波标准化建设的必要性、紧迫性进一步增强，要抢抓机遇，进一步重视和发挥“标准化+”效应，为推进“六化协同”、建设“名城名都”提供强有力的基础支撑。

一要加强城市标准化顶层设计。进一步深化认识、统一思想，全面强化政府各级各部门和市场主体的标准化意识，深化实施《宁波市标准化战略“十三五”发展规划》，拓展丰富宁波标准化战略的内涵、范围和应用，加快确立和实施标准化全面发展战略。加快研究城市标准化建设的框架体系和制定导则，探索制定以“六化”为一级分类的，相互融合、富有宁波特色的标准化体系，有序推进二级分类的各领域标准制定。进一步强化标准化建设的组织领导，在市标准化战略工作领导小组的基础上，探索成立由市主要领导挂帅的市标准化委员会，统筹协调指导标准化全面发展战略的实施。进一步加强对标准化建设的资金投入、政策支持、人才培养等方面保障力度。

二要加大重点领域标准化建设。“六化”领域要实施一批标准化项目试点示范工程，树立一批标准化项目典范和标杆，引领全市标准化工作整体水平的提升。产业高新化要突出智能制造、特色产业集群、优势现代服务业等领域；城市国际化要突出贸易投资便利化、国别园区建设、涉外管理服务、国际性活动等领域；发展均衡化要突出特色小镇、农村综合改革、美丽乡村和“一城三都”文化发展等领域；建设品质化要突出规划设计、海绵城市、地下空间、建筑施工、智慧管理、安全应急等领域，突出教育、体育、卫生、社会保障等公共服务领域；生态绿色化要突出循环经济、节能减排、生态保护和涵盖治水治气、治城治乡、治土治山的污染防治等领域；治理现代化要突出行政审批、权力运行、执法监管、政府购买公共服务等领域，突出乡镇（街道）“四个平台”、网络化管理、社会信用体系等基层治理领域标准化建设。

（四）建立健全政策审查评估制度

政策协同是推进实施“六化协同”的重要举措和必然要求，建立科学有效的政策审查评估制度，能有效解决政策不协调、低效政策多、政策落实难等问题，有力推动政策体系的统筹协调，进一步提高政策的科学性、实效性。

一要梳理整合重点领域的政策体系。建立定期梳理整合的政策完善机制，同类重复的政策要优化整合一批，矛盾冲突的政策要统一规范一批，过时低效的政策要废止一批，加快形成精简实效的政策体系。探索成立市级政策协调领导小组，指导各级各部门开展现有政策的“自查自纠”工作，厘清各级各部门政策目录，推进政策梳理整合。

二要建立政策制定的协同审查制度。在强化政策合法性审查的同时，要创新政策的合理性审查机制，着重对制定新政策的必要性、利益性和条块政策协调性等进行协同审查。探索建立相关部门、智库和第三方机构联合的政策协同审查小组，通过审查小组协同性预审的才能启动政策制定程序，审查小组要全程参与政策起草和修改，以加强政策的协调性。

三要对重大政策实施效用评估。扩大公共政策第三方评估试点，研究制定《开展重大政策举措第三方评估工作的实施意见》，进一步明确评估流程和评估结果处置机制，强化政策评估的合法性、科学性和严肃性。每年选择一批“六化协同”重大政策进行评估，评估结果作为考评政策制定和实施主体的重要依据，推动政策制定水平和实施效用进一步提升。政策评估要采用政府购买公共服务的形式，鼓励社会咨询评估机构、高校研究机构等第三方专业机构积极参与公共政策评估。

（五）创新探索跨区域利益调节

建立健全科学有效的跨区域利益调节机制，能有效化解各地因资源禀赋、经济基础和所承担功能不同而引起的利益矛盾，有力推动全市更好实现重大功能布局“一盘棋”。当前要以破解环境保护、产业布局、招商引资等引发的跨区利益矛盾为重点，创新相关利益调节机制。

一要加大生态补偿力度。深刻领会“两山理论”，有序推进生态要素的资源化，以更为科学的生态补偿和转移支付，支持区域协调发展、共享发展。进一步加大对四明山区域、象山港区域和特定生态保护区域的生态补偿和财政转移支付力度。建设碳汇交易市场，完善碳汇交易相关机制，创新跨区域的碳汇平衡制度。

二要创新跨区域项目（园区）合作共建机制。重点要探索完善跨区域项目（园区）中投入分担、税收分成、数据分配、日常管理等领域的新型合作机制，要推进建设一批合作共建创新示范园区，推动区域协同合作和产业有序转移。创新行政区与功能区的合作机制，加快象保合作区建设，鼓励高新区、杭州湾新区、梅山新区等功能区建立异地合作产业区，加大功能区的辐射带动作用。创新行政区与行政区的合作机制，加强市级统筹能力，以优化产业链、提升价值链为导向，推进各区县（市）同质产业园聚合发展，强化协同效应，特别是对文创、影视、健康和智能经济等新兴产业园区要进一步明确各自定位和特色；对跨区域的重大基础设施和功能设施建设要更加明确和落实各自责任分工。

三要创新招商引资的利益统筹机制。打破行政区划界限，加快构建招商引资市级统筹机制，建立健全招商引资财税利益分配机制和重大项目统筹布局制度，破解“有项目无土地，有土地无项目”和“多方竞争”的难题，强化全市招商合力、动力。建立全市统一的招商资源数据库，推动全市招商政策的协调统一和优质资源的组合创新，不断完善招商对象信息，让“店小二”服务更具主动性、协调性和针对性。探索招商项目落地的评估机制，通过会商会审，让重大项目落在更适宜的空间上，发挥更大引领带动作用。

（六）推动城市信息数据共享应用

打破信息孤岛，加快政务数据信息互通共享，构建城市大数据体系，是全面推进“六化协同”的紧迫需要，是提升城市治理能力的“大脑工程”，要主动顺应大数据发展趋势，以“最多跑一次”改革为契机，以构建统一集中、弹性扩展的一体化开放共享和开发应用服务体系为目标，以提升数据信息质量为基础，以部门政务数据信息互联互通和整体共享为突破口，重点实施三大“数据工程”，加快形成有序交换、互动融合、按需服务、良性循环的城市数据信息生态圈。

一要实施部门内数据整合工程。加快实现一个部门一套数据字典（标准），部门数据要应汇尽汇，明确数据归属，集中存储到全市统一的数据共享平台中；要按无条件共享、有条件共享和暂不共享等三种类型分类标注，不共享的必须提供法律、行政法规或者国家有关政策作为依据；要定期“清洗数据”，按统一标准和“一数一源”原则，开展政务数据分类、转化、比对、修复等清洗工作，确保数据真实有效。

二要实施政务数据共享工程。完善政府部门间数据共享和共同开发机制，推动政府部门间数据对接共享再提速，基本实现“一次录入、大家共用”和“一个数据用到底”。借鉴上海的城市“电子地图”、诸暨的市民“一证通办”等项目经验，推动相关部门的数据整合和对接。有序开放政务大数据，借鉴贵阳等城市“一网一目录一企多平台”的政务数据共享开放体系建设经验，推进宁波市级政务大数据的开放应用。

三要实施城市大数据中心建设工程。进一步集聚城市大数据，将涉及城市相关职能的非政府数据纳入采集对象，逐步建成具有存储集聚、统筹管理、交换共享和开放应用等功能集成的城市大数据中心，积极探索基于大数据的政府决策和行政管理辅助系统，探索大数据开放标准，拓展大数据的产业应用。

四、加快推进“六化协同”的工作建议

（一）凝聚领导干部共识

加强理论学习，建议将“六化协同”列入党校主体班次培训的学习内容，适时召开市委专题读书会或中心组学习会，进一步统一思想认识，凝聚共识，使推进实施“六化协同”成为各级领导干部的自觉行动。引导各地各部门切实贯彻落实市委市政府的部署要求，找准自身工作在“六化协同”的定位，使自身工作与发展大局紧密对接，与其他地区和部门的工作紧密互动，强化“六化协同”的工作合力。

（二）营造良好社会氛围

加强舆论引导，在市级主流媒体开辟专栏，开展新闻宣传、理论解读和专家讨论，充分宣传“六化协同”的优势和效用，及时回应社会关切，让推动“六化协同”成为社会共识，充分调动企业、社会组织和人民群众合力推动“六化协同”的积极性，营造良好氛围。加强典型宣传，加大不同层面、不同领域典型事迹的宣传力度，挖掘总结、推广应用先进做法和典型经验，及时将成熟经验上升为政策，放大协同的示范效应。

（三）研究完善考核体系

加快研究综合而简明、更加科学化的目标管理考核体系，将“六化协同”的要求充分纳入考核体系，进一步发挥考核的“指挥棒”作用，增强各级干部的工作积极性和使命感。调整完善考核指标体系，规范指标设置和优化调整机制，提高考核指标的严肃性、延续性和规范性，从考核角度确保“一张蓝图绘到底”。创新考核方法和手段，精简合并考核指标，应用大数据分析等信息化手段开展考核，强化考核结果的运用，提高目标管理考核的科学性和实效性。

课题组成员 林崇建 卢 跃 吴红艳 冯 路

宁波争取加入全球创意城市网络的建议

◎冯　路

全球创意城市网络成立于2004年10月，是联合国教科文组织牵头的一个国际性合作组织，致力于推动全球文化多样性与提升创意竞争力，并在培育创意城市、传播城市文明、促进国际交流与合作等方面表现出积极作用。截至2016年底，已有55个国家的116座城市加入全球创意城市网络，包括柏林、罗马、悉尼、首尔等世界著名城市和北京、上海、深圳、成都、杭州、苏州、顺德、景德镇等8座国内城市。2017年，该网络将启动新一届申请评选工作，为此建议宁波把握机遇，加紧对接、申报和创建，力争加入成功，并藉此进一步推动东方文明之都建设。

一、加入网络对宁波打造东方文明之都意义重大

全球创意城市网络成立伊始就得到了全球城市的关注与支持，成员城市收益颇丰。宁波若能及时加入，将产生多重积极作用，对于宁波打造东方文明之都意义尤为重大。

一是提升东方文明之都国际知名度和影响力的“直通车”。该网络是在全球文化多样性联盟项目运行基础上设立的，持续为成员城市搭建展示文化特色的世界舞台，宣传城市的文化资源。美国圣达菲市在全球创意城市网络支持下，每年组织国际民间艺术市场，吸引世界各地民间艺术家前来交流，并藉此传播其独特的本土文化。北京市2016年承办了第二届联合国教科文组织创意城市峰会，邀请到美、英、德、俄、澳、印、巴等31个国家54座城市的120位嘉宾，包括23个“一带一路”沿线城市市长，共同达成《北京宣言》，并成立了全球首个“国际创意与可持续发展”中心。

二是助推东方文明之都创意产业和文化发展的“催化剂”。例如，韩国首尔加入后，设计产业快速发展，涌现出一批国际领先的游戏产业园区、观光旅游园区、影视文化园区、出版产业园区和艺术产业园区；民众参与不断活跃，城市形象融入大量创意元素。德国柏林吸引和培育了1万余人的专业设计师和众多的自由职业者，600多家设计公司年营业收入超过14亿欧元。加拿大蒙特利尔则形成超2万人的设

计师队伍，设计业每年为城市和所在的魁北克省带来超过7.5亿和11.8亿美元的经济收益。

三是夯实东方文明之都创新人才和资源基础的“聚宝盆”。深圳是我国第一个加入全球创意城市网络的城市。从2006年准备“申都”到2008年“创都”成功，正是深圳从文化沙漠向知识城市、创意之都转型的关键期。该网络帮助深圳吸引了大量的国际文化和创新资源，并有效提升其国际知名度。2015年11月，深圳又承办了该网络第二届创意设计新锐奖评选活动，吸引23个成员城市3000余名年轻设计师参加，并有力提升了深圳“设计之都”的国际形象和影响力。该网络内类似的活动还有很多，如CODE国际海报大赛等。

此外，加入全球创意城市网络还会对宁波扩大国际交流和开放合作产生积极作用。例如，成都通过“美食之都”建设搭建起与瑞典厄斯特松德、哥伦比亚波帕扬、韩国全州等城市的多元化合作渠道。深圳的文化产业博览会、杭州的西湖博览会等得到了教科文组织的大力支持。

二、全球创意城市网络的发展概况

全球创意城市网络设置了设计之都、文学之都、电影之都、音乐之都、媒体艺术之都、工艺与民间艺术之都、美食之都等7个主题，供符合条件的城市选择参加。

自2004年10月成立以来，全球创意城市网络每年都举办一系列重大活动，支持成员城市的文化、经济发展。截至2016年底，已有55个国家的116座城市加入这一网络（见表1），既有柏林、罗马、悉尼、首尔等世界著名城市，也有墨西哥普埃布拉、牙买加京斯顿等几十万人口的小城市。我国有8座成员城市，其中，深圳、上海、北京入选“设计之都”主题，杭州、苏州、景德镇入选“工艺与民间艺术之都”主题，成都、顺德入选“美食之都”主题。此外国内还有多个申报中城市。

表1　全球创意城市网络成员城市

类别名称数量	成员城市（按加入顺序）
设计之都 22	阿根廷布宜诺斯艾利斯、德国柏林、加拿大蒙特利尔、日本神户、日本名古屋、中国深圳、中国上海、法国圣埃蒂安、韩国首尔、奥地利格拉茨、中国北京、西班牙毕尔巴鄂、巴西库里奇巴、英国邓迪、芬兰赫尔辛基、意大利都灵、印度尼西亚万隆、匈牙利布达佩斯、美国底特律、立陶宛考纳斯、墨西哥普埃布拉、新加坡城
文学之都 20	英国爱丁堡、澳大利亚墨尔本、美国爱荷华城、爱尔兰都柏林、冰岛雷克雅未克、英国诺利奇、波兰克拉科夫、西班牙格拉纳达、德国海德堡、捷克布拉格、新西兰但丁尼、伊拉克巴格达、西班牙巴塞罗那、斯洛文尼亚卢布尔雅那、乌克兰利沃夫、乌拉圭蒙德维的亚、英国诺丁汉、葡萄牙欧比多斯、爱沙尼亚塔尔图、俄罗斯乌里扬诺夫斯克

续表

类别名称数量	成员城市（按加入顺序）
电影之都 8	英国布拉德福德、澳大利亚悉尼、韩国釜山、爱尔兰戈尔韦、保加利亚索菲亚、马其顿比托拉、意大利罗马、巴西桑托斯
音乐之都 19	西班牙塞维利亚、意大利波隆纳、英国格拉斯哥、比利时根特、哥伦比亚波哥大、刚果拉柴维尔、日本浜松、德国汉诺威、德国曼海姆、澳大利亚阿德莱德、葡萄牙新伊达尼亚、波兰卡托维兹、牙买加京斯顿、刚果金沙萨、英国利物浦、哥伦比亚麦德林、巴西萨尔瓦多、韩国统营、印度瓦拉纳西
媒体艺术之都 9	法国里昂、日本札幌、法国昂吉安莱班、塞内加尔达喀尔、韩国广域、奥地利林茨、以色列特拉维夫、英国约克、美国奥斯汀
工艺与民间艺术之都 20	美国圣达菲、埃及阿斯旺、日本金泽、韩国利川、中国杭州、中国苏州、意大利法布里亚诺、美国帕迪尤卡、海地雅克梅勒、中国景德镇、巴哈马拿骚、印度尼西亚北加浪岸、沙特阿拉伯阿哈萨、阿富汗巴米扬、厄瓜多尔杜兰、伊朗伊斯法罕、印度斋普尔、刚果卢本巴希、墨西哥圣克里斯托瓦尔、日本篠山
美食之都 18	哥伦比亚波帕扬、中国成都、瑞典厄斯特松德、韩国全州、黎巴嫩扎赫勒、中国顺德、巴西弗洛里亚诺波利斯、日本鹤冈、巴西贝伦、挪威卑尔根、西班牙布尔戈斯、西班牙德尼亚、墨西哥恩塞纳达、土耳其加济安泰普、意大利帕尔玛、泰国普吉、伊朗拉什特、美国图森

三、全球创意城市网络的组织形式与申报加入流程

联合国教科文组织每 2 年组织一次创意城市网络的申报评审，上一次是在 2015 年。根据该组织相关文件和国内成员城市的既有经验，创意城市网络申报过程分三个阶段。

一是申请材料提交阶段。即向教科文组织递交申请材料和市长签名同意的正式申请信。申请书需明确申报创意城市的类型，并详细说明适合申报的相关信息支撑，包括申请团队、城市概况、所选类别的既有实力和对世界文化资源贡献等。国内城市都成立了由政府部门、社会组织以及市民社会专家组成的联合“申都”管理委员会。

二是申报资格和材料审查阶段。教科文组织会先向申报城市所在国家的教科文组织全国委员会通报相关情况，获确认后，再将申请书提交一个由非政府组织组成的专家团队审查，后者匿名展开全方位调研，提出评审意见。

三是商议确定阶段。由教科文组织总干事与专家团队商议之后，最终决定是否接纳该城市为创意城市网络的成员。

成员城市每年需要向教科文组织汇报本年度该市在本地、国家层面上和国际合作交流中，为发挥当地的创意所制定的相关新政策和推动的各项活动。如要退出，

通知教科文组织后即可随时退出。

四、宁波争取加入全球创意城市网络的工作建议

2017年，全球创意城市网络将启动新一届的申报评选工作，宁波应把握机遇，加紧对接、申报和创建，力争加入成功。

第一，要把宁波加入全球创意城市网络作为打造东方文明之都的重要载体。加入全球创意城市网络有利于宁波发展创意产业和创意文化、扩大国际交流与合作和提升城市国际影响力，是加快打造东方文明之都的“新动能”，应高度重视，并将此列为城市文明建设的重要任务，积极推动相关工作。

第二，积极做好申报和创建工作。①选准申报主题。宁波申报设计之都、媒体艺术之都、美食之都等主题都具备一定基础。鉴于“设计之都”竞争的激烈性和与国内其他城市的比较优势，宁波更适宜申报“媒体艺术之都”主题，而且若能率先申报成功，在国内会形成可观的虹吸效应和溢出效应。②提出申报报告。围绕明确主题和评审标准，尽快完成并提交申报材料，确保在本届申报评选工作中“挂上号”。申报材料既要体现媒体艺术等创意产业的现实基础和进取精神，又要体现对传统文化资源的积累保护和有序开发，尤其是与重庆、东阳等国内城市形成各具特色优势。③主动争取各方支持。特别是争取中国联合国教科文组织全国委员会、联合国教科文组织驻北京办事处、同主题创意城市网络成员城市的大力支持。同时，广泛听取非政府主体的意见和建议，注重国际组织、民间团体和杰出个人的引进与培育。④申报与创建工作同步实施。围绕申报理念，系统化推进创建工作，如壮大城市创意产业，培育一线商业品牌，牵头制定行业规范标准；积极打造具有国际知名度的媒体艺术活动品牌，建设全国性群众文化活动的商业模式策源地；加强城市文化保护和合理开发，扩大城市文化的媒体艺术营销路径，提升东方文明之都的全球辨识度等。

第三，建立申报与创建联合工作小组，落实总体方案编制和组织实施工作。借鉴深圳、上海等国内城市经验，成立由市领导挂帅，宣传部牵头，发改委、教育局、科技局、财政局、文广新闻出版局、文明办、外事办、报业集团、广电集团、发展研究中心、社科院、文联等部门作为成员单位的联合工作小组，具体负责和落实申报与创建各项工作。开展申报和创建工作中，可聘请有相关申报与创建工作经验的外省市专家和海外专家做顾问指导。

创新推进"城市双修"的宁波对策

◎冯　路

2017年4月，宁波获批国家"城市双修"和"城市设计"双试点城市。先发城市经验证明，"城市双修"不仅是城市的"化妆笔"，更是驱动城市转变发展方式、源头性治理城市病的"对症良药"，这对于宁波高水平建设"名城名都"意义重大。建议围绕"城市双修"的内涵，认真落实相关意见和要求，结合自身特色，加快创新推进。

一、"城市双修"的内涵

"城市双修"是"生态修复、城市修补"的简称。"生态修复"要求的是将城市开发对生态系统的干扰降到最低，并通过一系列手段恢复城市生态系统的自我调节能力，促进生态系统的动态平衡；"城市修补"则要求城市功能体系及其承载的空间场所得到全面系统的修复、弥补和完善，使城市更加宜居、更具活力、更有特色①。

因此，"城市双修"可视为中国特色城市更新的升级版，更加强调更新工作的人本化、系统化、精细化和品质化，是破解当前城市化发展诸多问题的有益探索。在中央先后提出"五位一体"建设思路和五大发展理念，以及召开城镇化工作会议和城市工作会议大背景下，宁波成为国家第二批"城市双修"试点，责任重大、使命光荣。

二、"城市双修"国家试点的基本要求

国家住建部此次选择了19个不同性质、规模和类型的城市作为"城市双修"试点，旨在探索总结更多可复制、可推广的"城市双修"经验，引导各地学习借

---

① 中国城市规划设计研究院：《催化与转型："生态修复、城市修补"的理论与实践》，中国建筑工业出版社2016年版。

鉴，为下阶段全面推广奠定基础。围绕这一目标，住建部也提出了一系列试点要求：

第一，思想上高度重视。国家住建部部长陈政高强调，各地要坚决贯彻落实党中央、国务院决策部署，市委、市政府领导亲自抓部署抓落实，全面推进城市“双修”工作，以优异成绩迎接党的十九大胜利召开①。

第二，目标明确。《住房城乡建设部关于加强生态修复城市修补工作的指导意见》（以下简称为《指导意见》）明确，到2020年“城市双修”工作初见成效，被破坏的生态环境得到有效修复，“城市病”得到有效治理，城市基础设施和公共服务设施条件明确改善，环境质量明显提升，城市特色风貌初显。

第三，建立顺畅的推进体制机制。《指导意见》明确，将“城市双修”作为各城市住房城乡建设、规划等部门的重要职责。此外，住建部城市建设司正在组织编制的《城市生态修复导则》也明确，城市人民政府是城市生态修复的责任主体，住房城乡建设部门（园林、规划、市政、城管等）牵头会同发改、财政、国土、环保、水利、农业、林业等部门，共同推进城市生态评估和修复工作。

第四，实施全面的工作部署。《指导意见》明确，要围绕完善基础工作，统筹谋划“城市双修”；修复城市生态，改善生态功能；修补城市功能、提升环境品质；健全保障制度，完善政策措施等四个方面部署开展各项工作。住建部城乡规划司相关负责人还提出，试点工作要突出探索推动“城市双修”的组织模式，践行规划设计的新理念新方法，先行先试“城市双修”的适宜技术，探索“城市双修”的资金筹措和使用方式，研究建立“城市双修”的长效机制，研究建立“城市双修”成效的评价标准等六个方面重点任务。

第五，强化技术支撑。“标准化”成为关键。正在编制的《城市生态修复导则》已经就整个“城市双修”过程，明确了精细化的实施路径和体系化的技术指标。

三、三亚试点的经验借鉴

三亚市作为首个“城市双修”国家试点城市，两年以来谋划推进了一系列重大创新，成效显著，得到了国家住建部部长陈政高的高度评价（2016年全国“双修”工作现场会）。陈政高部长提出的“立意高远、领导带头、工程具体、多方协同”三亚市经验实质，值得宁波高度关注和学习借鉴。

第一，立意要高远。三亚市将“双修”工作提升到了“四个意识”的高度，敢于实施重大改革创新。一是推进体制改革，成立联合领导小组，统筹各方面力量，深化部市合作（见图1）。二是规划改革，全面提升规划的系统性，打破以往城市规划设计只做宏观不做微观的旧模式、旧体例。三是保障创新，除加大投入外，还成

① 摘自：国家住建部部长陈政高在全国“双修”工作现场会（2016）上的讲话。

立技术工作组，负责统筹项目规划设计、提供项目建议、服务项目建设和跟踪项目实施，并以“小分队”的形式与各工作组一一对应，加速问题破解。

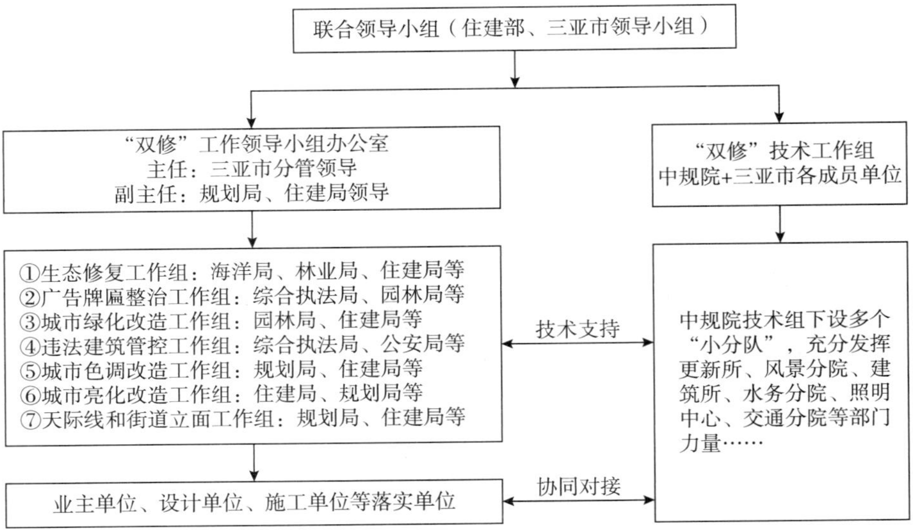

图 1　联合领导小组工作结构图

第二，领导要带头。陈政高部长指出，“在海南省委、省政府支持和帮助下，三亚市委、市政府领导不怕困难，不怕矛盾，顶住压力，决策在第一线、指挥在第一线、决胜在第一线，这是三亚经验的根本”。

第三，项目部署要具体。主要体现在三个方面。

一是系统实施。三亚市编制了《三亚市生态修复城市修补总体规划》等 6 项专项规划，整体上对试点工作进行布局引导，协调规划目标，制定实施方案和年度计划，建立项目库和建设时序等。2017 年又安排 52. 78 亿元实施 42 个项目，包括山体修复、污水处理、水系连通、地下综合管廊、湿地公园等。

二是突出重点。以治理内河水系为中心，修复城市生态体系；以打击违法建筑为关键，破解城市修补难题；以强化规划管控为重点，优化城市风貌形态。在生态修复方面，实施山、海、河三大修复工程；在城市修补方面，打好六大战役：拆除违法建筑、整治广告牌匾、改造城市绿地、协调城市色彩、实现夜景亮化、改造城市天际线和街道立面①。

三是聚焦问题。如水系修复方面，由于诸多历史原因，三亚市水系统破坏十分严重。对此，三亚市系统梳理了中心城区的水系结构，规划形成水利安全、生态安

① 摘自：三亚市政府在全国“双修”工作现场会（2016）上的报告。

康、景观优美且与慢行系统和绿道相结合的蓝色网络。通过清污除塞、水系贯通解决河道淤塞问题；通过分类分段的修复策略解决岸线硬质化、污水直排等现状问题；以及努力将中心城区的水系打造成以雨洪为友的城市海绵系统。此外，还明确城市水系的保护和开发强度，确定中心城区城市蓝线和水系喝到两侧后退绿线，明确推线距离和管控要求。

四是多方要协同。“城市双修”与市民利益息息相关，亟须全体市民的共建共享。为此，三亚市通过电视媒体、平面媒体、网络平台、宣传会等形式持续推广“城市双修”理念，扩大战略影响，促成社会共识；通过媒体调查、驻场问卷、实地探勘、走访座谈等形式始终保持与公众的交流互动，了解市民需求，凝聚社会力量。此外，还包装推出了一系列 PPP 项目吸引社会资本参与，如中交海投牵头的联合体中标总投资额约 11 亿元的地下综合管廊项目。

四、创新推进宁波“城市双修”试点工作的若干建议

宁波要把握双试点契机，准确理解“城市双修”的本质内涵，深入落实国家试点的基本要求，在学习借鉴国内外城市先进经验和有益探索的基础上，以人为本、问题导向、系统性和创新性地推进各项工作的开展。

第一，深刻理解“城市双修”的重要性和必要性，引入国家和浙江省力量成立联合领导小组，共同推进规划制定、工作开展和考核评估。明确市住建委和市规划局在“城市双修”试点中的重要职责，牵头梳理多部门共建共享的体制机制，整合资源、资金和项目，构建长效机制。学习借鉴三亚经验，充分保障专业化技术工作组的话语权和参与决策权，提升决策的科学性和规划的可操作性。

第二，把“城市双修”规划体制机制创新作为“城市设计”试点的关键性工作。在学习借鉴三亚经验的基础上，进一步发挥计划单列市的政策优势、彰显“名城名都”的独特魅力，重点探索三大创新。一是规划主体创新。选取具备全过程服务能力和条件的“第三方”，共同制定总体规划，持续参与项目实施和事后监督，构建“行政统筹负责、技术协同对接”的整体框架。二是规划内容创新。在宏观、中观、微观三个层面进行系统性设计，包括对城市总体生态格局的保护与管控，对山脉、海岸、水系廊道等各系列层面的中观梳理，对建筑、街道等景观的微观设计，以及从“规划设计工作指引”的角度完善制度保障。三是规划落实创新。从“设计、实施、推进、保障”的全流程视角系统化制定规划，专家全程参与项目实施，各区（市）县和部门加强跟踪对接，市人大和市级部门及时制定出台相关地方性法律法规和相关管理规定保障规划落实，从而打破过去规划“墙上挂挂”“纸上画画”的弊病。

第三，充分发挥“城市双修”对东方文明之都打造的带动和支撑作用。一是系

统谋划，彰显整体性。对城市空间格局中的各类要素进行系统梳理，确定城市的总体空间结构，以及山、河、城、海相融合的形态特征，在此基础上确定城市的高度形态、色彩风貌，以及城市绿地景观、公共空间和视线视廊等系统的总体要求，塑造现代都市、品质之城的整体形象。二是突出重点，彰显个性化。在“城市双修”中不断强化城市的“东方文明之都”形象识别系统，包括城市核心品牌、标志建筑、发展哲学、整体氛围、市民行为、文化传承、肌理延续等。在当前各级政府受制因素较多的条件下，可以去引进一些战略合作者，构建“命运共同体”或“利益共同体”，共同建设东方文明之都的主轴线。三是注重细节，彰显人性化。水系修复、城市景观“串珠成链”、江岸的美化亮化、商业街的形象提升、城市道路的功能整治等是重点。以城市道路为例，宁波的中山东路、百丈路、姚隘路等主干道和相贯通的支路亟待整体性提升和精细化管理，可借鉴三亚市凤凰路的整治经验。凤凰路是贯穿三亚市区的城市主干道，通过改造，不仅提升了路面质量和通行速度，而且充分挖掘了道路绿地渗、蓄、滞、用和排等功能，可滞蓄暴雨径流量达到60%，再加上以棕榈科植物作为行道树，使其成为颇具区域特色的城市景观走廊。

第四，积极探索社会力量参与“城市双修”的创新路径。深圳和上海走在国内的前列，私募基金参与旧城改造类项目的比重在增加。主要方式是与开发商合作，以股权、债权或股债结合方式将资金投入项目；也有一些既做投资者又做具体项目的私募基金，如上海的高和资本收购上海中华企业大厦案例，以及深圳的伟禄集团、方大集团等。宁波应借鉴这些城市的先进经验，主动向社会借财借智，及时出台社会力量参与“城市双修”的指导意见和激励办法，搭建 PPP 项目库。

保险创新植入社会治理的“海曙实践”

◎ 课题组

党的十九大报告明确要求，加强和创新社会治理，打造共建共治共享的社会治理格局，提高社会治理社会化、法治化、智能化、专业化水平。作为中心城区，海曙老旧房屋多安全隐患大、电梯老化、公共食品安全事故时有发生、企业“跑路”等社会治理问题比较突出，尤其是行政区划调整后城乡二元结构矛盾突显，进一步加大了社会治理的挑战。为此，近年来，海曙区以问题为导向，以保险创新为突破口，找准保险创新与社会治理的结合点，在法律、住房、交通、食品、农业、消费等六大领域形成了“社会治理＋保险”的一系列创新实践，取得了良好的社会治理成效。截至 2017 年底，全区参与社会治理的保险机构有 10 余家，推出参与社会治理的保险产品 13 个，实现保费收入 1273 万元，保额达到 409 亿元。

一、海曙“社会治理＋保险”的做法与成效

（一）“部门管理＋保险”，拧成多元共治“一股绳”

为解决政府部门在社会治理中存在的专业性不强、人力资源缺乏、公共服务不足等问题，海曙区转变工作思路，积极引入保险力量，构建财产执行、房屋监管等领域的管理服务共同体，在实现专业化处置、全时段管理等方面成效明显。一是推行“执行无忧”悬赏保险，着力解决法院执行难问题。只要符合条件的申请人向法院提出悬赏申请，经法院裁定同意，缴纳悬赏金额 10% 的保费就可以投保，经举报人提供线索，被执行人被法院实际控制或财产执行到位，由保险公司向举报人支付悬赏金，从而形成了对法院“查人、找物”的有力补充，有效解决了法院执行难的问题。自 2017 年 7 月推出以来，截至 2017 年底共出保单 4 份，实现保费 8 万元。二是推出城镇居民住房综合保险，着力解决老旧房屋安全监管问题。将辖区内所有 1998 年及之前建成的城镇居民住宅，以及因房屋倒塌造成的人身伤亡、房屋损失、临时安置费用等纳入保障范围，引入保险公司开发的老旧房屋安全动态巡跟系统，由保险公司委托专业第三方机构开展房屋安全动态监测，实现了对全区约 2700 幢老

旧房屋专业化实时动态监管。三是推出电梯安全综合保险，着力解决电梯安全隐患问题。借助保险公司实施电梯运行风险管理，在电梯日常维保过程中，维保单位通过保险公司自主研发的“电梯卫士”手机 APP 系统和后台运行监督系统，按照国家相关标准完成维保工作，保险公司运用信息化管理系统对电梯维保质量进行监督和管理，大大降低了电梯安全隐患。目前，海曙区已将 3 个小区 46 台电梯作为试点对象，纳入按需维保、延长定期检验周期试点范围，共支付保费 20.76 万元，保额达到 6000 万元。

（二）“重大风险 + 保险”，培育社会和谐“润滑剂”

食品、道路交通、菜市场等领域的公共安全问题往往源头很小，但后果很大、处理较难。海曙区通过政府引导、企业和社会主导的模式，与保险企业共同推出有针对性的保险产品，很好地解决了上述问题。一是针对食品安全风险推行食品安全责任险。采用“公益险 + 商业险”并行模式，投入 200 万为全区各类学校食堂、工地食堂、农村集体聚餐等特定对象购买公益性保险，实现公益性保险全覆盖；安排 100 万专项经费用于商业保险补贴，凡是自行自愿投保食品安全责任险的合法生产经营的餐饮单位，前三年可分别享受 50%、40%、30% 的保费补贴。2017 年，共有 143 家餐饮单位投保，合计投保 79 万元，出险单位 19 家，理赔 9.1 万元。二是针对道路交通事故风险推行道路公共责任险。凡是在保险路段发生意外事故，造成第三者人身伤亡或财产损失的，均由保险公司承担各种损害赔偿责任。目前已为辖区内 289.4 公里道路、239 座桥梁、2 座隧道投保，全年保费共计 14.9 万元。三是针对菜市场意外摔伤风险推行菜市场公众责任险。出资 15 万元为全区 13 家菜市场投保公众责任险，只要在菜场经营范围内，因意外导致的消费者人身、财产伤害，全部由保险公司负责经济赔付。

（三）“社区服务 + 保险”，系好社区保障“安全带”

社区是基层社会治理的重点领域。为提高社区特定人群抵御意外伤害和疾病风险的能力，海曙区在社区服务中引入保险，加大保障力度，拓宽保障范围，取得了良好成效。一是提高特殊人群的综合保障能力。专门为政府购买居家养老服务对象、居家养老服务站点工作人员、失独老人、公办养老机构入住老人、公办养老机构工作人员、社区老年协会会长、见义勇为者、社区干部等 8 类社会重点关注群体投保银铃老人关爱系列保险、社区干部保险、见义勇为保险等民生综合保险，涵盖意外身故、意外伤残、大病保障、医疗费用和住院津贴等保障责任，每年保费 80.55 万元，总保障金额达 2.9 亿元，受益人数达到 20 余万人。二是增强基层工作者的额外保障。专门为“社区专职工作者”和“社区老年协会会长”分别推出了初次诊断恶性肿瘤一次性给付 2 万元和 1 万元的保障额度，受到了广泛好评。

（四）“企业财产+保险”，当好企业发展“稳定器”

针对辖内小微企业众多，对安全事故、极端天气的风险抵御能力较弱的实际，海曙区试点实施政策性小微企业财产保险，探索建立财政引导的小微企业保险运营机制，为小微企业房屋、机器设备、存货等财产提供保障。根据企业类别，实行不同的财政补贴标准。对列入区政府名录的小升规和科技企业，保费由区政府补助50%，乡镇（街道）补助35%，企业缴纳15%；对除小升规和科技企业外的其他企业，保费由区政府补助40%，乡镇（街道）补助30%，企业缴纳30%。2017年，全区共有464家企业投保政策性小微企业财产保险，合计保费234万元，其中区政府补助117万元，乡镇（街道）补助86万元，企业仅自付31万元。

（五）“农业生产+保险”，撑起农民收入“保护伞”

为应对台风、暴雨等自然灾害，增强农业抗风险能力，海曙区不断扩大政策性农业保险覆盖面和受益面，完善农业生产经营风险防护体系，为农业救灾复产和维护农民利益提供了坚实保障。一是加大财政支持力度。2017年，海曙区参保农户达到1.2万余户，保障金额达到12.25亿元，保费规模2285万元，其中中央、市级财政承担954万元，区级财政承担978万元，乡镇（街道）补贴152万元，农民自付201万元，各级政府财政补贴达到91.2%。二是创新农业保险品种。引导保险公司不断完善和创新政策性农业保险，农险品种从最初的3个拓展到46个，如水稻收获期损失保险、杨梅气象指数保险等。截至2017年底，政策性农业保险累计保费收入2.39亿元，累计赔付2.41亿元，有效保障了农民利益。

（六）“社会信用+保险”，系好市民钱包“安全扣”

近年来，由于社会信用体系不够健全，预付卡发卡企业破产、倒闭、“跑路”等情形导致的矛盾纠纷和风险隐患日益增多，赔偿责任难以落实，事后处置存在诸多困难，消费者权益受到严重侵害。为加强预付卡管理，海曙区在国内首创单用途商业预付卡履约保证保险试点，牵头成立“宁波市单用途商业预付卡保证保险共保体”，建立第三方“乐付保”预付卡监管平台，联合银联、民生银行、联通公司等多家单位，推出银行授信、刷卡费率等优惠举措和配套服务。一旦投保的企业出现破产、倒闭、“跑路”等情形，导致消费者无法按约定消费商家承诺的服务或商品，即可获得保险公司的理赔，赔偿金额为消费者预付卡内未消费完的余额。目前，纳入“乐付保”平台的商家已超过3000家，覆盖零售业、住宿和餐饮业、居民服务业等多个行业。

二、海曙“社会治理+保险”的经验启示

从海曙实践来看，主要有四点启示。

第一，充分认识保险创新对推动社会治理体系和治理能力现代化的重要作用。海曙区通过“社会治理+保险”，积极发挥保险创新的社会作用，形成了政府、社会、保险多元共治的社会治理新体系，治理能力大大提升。对政府来说，保险创新加快了政府职能转变、减轻了政府压力、降低了财政负担。比如，海曙区通过购买保险服务的方式，委托保险公司经办或代办公共服务，改变了政府大包大揽的局面，促进了政府职能转变。政府通过投入少量资金购买保险，放大了财政支出的杠杆效应，当灾害事故发生时，保险提供数十倍的风险保障，有效缓解了政府灾害事故救助的压力。对社会来说，保险创新降低了社会风险、保障了群众安全、促进了社会和谐。比如，海曙区通过“保险+服务”的模式，将保险公司与投保客户、政府形成了利益共同体，保险公司会主动管理风险，运用专业化的防护措施来缓释风险，实现事前、事中、事后的全过程管理。当突发事件发生时，有了保险的参与，可以充分保障人民群众的生命财产安全，及时有效化解社会矛盾。对保险业来说，保险创新推动了保险业持续健康发展。比如，海曙区通过将保险创新引入社会治理中，引导保险公司积极创新产品、拓宽服务范围、承担社会责任，为改善保险形象、提高保险地位发挥了重要作用。

第二，保险是提高社会治理社会化、法治化、智能化、专业化水平的重要政策工具。海曙区运用保险机制，引入保险公司、专业机构等社会力量广泛参与社会治理，通过签订保险合同将复杂的利益纠葛转变为清晰规范的经济契约关系，并利用新科技、新技术等智能化手段，实现对社会治理风险的有效管控，改进了公共服务方式，提高了社会治理水平。所以，保险是一种多元化、全过程的融管理与服务于一体的综合性金融工具。把保险机制用好了、用活了，可以减轻政府社会治理的压力，使保险成为政府加强和创新社会治理的“助手”和“眼睛”。

第三，社会治理的需求点就是保险的创新点。从社会治理需求看，当前社会主体的利益诉求日益多元化，政府“无限责任”与“有限财力”之间的矛盾越来越突出，以前那种既当运动员又当裁判员的管理模式已不适应现代社会治理的要求，政府亟须更多的市场化工具来解决社会治理问题。从海曙区保险创新参与社会治理实践看，保险创新呈现三大特点：一是涉及领域多。保险创新涉及法律、住房、交通、食品、农业、消费等众多领域，与经济社会发展的各个方面联系紧密。二是覆盖范围广。保险创新覆盖了政府、企业、家庭等各个社会主体，为农民、老年人、社区干部等不同层次人群提供服务和保障。三是社会反响好。现有的保险产品不仅解决了社会治理中部分领域的突出问题，还保障了社会大众的合法权益，群众满意度较高。因此，在新时代背景下，保险作为一种市场化的风险管理机制，符合政府、社会和保险机构的共同需求，通过保险创新推动社会治理大有可为。

第四，持续激发保险机构的活力与动力。当前，虽然保险创新参与社会治理取得了较好成效，但仍存在一些问题，比如政府有关部门重视程度不够、财政补贴力度有待加强、保险机构盈利空间有限、市场主体主动购买保险意识不强等，一定程度上影响了保险机构持续参与社会治理的热情。因此，激发保险机构的活力和动力成为保险创新可持续发展的关键。政府部门要加大购买保险服务的力度，完善利益补偿机制，引导保险机构将参与社会治理和开拓商业业务结合起来，运用“保险+服务+科技”提供评估、监测等更多的增值服务。保险机构要创新开发符合市场需求的保险产品和服务，采用先局部试点、再全域推广的模式，进一步丰富完善保险在社会治理方面的产品体系，通过专业化的服务赢得社会的认可，同时，也要逐步提高社会公众的保险意识。采用财政资金先投保、市场主体先受益的模式，逐步提高市场主体的风险防范和风险转嫁意识，催生市场主体自发投保的内在需求。

课题组组长 金　戈
课题组成员 任月红　冯　路　何介强（执笔）

提升宁波历史文化核心区发展水平的几点建议

◎居　鉴　张小兰

宁波月湖与三江口区域是浙东政治、经济、文化集聚地，古时承担着内河通江达海航运枢纽的重要功能，历经沧桑，逐渐形成三江交汇、一湖居中的古城格局保留至今，历史街区古风犹存，是宁波名副其实的历史文化核心区。月湖与三江口历史文化核心区是宁波这座名城开放发展最好的历史见证和精神遗产，也是记载宁波古港海上丝绸之路历史的“活化石”，提升宁波月湖与三江口历史文化核心区发展水平，是建设“名城名都”的重要内容。

一、近二十年保护开发的几点启示

月湖与三江口区域是名副其实的历史文化核心区。月湖与三江口区域，涵盖《宁波市城市紫线规划》划定的市区全部八大历史街区和两个传统风貌协调区，历史街区及风貌协调区总面积约100公顷。其中月湖区域主体位于海曙区，拥有七大历史街区及一个传统风貌协调区，国家、省、市级文物保护单位21处，区级文物保护单位26处以及市区级文物保护点94处，各级文保单位和文保点占市中心区文物总量的50%以上。

从1998年以来近二十年，月湖与三江口历史文化核心区的保护和开发大致经历了单纯改造改建、以点线状旧城改造保护与地产开发利用、成片开发与风貌再造保护三个阶段。此阶段一系列重大项目在具体落实推进中，得出以下几点启示。

启示一：政府主导重在前期，要着眼于可持续，服从整体协调和发展方向，选准定位，保护开发才能取得经济社会双效益。历史街区不同的点线面，有其不同的历史文化和自然资源禀赋属性。由于主客观条件制约，保护开发不可能做到同步推进。如何实现核心区功能的协调匹配，关键在于结合相关规划和重大基础设施项目，找准每一个功能区的长远定位及有效的体制机制保障。天一广场、和义大道、老外滩、和丰创意广场、庆安会馆等改造开发和保护利用就是这方面成功案例。相反永丰路等部分沿江地段和个别历史街区保护开发，功能定位模糊，应有的区位整体效益没有充分显现。

启示二：政府要在历史街区及其历史风貌建筑物业后续管理上弥补缺失，变多头管理为统一管理。特别是历史文化核心区的历史街区、风貌区有必要通过地方性立法，明确持有的主体、权利义务、业态功能、准入条件及违法责任，使得统一规范管理有法可循。应该说早期开发阶段的教训还是深刻的，重改造轻管理，一部分经过修缮的文保建筑，部门管理权属化，多年成为办公管理场所，甚至出租用于低端业态经营，资源利用粗放，模式单一，未能体现其应有价值。

启示三：提升月湖与三江口历史文化核心区产城融合度，重在充分挖掘比较优势，把握城市基础设施建设和改造提升重大举措之契机，串联点线面，突出资源整合的系统性、整体性。宁波名城第一轮历史街区的全面改造始于20世纪90年代，经过几轮更新完善，尤其是近十年的保护与开发，核心区面貌焕然一新，三江口岸街区改造提升，已经成为宁波标志性区域和靓丽的名片。月湖周边郁家巷、莲桥街、南塘河历史街区、湖西片区保护更新和天一阁广场相继建成投用，为整合月湖和三江口产城融合、系统提升奠定了良好基础。

二、几点建议

（一）创建大平台

创办天一阁国际藏书文化节暨中国宁波海丝文化节。“书藏古今，港通天下”是举世公认宁波最具特色的两块金字招牌。习近平总书记在2017年“一带一路”国际合作高峰论坛上赞誉宁波等古港是记载古丝绸之路历史的“活化石”。无可置疑，天时地利人和，宁波已经站在新的更高发展起点，创建藏书与海丝特色大平台是发展之需求、时代所呼唤。坚持规划引领，有效整合历史文化资源，促进现代产业与历史街区及旧城改造区块产城融合，提升两大特色优势匹配度和名城名都文化核心竞争力。特别是要尽早有效地组织策划，提升发挥好天一阁亚洲知名藏书品牌，通过举办每年一届国际性展会，开展年度出版发布和藏书评选以及海丝文化展游等活动，在月湖西区，调整注入优势业态，大力引进国内外知名出版发行、版权设计、学术研究等机构进驻，围绕天一阁周边及相邻中营巷、马衙街等街巷，逐步形成全国具有影响的图书出版、装帧设计、版权交易等相关产业聚集地。

（二）贯通大走廊

即贯通江河湖水岸（陆）联动文化主题旅游大走廊。此举是串联整合并有效利用月湖三江口区域丰富历史文化和海丝文化资源最佳低成本的选择，需要统筹谋划、系统推进、分步实施。月湖周边地区有南塘河、西塘河、护城河与月湖水系相连，且与姚江、奉化江相通，各分段均具有一定的通航能力，为水上旅游开发提供了可能。从现实实施条件看，可结合五水共治、轨道交通等重大基础设施建设，创建月湖 5A 景区，以及甬江建闸可行性研究，进一步深化发展规划，疏通三江六岸公共空间和生活岸线，可将江厦、灵桥公园打造成古港海丝文化主题公园，结合城隍庙、解放路周边改造，适度挖掘利用千年古寺，后人称之为“佛教界的黄埔军校”的延庆、观宗两寺宗教文化资源。条件成熟时，恢复古城中轴线——镇明岭限时步行街功能和月湖“十洲”历史风貌建筑。即湖东竹屿、月岛、菊花洲，湖中花屿、竹洲、柳汀、芳草洲，湖西烟屿、雪汀和芙蓉洲，打造三江口（老外滩、庆安会馆）—东门口—东鼓道—鼓楼—城隍庙（镇明岭）—月湖盛园（延庆观宗寺）—南塘老街历史文化精品大走廊，形成核心区商业文化旅游融合发展产业带，促使月湖与三江口历史文化核心区水岸联动、产城融合提升发展。

（三）探索大举措

1. 创新主题社区管理新模式

主题社区是指具有特定文化或专（产）业主题的人群或地域共同体，它可以是传统居民小区社区，也可以是一个中大型业态广场或集中相邻的高层写字楼，或是一片历史建筑风貌区、风景区。结合现代社区建设，比较分析国内一线发达城市特色社区成功案例，就月湖与三江口历史文化核心区社区适应未来发展，提出几点建议：一是结合重大基础设施建设和旧城改造区块投用，围绕融合提升发展，适时调整街道社区区划，优化充实社区熟悉产业管理、商务服务等专业人员，从基层基础源头上，切实加强提升综合服务协调力量。二是探索组建非传统居民主体社区，比如月湖景区、湖西历史风貌建筑群、和丰创意、外滩休闲会所等主体社区，整合社区与部门办事机构职能，强化社区与主体特色功能融合联动，减少多头，满足功能区产业发展需求服务。三是重视引进或创新商务楼宇物业服务新模式，依法加强对物业服务企业规范管理，通过完善市场机制，公平竞争，优胜劣汰。对于大型广场、历史遗存成片风貌区和高端商务楼宇群，可尝试“业界共治 + 法定机构”为基础的公共治理架构模式。

2. 引进培育月湖东区名人名家名企智创产业集聚区

月湖自古以来就是文人名士的寄居之地，在条件成就时，月湖将会成为智创产业发展的动力源。目前月湖东岸景区内有市文物保护单位在内的保留建筑共 20 余处，建筑面积约 1.5 万平方米。原权属涉及月湖街道、区城管局、民宗局、房管处等多家单位。基本全部属于国有公房，便于整合统一管理。景区建成时，部分保留建筑用于公益性事业，面向大众开放。景区内大部分保留建筑由个别部门或单位及国有公司使用。应该说，空间载体还有充分利用和转换功能的空间，通过整合、调整明确匹配功能，从市级层面或举办国际藏书节、海丝文化节庆等活动，拟定有关主干活动项目，进行推广发布，吸引当代文化名人和两院院士设立开放式工作室或机构，并大力选择引进高端制造业研发设计公司，定期组织文化创意和名企产品设计交流发布等活动，以此影响带动文化创意设计研发等功能性机构逐步集聚，打造形成“月湖智创”高地。

3. 优化创新管理体制，形成月湖与三江口历史文化核心区产城融合创新发展长效机制

从总体上强化统筹协调，充分发挥高端文化休闲商务等都市综合服务功能。依托月湖与三江口周边宁波独有的融千余年古城、古港历史文化、海丝文化与三江河湖自然资源于一体的最美名城名都核心区——“书藏古今，港通天下”发源地和发祥地。顺应新时代新发展的客观要求，结合宁波城市发展战略，借鉴过往保护开发的经验教训，高度审视月湖与三江口历史文化核心区产城融合创新发展的重要战略地位，使其真正有效成为展现古港名城“活化石”的经典窗口。

唱响杭甬“双城记”的宁波对策

◎ 农贵新　冯　路

宁波和杭州是浙江重要的经济中心城市，两市历来联系紧密、交流合作广泛深入。近年来，浙江经济总量与广东、江苏、山东相比，呈现出差距拉大趋势；在浙江省内，杭州一枝独秀，宁波与杭州经济差距也不断扩大；在宁波，“全面落后论”“计划单列市无优势”等悲观情绪有所蔓延。在这一背景下，中央、省委提出了宁波、杭州共同“唱好双城记”的要求，这对新时期宁波干在实处、走在前列、勇立潮头、再创新优势明确了新的使命。

一、深刻领会唱响杭甬“双城记”的战略意义

从宁波市层面看，唱好杭甬“双城记”，是迎难而上、自我鞭策的奋斗精神，是快马加鞭、追赶杭州的重要路径，也是建设国际港口名城、打造东方文明之都的重要举措。宁波干部群众要直面与杭州的巨大差距，并深刻认识这种差距已如逆水行舟，不进则退；要迎难而上，从上到下认真分析，寻找差距，检讨不足，带领全体市民积极突破发展瓶颈，努力再创宁波新奇迹；要以杭州等城市为标杆，汲取杭州先进经验，加强两地经济合作，全力建设更高水平的长三角南翼经济中心，促成杭甬双雄的两翼齐飞。

在浙江省层面看，宁波主动唱好杭甬“双城记”，以更好地发挥杭甬双中心带动作用，是浙江省赶超苏粤鲁、继续走在全国前列的重要支撑。省会城市杭州，依托政治中心生态，集聚着较多的国家、省、市级国企和科研院校，以及许多巨型外企、民企的区域总部，一直以来都是省域经济中心。宁波依托计划单列市政策，集聚了一定数量的市级国有企业及巨型企业区域总部，以及量多面广的中小民营企业，是省域新兴的经济中心。在“十三五”乃至更长时期，杭甬共唱“双城记”，促成双引擎驱动全省经济，这是深入践行“八八战略”新征程，共同肩负实现“两个高水平”宏伟目标，巩固浙江在全国发展大局中的地位等的重要举措。

从国家层面看，宁波主动唱好杭甬“双城记”，增强发展动力和经济实力，能为计划单列市创新发展和省域经济双中心驱动起到示范带动作用。随着改革开放优

惠政策的全国普惠，计划单列市创新发展、转型跨越都面临着巨大挑战。在新一轮改革开放中，如何持续发挥计划单列市的示范带动作用，为全省、全国发展做出更大贡献，尤其是探索与省会城市的双经济中心带动省域经济发展新路径，杭甬“双城记”应积极承担示范引领责任。

二、准确把脉“双城记”的发展趋势

“双城记”不是浙江独有，而是我国行政区经济发展的基本规律。只有准确把脉发展趋势，宁波才能唱好杭甬“双城记”。

一是双中心驱动是省域经济快速发展的重要途径。我国省级行政区地域广、人口多、内部差异大。一些基于政治中心生态而形成的省会经济中心，对全省经济的带动力不够强，容易陷入小马拉大车困境。破解这一困境，往往需要具有经济中心生态的计划单列城市、较大城市等成长为省域另一经济中心，促成省域经济的双中心驱动模式。从国内实践看，我国的粤、苏、鲁、浙、辽、闽等沿海省份，都在积极实施双中心带动全省经济发展的“双城记”策略，如广东的广州与深圳、江苏的南京与苏州、山东的济南与青岛等，有力地支撑了全省经济的大突破、大跨越。

二是双中心的发展壮大需要集全省之力来完成。省会城市基于全省政治中心生态，集聚了大量金融、科技、教育机构、人才等创新发展核心资源和一系列全省重大项目、重大平台，促使其自然成长为全省的经济中心。计划单列城市、较大城市等要成为省内另一个经济中心，除了依托其政策优势、产业规模优势之外，还需要集全省之力来支持，包括大项目、大平台等方面的支持。如广东省，广州有广交会、白云国际机场，深圳有高交会、宝安机场等，通过大项目相对均衡布局来实现双中心的发展壮大。

三是双中心的功能定位要服从于全省发展战略。无论是省会城市，还是计划单列市，都要围绕全省发展战略来明确其功能定位，形成同一目标的错位发展态势。如广东省在建设金融强省方面，引导广州建设以银行、保险和财富管理为重点区域金融中心城市，建起区域商品期货交易市场等大平台；引导深圳建设以多层次资本市场、投资创业为特色的区域性金融中心城市，以及与香港紧密融合的金融合作创新区，建起期货交易、黄金交易、钻石交易和保险交易市场。

四是双中心的发展壮大要做好竞争与合作文章。衡量杭甬“双城记”是否唱好，主要看两个方面，即中心实力是否壮大、中心带动力是否增强。而无论是哪一方面，只有杭甬两座城市相互合作、全力配合，才能快速发展和健康发展；只有相互竞争、互动发展，才能增进实力和保持活力。如福建省，为对接国家“一带一路”战略，福州和厦门发挥港口资源和开放政策综合优势，在产业发展上相互竞争，在改革创新上相互借鉴，在海上丝绸之路核心区战略落实上合作推进，从而唱响了“双城记”。

三、打好唱响杭甬“双城记”的四张主牌

新时期、新阶段，宁波唱好杭甬“双城记”，关键是抓住主要矛盾和矛盾的主要方面，打好蓝色经济、改革动力、合作共创、比学赶超这四张主牌。

一是打好“蓝色经济”牌。杭甬“双城记”的宁波定位，主要是围绕省委、省政府“十三五”规划提出的高水平全面建成小康社会、实现“四翻番”的总体目标，在带动全省经济发展的中心功能上与杭州同向并行，主动承担起蓝色经济中心功能，即全省海洋经济中心功能，以宁波都市区、宁波都市圈、港口经济圈为依托，发挥好嘉兴、舟山、台州、温州等沿海地区涉海经济繁荣发展的核心带动作用，促成杭州陆域带动、宁波海域带动的全省双中心驱动策略，协同建设“大湾区”、推进“大制造”、打造“大花园”等目标任务。宁波打造蓝色经济中心，要点是涉海资源集聚和辐射，在海洋金融、港口物流、滨海制造、海洋渔业、大宗商品交易等领域，要打造成为全国具有重大影响力的集聚和辐射带动中心。

二是打好“改革动力”牌。如何巩固宁波的经济中心地位？关键是更有力地推进改革以增强发展动力，借助国家和浙江省对宁波发展的外在推力，激活宁波草根经济的内在活力，促成强大的发展驱动合力。一方面要充分借用外在推力，即国家给予的海洋经济核心示范区、保险创新综合试验区等创新促进力，利用浙江省直管宁波舟山港、直管大红鹰集团等改革推动力；另一方面要借助外在推力激发内在动力的爆发，如创新各类人才住房安置机制，鼓励民营企业参与国有企业改革、军民融合改革等，全面激发政府、科研院校、企业和广大干部群众的积极创造性。

三是打好“合作共创”牌。宁波唱好杭甬“双城记”，就要围绕全省确定的奋斗目标，与杭州密切配合、相互协作，在扩大创新发展、对外开放、建设重大交通基础设施、发展海铁联运等领域共编剧本，共同唱响“双城记”。这主要包括以下四点：在金融方面，杭州建设有特色优势的国内一流财富管理中心和互联网金融中心，宁波要错位建设好保险创新试验示范区和港口金融、航运金融区域中心，共建浙江大金融；在创新方面，杭州建设城西科创大走廊，重点是“互联网+”创新创业中心，宁波要补位建设好制造业创新中心，尤其是要建好海洋科创中心，共建浙江省国家自主创新示范区；在枢纽港方面，杭州重在发展空港枢纽，引领温州、宁波、舟山等空港的整合发展，宁波进一步做强海港枢纽，打造世界一流的港口物流网络，共建全球供应链亚太中心；在贸易方面，杭州重在发展综合性电子商务，宁波则重在发展依托口岸优势的跨境贸易，共建“海外浙江”。

四是打好“比学赶超”牌。宁波唱好杭甬“双城记”，就要以对接上海的积极姿态，盯紧杭州动作，虚心学习借鉴杭州发展信息经济、推进创新驱动、壮大现代

服务业和城市规划建设管理等方面的好经验、好做法，加强两地支柱产业、关键产业的合作交流、错位发展，推动宁波转型发展、优质发展。杭州的飞速发展，集聚阿里巴巴、娃哈哈等超级影响力的巨头企业，得益于改革与创新发展，得益于省委省政府的大力支持。因此，宁波各级各部门、科研院校、事业单位等应积极与杭州对等单位加强联系，主动上门拜访和学习交流，学习借鉴先进经验。同时，鼓励各级各部门以杭州为标杆，展开“比学赶超”竞赛活动，在合作与竞争中不断提高发展水平和能力。

四、完善唱响杭甬“双城记”的工作机制

唱响杭甬“双城记”是浙江发展的新动能，更是宁波发展的新责任、新机遇，宁波要讲大局、敢担当，积极主动，工作有力，不断进取，努力促成与杭州的协同发展、均衡发展，为推动全省经济全面快速发展作出更大贡献。

一是增强服务全省大局意识，勇于担当。宁波应深刻认识到，区域经济中心地位的取得与巩固是省委、省政府集全省之力支持的结果，宁波应有“滴水之恩涓泉相报”的感恩之心，主动回报全省人民。习近平总书记在浙江工作时，多次强调宁波“地位不同”，必须站得更高一些，看得更远一些，想得更深一些，发展得更快更好一些。因此，宁波必须找准自身坐标，从服务全国全省、带动周边、责任担当的高度，全力服务全省、全国发展大局，勇于分担省委、省政府部分责任，积极帮扶省内欠发达地区。同时，要拉高标杆、勇争一流，正确看待宁波优势所在，坚定改革信心，广泛凝聚创新动力源，增强跻身全国大城市第一方队的实力和底气。

二是完善省市各部门对接机制，积极有为。在当前情况下，进一步巩固和提升宁波的经济中心地位离不开省委、省政府和全省人民的支持和帮助。因此，宁波市级各部门应积极主动加强与省委、省政府和省级部门的沟通，清楚表达宁波贯彻落实中央精神、服从全省统筹协调、共唱“双城记”新篇章的坚定决心，促进计划单列市创新转型发展。为此，宁波应积极对接省级各部门，建立完善市级部门与省相关部门的日常性工作对接机制，主动接受省级部门的指导和帮助，争取到更多的省级大项目、大平台、大企业、大资金，以及省级科研院所、高等院校、科技人才等落户宁波。

三是建立联结杭州互动机制，共谋发展。宁波应积极主动联结杭州，建立两市联结互动的长效机制，包括在市领导的联席会议制度、市级部门之间联结互动机制、相关区县（市）之间的联结互动机制等，不断扩大与杭州市政府层面、市场层面、民间层面的交流与合作，营造杭甬同心同力、互动共赢的良好环境。尤其在市级党委、政府的智库层面，要建立紧密联系的联结互动机制，在顶层设计、改革创新、

大项目谋划、大规划布局等方面，加强联系，互通有无，为杭甬共同唱好“双城记”共谋献策。

四是创新宁波活力激发机制，加快追赶。宁波进一步巩固和增强经济中心地位，激发和增强内在发展动力是决定性因素，即全市广大干部群众的发展动力起决定性作用。调动干部群众积极创造性，关键是创新用人机制和激励机制，激发党员干部勇毅奋起的决心和砥砺奋进的担当。

宁波与同级别城市的综合成本比较分析

◎冯　路　何介强

城市综合成本主要包括企业生产成本和市民生活成本两方面，是城市综合竞争力的重要体现。降低城市综合成本是宁波贯彻落实中央供给侧结构性改革任务的使命之举，也是建设更高水平的宜居宜业城市，跨越式提升产业竞争力、要素配置力和人才吸引力的关键之举。为此，课题组选择国内 GDP 总量前 20 位的同级别城市——深圳、成都、武汉、杭州、南京、青岛、大连作为比较对象，选择可量化体现企业生产成本和市民生活成本的指标作为比较内容，并结合部门、企业和市民调查，深刻分析宁波城市综合成本的优劣势和背后原因，提出宁波降低城市综合成本的若干政策建议。

一、企业生产成本的数据比较结果

企业生产成本主要包括资金成本、劳动力成本、土地和房屋成本、水电等资源要素成本、税费成本、原材料成本、物流成本、创新成本等八个方面，比较结果如表 1 所示。

表 1　　基于数据比较的宁波企业生产成本位次

比较项目	比较优势城市	宁波位次
资金成本	杭州、深圳、南京	居中
劳动力成本	青岛、成都、武汉	靠后
土地和房屋成本	成都、宁波、武汉	第二
资源要素成本	大连、深圳、南京	靠后
税费成本	深圳、杭州、青岛	居中
原材料成本	宁波、南京、杭州	第一
物流成本	青岛、南京、大连	居中
创新成本	杭州、深圳、武汉	靠后

第一，资金成本。资金成本方面选取银行加权平均利率、规上工业的百元主营业务收入成本和成本费用利润率等 3 项指标。银行加权平均利率方面，宁波处于比较城市的低位，说明企业从银行渠道融资有一定的成本优势。规上工业资金成本方面，2015 年宁波规上工业百元主营业务收入成本为 83.4 元，为第 4 低，前三位分别为杭州（80.8 元）、深圳（81.1 元）、武汉（82.8 元）；成本费用利润率为 6.54%，为第 4 高，前三位分别为南京（9.2%）、杭州（7.91%）、深圳（7.68%）。

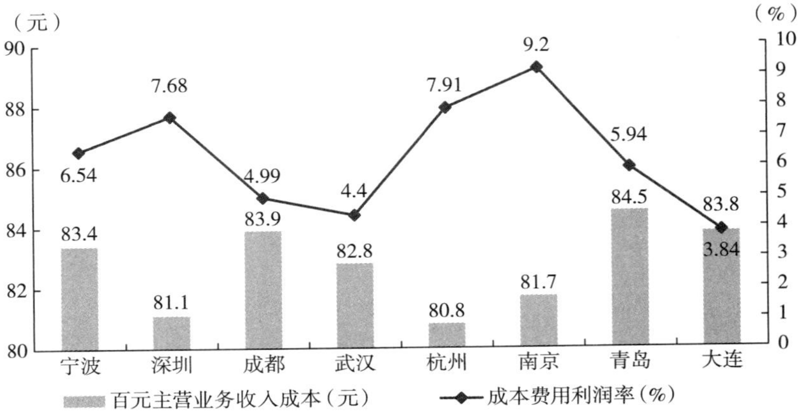

图 1　各城市规上工业 2015 年百元主营业务收入成本和成本费用利润率

注：①数据来源：各城市《2016 年统计年鉴》，为 2015 年数据；②之后图表无特殊说明，均为官方公布的 2015 年统计数据；③南京为 2016 年 1 ~5 月数据。

第二，劳动力成本。劳动力成本方面选取在岗职工平均工资 1 项指标。2015 年，宁波在岗职工平均工资为 74991 元，为第 3 高，仅低于南京（81075 元）和深圳（81034 元）。

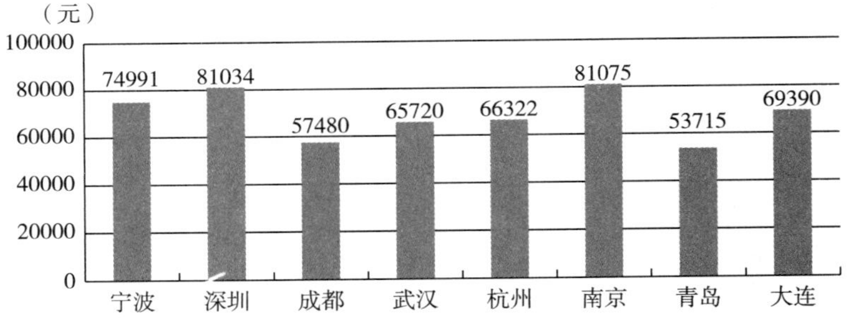

图 2　各城市 2015 年在岗职工平均工资

第三，土地和房屋成本。土地和房屋成本方面选取工业用地供给价格、住宅用地供给价格、办公楼销售价格、商业营业用房销售价格等 4 项指标。2017 年 2 ~7 月，宁波在差别化供地政策基础上，工业用地供应均价为 487.2 元/平方米，为第 3

高，仅次于深圳、杭州；住宅用地供给价格均价为5600.7元/平方米，为第3低。2015年，宁波办公楼销售均价和商业营业用房销售均价分别为9073元/平方米和10600元/平方米，均为第2低，仅高于成都。

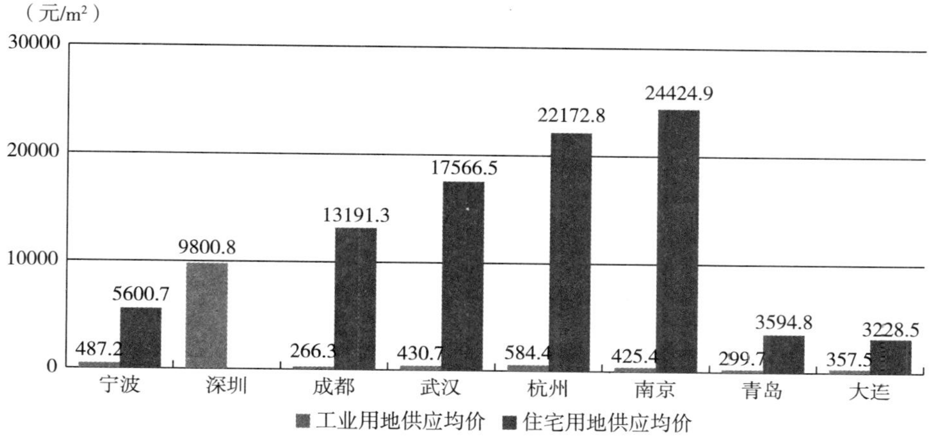

图3 各城市2017年2~7月两类土地供应均价

注：①数据来源：房天下网；②深圳在2017年2~7月间无新增住宅用地供应。

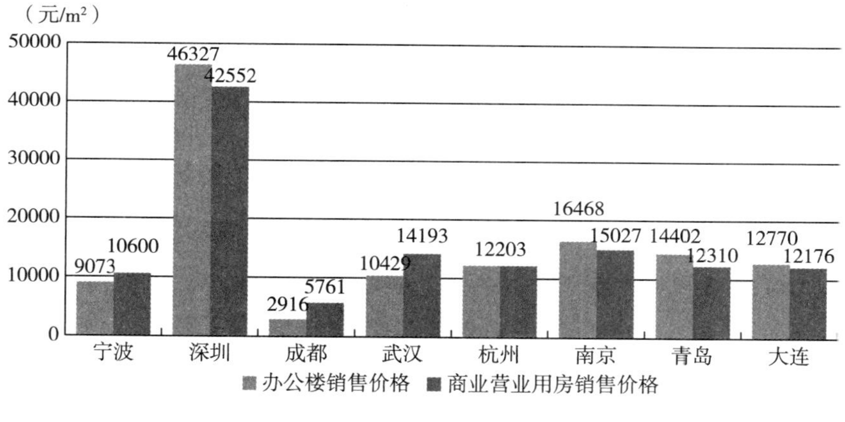

图4 各城市2015年两类房屋销售价格

注：杭州未分类统计办公楼销售价格和商业营业用房销售价格，为统一均价。

第四，资源要素成本。资源要素成本方面选取一般工商业用电价格、一般工商业用水价格等2项指标。截至2017年8月31日，宁波一般工商业用电价格（第一级价格）为0.936元/千瓦时，为第2高，最低为大连的0.738元/千瓦时；一般工商业用水价格（第一级价格）为6.12元/吨（列入战略性新兴产业培育的企业再执行0.2元/吨的优惠差别水价政策），为比较城市最高，最低为武汉的3.49元/吨；工业分质用水价格为4.14元/吨（含污水处理费），具有一定的价格优势。此外，在非居民用管道天然气价格方面，宁波目前为3.04元/立方米，处于全省最低水平。

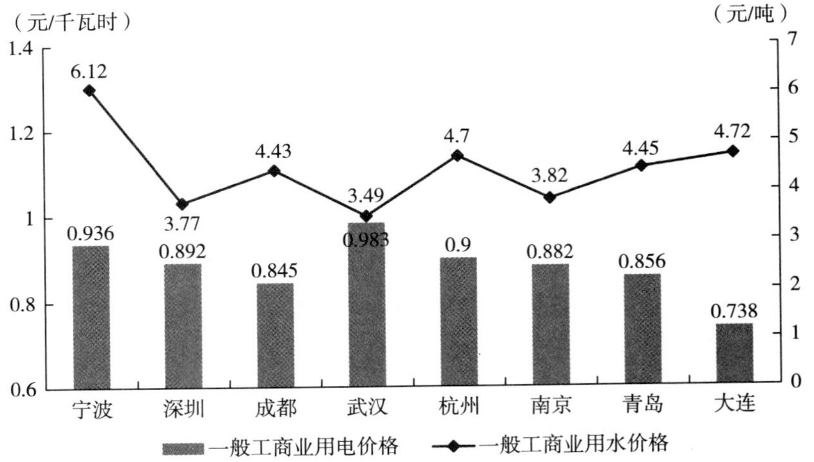

图5　各城市当前一般工商业电价和水价（第一级价格）

注：①为2017年8月31日数据；②大连一般工业用电（第一级价格）为0.738元/千瓦时，一般商业用电（第一级价格）为0.872元/千瓦时。

第五，税费成本。税费成本方面选取规上工业的百元利润的税收支出、百元利润的费用支出等2项指标。2015年，宁波企业百元利润的税收支出为96.5元，为第4低，前三位为深圳（52.3元）、杭州（75元）、青岛（87.2元）；百元利润的费用支出为15.5元，为第5低，前四位为深圳（10.9元）、青岛（11.2元）、杭州（12.2元）和南京（14.6元）。

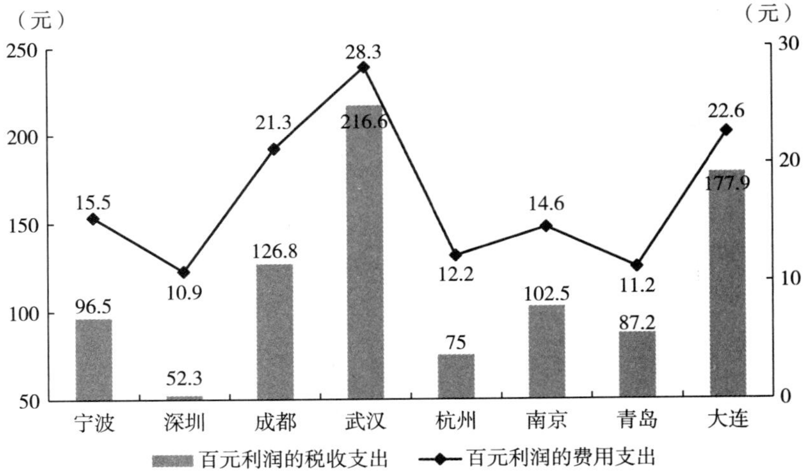

图6　各城市规上工业2015年百元利润的税收支出和费用支出

第六，原材料成本。原材料成本方面选取2011~2015年工业生产者购进价格指数1项指标。“十二五”时期，宁波工业生产者购进价格指数为91.44，为比较城市最低（南京除外）。

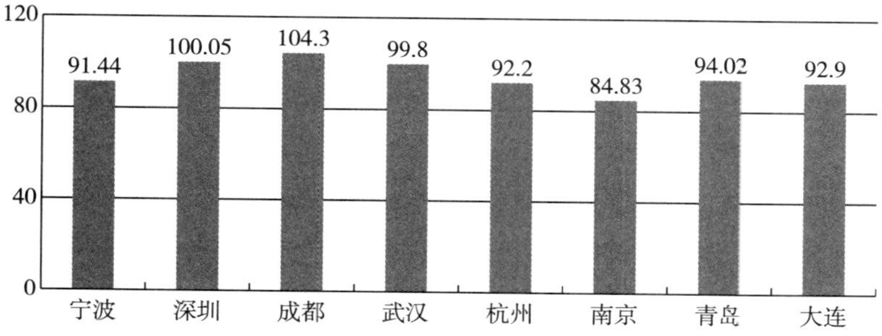

图7　各城市2011~2015年工业生产者购进价格指数

注：南京未公开2011年数据，84.83为2012~2015年工业生产者购进价格指数。

第七，物流成本。物流成本方面选取0#柴油零售价格、5~10吨载重货车的高速公路收费标准等2项指标。2017年8月31日，宁波0#柴油零售价格为5.79元/升，处于中游水平，大连（5.72元/升）、南京（5.77元/升）要低一些；5~10吨载重货车的高速公路收费标准为1.2元/公里，在不考虑集卡的优惠政策前提下，与武汉、杭州等城市同列第2高位，青岛（1元/公里）、成都（1.05元/公里）等要低一些。

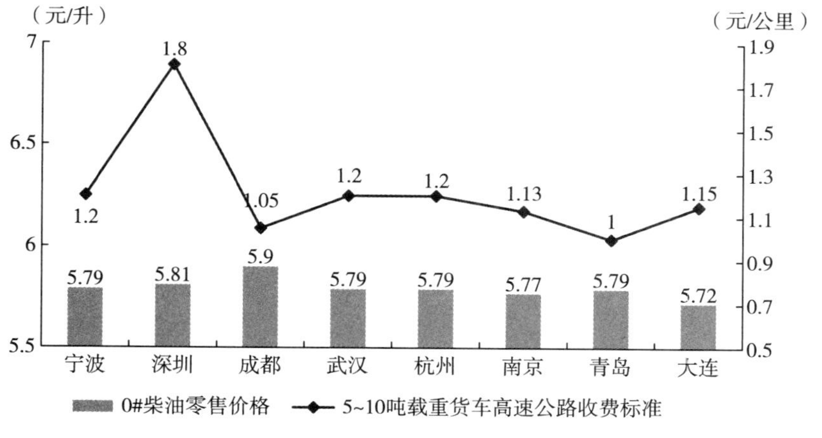

图8　各城市当前0#柴油零售价格和高速公路收费标准

注：①0#柴油零售价格来自油价网，http://youjia.chemcp.com/，为2017年8月31日数据；②各城市各条高速公路收费标准并不统一，此数据为大多数路段收费标准，为2017年8月31日数据。

第八，创新成本。创新成本方面选取本地政府对企业牵头承担国家级重大科技项目的奖励补贴、对企业研发投入的奖励补贴等 2 项指标。截至 2017 年 8 月 31 日，宁波对企业牵头承担国家级重大科技项目，按照国家要求给予“被动式”配套，且对已获市级补助的不再配套；对企业研发投入的补贴政策正在制定阶段。相比，大多数比较城市对这“一高一低”两类创新都非常支持，前者如深圳、武汉等城市最高按国家经费的 50% 给予配套，杭州甚至对“三大领域”最高层级项目按 1∶1 配套；后者，深圳、杭州对单个项目的最高资助额甚至达到 1000 万。

表 2　各城市企业两类创新成本的政策支持现状

	企业牵头承担国家级重大科技项目的奖励补贴	企业研发投入的奖励补贴（不含对企业研发中心建设的一次性奖励补贴）
宁波	对由市科技局推荐，列入国家科技计划且获科技经费资助的，具有明确产业化导向或重大基础性、前沿性的项目，按照国家要求，市县两级财政科技经费给予相应的配套，其中市财政科技经费配套额度最高不超过 1000 万元。同一项目已获市财政科技经费资助的，视同为配套《宁波市科技计划项目管理办法（修订）》（甬科计〔2013〕98 号）	①企业研发后补助政策即将出台。②面向初创期小微企业的创新券，每年一家企业申领不超过 10 万元，30% ~50% 的科技服务抵扣上限
深圳	组织单位有明确配套要求和配套比例的，按项目要求的比例予以配套，最高不超过 1∶1比例匹配；组织单位有明确配套要求，但没有明确配套比例的，按获批项目实际获得国家经费最高不超过 50% 的比例匹配	属于《国家重点支持的高新技术领域》的研发项目，经审核后，按研究开发实际投入，予以一定比例最高 1000 万元的事后支持
成都	给予国家实际到位经费 10% 最高 100 万元地方配套	重点新产品给予 20 万元资助，战略性新兴产品给予 100 万资助
武汉	在本地实现产业化的，按照该项目企业自筹经费 20% 的比例给予补贴，单个项目补贴额最高可达到该项目国家拨款总额的 50%	对信息技术、生命健康、智能制造三大产业领域的高新技术企业、技术先进型服务企业和高新技术产品备案企业的研发投入，按 6% 的比例给予补贴；其他产业领域按 3% 的比例给予补贴。单个企业每年最高 200 万元
杭州	对承担国家、省重大科技项目十大产业领域企业，按国家、省下拨经费总额给予 30% 资助；对作为第一承担单位，承担太阳能光伏、半导体照明、电动汽车技术领域（简称“三大领域”）项目并获国家 863 计划、国家科技支撑计划立项的本市企业，按国家下拨经费总额给予 1∶1 资助	对研发自主知识产权项目的十大产业领域企业，按研发经费给予 25% 资助，单项资助最高 500 万，其中“三大领域”企业资助比例达到 30%，单项资助最高 1000 万

续表

	企业牵头承担国家级重大科技项目的奖励补贴	企业研发投入的奖励补贴（不含对企业研发中心建设的一次性奖励补贴）
南京	有匹配要求。市级财政承担匹配资金的30%，区县和开发区承担匹配资金的70%	在省财政奖励基础上，给予企业研发投入最高不超过10%的普惠性财政奖励
青岛	暂无企业奖励补贴。对于个人，符合领军人才和突出贡献人才评选条款，有一定个人的奖励补贴	对企业当年加计抵扣确认研发费用给予不超过10%的奖励，年最高奖励100万元
大连	暂无企业奖励补贴。对于个人，符合领军高层次人才评选条款，有一定个人的奖励补贴	面向中小企业的创新券，每年资金额度上限为3000万元

二、市民生活成本的数据比较结果

市民生活成本包括消费能力与结构、小宗消费成本、置业成本、水电费成本等四个方面，比较结果如表3所示。

表3　基于数据比较的宁波市民生活成本位次

比较项目	比较优势城市	宁波位次
消费能力与结构	南京、宁波、青岛	第二
小宗消费成本	成都、武汉、杭州	居中
置业成本	成都、大连、青岛	居中
水电费成本	武汉、青岛、深圳	靠后（末位）

第一，消费能力与结构。消费能力与结构方面选取城镇居民生活消费支出比例、农村居民生活消费支出比例，以及城镇居民的食品烟酒、居住、交通通信、教育文化娱乐、医疗保健等项目支出结构等多项指标。2015年，宁波城镇居民生活消费支出比例61.95%，为第2低，仅高于南京的60.29%；农村居民生活消费支出比例67.25%，为第3低，略高于大连（64.37%）、青岛（66.51%），这说明宁波居民的生活压力较小。单项支出比例方面，宁波城镇居民的交通通信支出比例17.8%，为比较城市最高；医疗保健支出比例4.6%，为第2低，仅高于深圳的3.4%；食品烟酒、居住、教育文化娱乐等其他项目支出比例居比较城市的中位。

表4　各城市2015年市民生活消费支出比例和支出结构（%）

项目 \ 排名	1	2	3	4	5	6	7	8
城镇居民生活消费支出比例	南京 60.29	宁波 61.95	青岛 64.53	成都 65.20	武汉 65.71	杭州 69.99	大连 71.96	深圳 72.50
农村居民生活消费支出比例	大连 64.37	青岛 66.51	宁波 67.25	成都 71.85	南京 72.07	武汉 73.02	杭州 75.17	/ 深圳无

续表

项目＼排名	1	2	3	4	5	6	7	8
城镇居民食品烟酒支出比例	南京 26.0	杭州 27.1	宁波 28.1	大连 28.1	青岛 30.2	武汉 31.5	深圳 32.0	成都 34.1
城镇居民居住支出比例	成都 20.2	青岛 21.5	南京 21.9	大连 22.9	宁波 23.2	武汉 25.8	杭州 26.9	深圳 26.9
城镇居民交通通信支出比例	武汉 11.0	成都 11.7	南京 12.9	大连 13.1	深圳 14.2	青岛 14.6	杭州 16.9	宁波 17.8
城镇居民教育文娱支出比例	深圳 8.3	青岛 8.7	杭州 9.3	大连 9.8	武汉 9.9	成都 10.0	宁波 11.7	南京 16.9
城镇居民医疗保健支出比例	深圳 3.4	宁波 4.6	青岛 5.2	成都 5.3	南京 5.6	杭州 5.9	武汉 6.2	大连 8.6

第二，小宗消费成本。小宗消费成本方面选取 2011 ~2015 年商品零售价格指数 1 项指标。“十二五”时期，宁波商品零售价格指数为 109.4，列第 4 位，高于成都（107.4）、武汉（108.6）、杭州（109.1）。

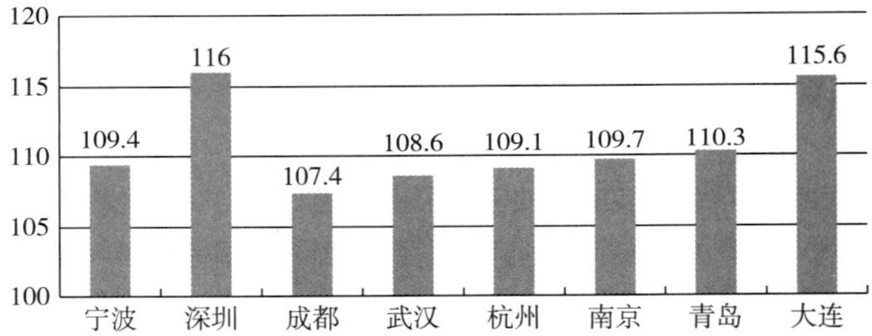

图 9 各城市 2011 ~2015 年商品零售价格指数

第三，置业成本。置业成本方面选取新楼盘均价、二手房均价、租房均价等 3 项指标。2017 年 7 月，宁波新楼盘销售均价为 14775 元/平方米，为第 4 高位，最高为深圳的 66050 元/平方米，最低为成都的 9475 元/平方米。2017 年 1 ~8 月，宁波二手房均价为 13644 元/平方米，为第 3 低，最高为深圳的 48130 元/平方米，最低为成都的 10081 元/平方米；租房均价为 28.96 元/月/平方米，为第 4 高，最高为深圳的 59.13 元/月/平方米，最低为成都的 23.12 元/月/平方米。综上，宁波的置业成本要大大低于深圳、杭州等城市，略高于成都、大连等城市。

第四，水电费成本。水电费成本选取居民用电价格、居民用水价格等 2 项指标。截至 2017 年 8 月 31 日，宁波居民电价（第一级价格）为 0.538 元/千瓦时，为并列第 4 高，最低为大连的 0.5 元/千瓦时；居民水价（第一级价格）为 3.4 元/吨，为比较城市最高，最低为武汉的 2.47 元/吨。

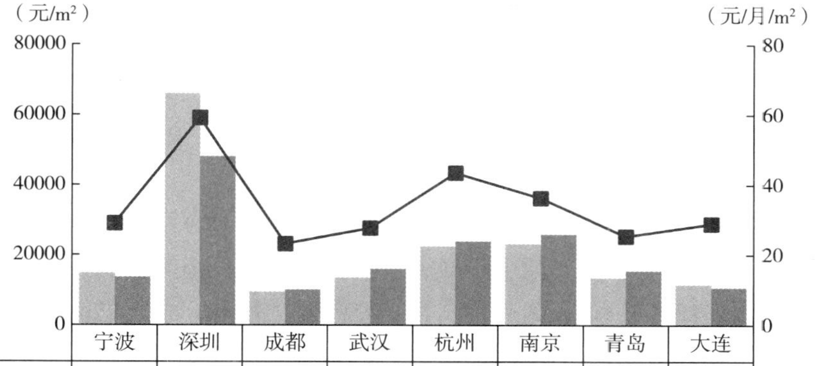

	宁波	深圳	成都	武汉	杭州	南京	青岛	大连
新楼盘均价	14775	66050	9475	13549	22497	23154	13494	11542
二手房均价	13644	48130	10081	16044	23894	25887	15518	10655
租房均价	28.96	59.13	23.12	27.62	43.48	36.22	25.32	28.9

图 10　各城市当前置业价格

注：①数据来源：房天下；②新楼盘均价为 2017 年 7 月数据，二手房和租房均价为 2017 年 1～8 月数据。

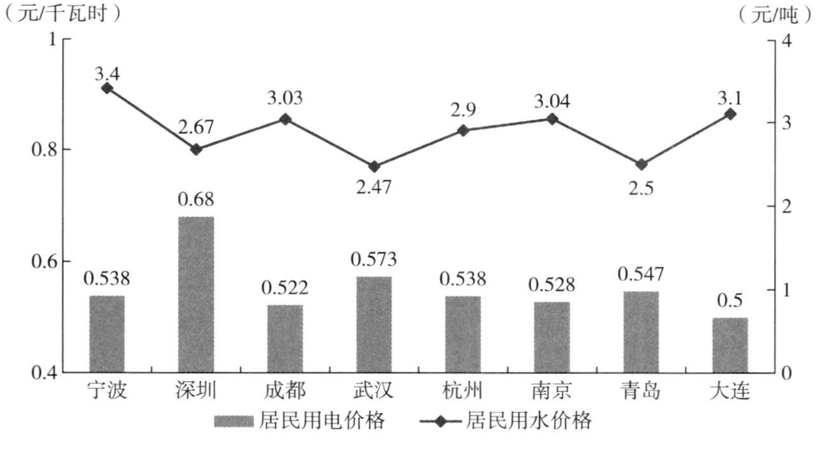

图 11　各城市当前居民电价和水价（第一级价格）

注：为 2017 年 8 月 31 日数据。

三、结论综述和原因分析

从数据比较结果看，宁波生产成本的劣势较为明显，创新、税费、资源、劳动力等成本均处于高位；生活成本表现出整体优势、局部劣势，全市居民的生活消费支出比例、城镇居民的置业和医疗保健等项目支出优势明显，交通、教育等项目支出处于高位。但考虑到影响营商和居住环境的非数据性因素，特别是国内“政治运营经济”的发展模式和人流交通末端、一流高校缺乏等自身不足，宁波真实的生产成本比较劣势将更加明显，生活成本比较优势带来的集聚效应则会被削弱。从原因看，宁波生产成本和生活成本存在较为突出的“4+4+4”问题，即4方面的显性生产成本短板、4方面的隐性生产成本短板和4方面的生活成本短板。

（一）四方面的显性生产成本短板

第一，企业创新成本高。有四个方面突出原因：一是融资难、融资贵。在缺少抵质押物的情况下，大多数中小型民营企业很难获得银行贷款，民间融资的利率又很高。二是政府扶持的方法有待改善、力度有待提升。企业创新更需要的是事前和事中的有力支持，而政府部门受制于财政资金风险的防控要求，更倾向于事后奖励，导致供需错位，无法最大化发挥引导和扶持作用。此外，如对企业牵头承担国家级重大科技项目等创新投入，宁波给予支持的主动性和奖励的力度与杭州、深圳等城市有较大差距（见表2）。三是科技服务隐性费用高。企业往往需要多次往返京沪杭等城市，或者邀请外地专家来甬评审，产生一系列额外的时间和费用成本。四是中间层人才成本高。本地高技能人才不足，企业需要从一线城市“挖角”，难度大、费用高。

第二，工业税费成本高。尽管税率相同、费率相近，但宁波与深圳、杭州等领先城市仍表现出一定差距，三大因素不容忽视：一是产业结构。全市劳动密集型的制造业企业多、高附加值的服务业企业少。“营改增”之后，人工工资不能抵扣进项税，制造企业职业教育支出的税前抵扣比例较低①，这对纺织服装、小家电等传统制造产业冲击较大。二是产品结构。成品油、汽车、烟草等是全市主要的制造产品，也是消费税应税产品。全市2016年纳税百强榜②的前几位都是这类产品的生产者。三是行政性收费策略。2016年以来宁波取消、免（停）征、降低了不少行政事业性收费，但与一些城市相比，力度还可以再大一些。如，宁波对按月纳税的月销售额或营业额不超过10万元（含）的缴纳义务人，免征教育费附加，而比较城市多为小微企业全面免征。四是税收优惠等产业扶持策略。当前不少产业扶持政策的准入门槛“过高”，且往往是“一刀切”，这就造成许多高成长型、高新技术型中小微企业，甚至是一些“单项冠军”企业不能因此受惠，制约其市场竞争力提升。

---

① 一般制造企业职业教育支出税前抵扣比例最高为2.5%，高新技术企业最高为8%，软件业等部分服务业可全额抵扣。

② 全市2016年纳税榜中前6家企业纳税额超过20亿元，包括：中国石油化工股份有限公司镇海炼化分公司188.85亿元、浙江中烟工业有限责任公司135.59亿元、上汽大众汽车有限公司宁波分公司32.88亿元、中海油大榭贸易有限公司31.67亿元、浙江省烟草公司宁波市公司22.95亿元、中海石油宁波大榭石化有限公司22.59亿元。

第三，水价、电价等资源要素成本高。水价高，主要原因是宁波水库水的供水成本要高于大多数城市河网水的供水成本，但也不能忽视水价变化因素：一是基础设施建设带来的水价上涨压力，特别是新昌县钦寸水库的巨额投资；二是工业分质供水带来的水价下降空间，不少大工业企业希望尽早成为供水对象。电价高，有三方面原因亟须重视：一是现有输配电模式导致宁波多发电既不能多用电，也不能便宜用电；二是产业集聚程度不高导致热电厂选址存在困难、功能发挥受到限制；三是浙江省电力直接交易改革试点设置了100万千瓦时/年的降价门槛，让大多数民营企业望而止步。

第四，劳动力成本高。2015年，宁波在岗职工平均工资高出杭州13%、青岛40%，但考虑到劳动时长、统计误差等因素，在岗职工的时薪差距可能有所缩小。但宁波劳动力成本高的问题依然需要高度重视：一是薪资增长过快，如规上工业平均薪酬2014年底为4456元/月，到2017年6月已涨至5403元/月，增长21.3%。二是高失业保障带来的“蝴蝶效应”。高失业保险金抬高了一般工商业的招工门槛，进而带动各层次技术技能人才薪资水平的“水涨船高”。三是全球化的薪资比较劣势。宁波的加工贸易已没有人口红利，在“一带一路”加速产业转移和铁路口岸发展的宏观环境下，全市一般制造业亟须培育新的竞争优势。

（二）四方面的隐性生产成本短板

第一，资金成本较高。2016年全市新发放企业贷款利率5.11%，较全部贷款利率低34个BP，比全国、全省分别低55个BP和2个BP，但是企业的获得感并不强。一些民营企业直言，当前融资难、融资贵问题依然突出，部分领域还有加剧趋势。一是银行整体惜贷。在去杠杆、银行严控不良贷款率的环境下，银行贷款更加倾向于国有企业和个人抵押贷款，民营企业获得贷款的难度大大提升。二是政府的产业扶持政策难以撬动银行放贷。目前，金融机构“限制类行业名单”中的优质企业，以及广大小微企业贷款难问题已非常突出；“3511”产业体系中的部分企业也面临银行抽贷、压贷和停贷的巨大风险。三是民间融资平台“跑路”事件的“破窗效应”，给之后企业的民间融资造成了不小的负面影响。

第二，制度性交易成本依然偏高。企业反映比较集中的问题包括：一是部分领域亟须“少跑几次”，如新批制造工厂需要15个以上的评估评价报告，安全、质检、土地、规划、环境、消防、能耗、职业卫生……哪个都不能少，而且不能合并进行，既花钱又费力。二是部分领域亟须“细化政策”，如企业的境外融资缺乏“可视化”标准，企业普遍不会做也不敢做。三是部分领域亟须“打破路径依赖”，如设备年检方面，管理部门往往只信任老资历、大品牌服务商的检测评估报告，这客观上催生了“红顶机构”，不仅坐地起价、服务低效，而且会抑制新兴服务经济的发展。

第三，大宗商品价格波动冲击大。在缺少期货、期权等调节工具的现状下，大宗商品价格依然是全市制造经济的“晴雨表”。如钢材价格，2011 年迄今表现出深 V 型（见图 12），使得相关企业囤货和接订单都存在较大风险。2017 年以来，多种原材料价格持续较快上涨，导致一些制造业企业生产经营陷入困境，再加上人民币持续升值等因素，全市多家外向型制造业企业已陷入“生产即亏损”危机。

图 12 2011～2016 年全球钢材综合价格指数

第四，环保事业倒逼形成的隐性压力。环保支出已经成为制造企业的大额支出项目，而且会随着国内碳汇经济的发展、排放权交易制度的成熟和环保税的开征，出现进一步增长。为此，一些企业呼吁要加快创新购置环保设备的税费抵扣政策，2008 年版的《节能节水（环境保护）专用设备企业所得税优惠目录》已远不能满足企业的真实需求。

（三）四方面的生活成本短板

第一，市民交通支出高。宁波城镇居民交通通信支出占生活消费支出的比例达到 17.8%，为比较城市最高。交通支出高问题主要原因是宁波出行不方便且票价较高，以及私家车保有量增长迅速。随着进一步的人口集聚和生活水平提升，节假日“一票难求”和高峰期拥堵问题可能会更加凸显。

第二，市民教育支出高。宁波城镇居民教育文化娱乐支出占生活消费支出的比例达到 11.7%，为比较城市第 2。教育支出高问题有三方面的原因：一是随着生活的改善，市民对子女的教育也更加重视，对市场化优质教育服务和特色培训的偏好程度不断提升；二是本地缺少一流高校，更多的市民选择将子女送至海外接受高等教育，部分甚至在初高中阶段就已出国，从而拉高学费开支；三是本地缺少特色领域的一流师资，如艺术类的顶尖院校和老师集中在沪杭等地，宁波学子不仅需要支付高额学费，还需要承担额外费用。

第三，地方性商品和服务价格增长较快。“十二五”时期，宁波商品零售价格指数增长9.4%，在比较城市中处于较低位次。尽管如此，许多市民依然感觉物价增长迅速，海鲜、特色糕点、新开场馆、乡村旅游等地方性商品和服务价格增长快成为主因。

第四，房地产风险始终存在。近几年，宁波房地产两极分化明显。一方面“地王”频出，另一方面去库存压力巨大，库存去化周期曾在“十二五”期间一度跃居全国首位。在上一轮“组合拳”过后，市区去化周期虽然从最高点的22.6个月降至2016年底的10.3个月，但是库存量依然超过770万平方米。在城镇居民人均自有现住房面积达到41.8平方米（截至2016年底）和2016年新出让土地435万平方米的前提下，今后几年房地产风险可能进一步增大。

四、提升城市综合成本竞争力的对策建议

基于数据比较和原因分析，建议今后一段时间把加快“4+4+4”问题破解作为城市降低生产生活综合成本、营造更加宜居宜业环境的“先导性”任务，突出四方面的工作。

第一，加快补齐本地政策短板。一是完善企业创新的支持政策。积极探索政策扶持由“事后”向“事前、事中”转型；对企业牵头承担国家和省级重大科研创新项目、开展符合“3511”产业发展方向的有益创新、非固定资产形式的科研投入等给予更有力支持，尽早出台实施细则；实施更加便捷化的科技保险补贴政策等。二是完善企业融资的支持政策。包括：拓展“银政担”“银政保”的合作路径；做活政策性融资担保基金，提高“3511”企业和小微企业贷款风险的财政分担比例，创新小额不良贷款的快速定损和理赔机制，助力“三类贷款”（详见甬政办发〔2017〕35号）和知识产权抵质押（详见甬银发〔2016〕87号）增长提速；支持各县区做大做优政府转贷资金和融资担保资金，探索民间资本参与的新路径。三是完善企业资源要素“超额”支出的补贴政策。以企业公平竞争为导向，加大财政投入力度，包括：提高水电等基础设施建设的财政负担比例，加快推进工业分质供水；加快推进长丰热电厂等搬迁改建项目，并以资源价格优势引导优质企业向园区集聚；支持行业领军企业“组团”参与电力直接交易改革试点等。四是建立企业政策需求的“限时”响应制度和处置结果的企业评分制。搭建全市统一的开放平台，听取企业政策需求，在规定时间内给予答复。对于合理政策需求，本地能解决的尽快解决；需要提请更高层面解决的，应尽快上报；处理结果给予“二次”答复。

第二，持续深化“放管服”改革。一是大力推进“功能整合”为导向的部门会商会审机制创新。特别是在企业开业审批、年检年审、信用评估等方面，力争早日

实现“企业一次交齐材料、多部门一次审核和现场查验”。二是大力推进政府服务采购的决策模式创新。以科学计分代替印象排名，全面考虑供应商的报价、项目设计、市场信用、历次表现等条件，择优录取。三是大力推进科技、文化等服务创新。以需求为导向，重点推进以下政府服务改革：更好发挥行业协会的纽带作用，精准收集和整理企业需求，帮助“一篮子”柔性引智，解决实际困难；创新人才市场运营管理模式，引进专业化的服务机构作为战略合作者，优化配置扶持资金，并且推动网络人才市场的跨越式发展；大力支持企业“文化软实力”建设，组建城市文化宣讲团和发放“企业文体活动抵扣券”，塑造贴合“东方文明之都”的企业文化整体形象，进一步提升人才吸引力和激发创新创业动力。四是强化市场风险监管。既要发挥市场在资源配置中的决定性作用，也要完善精准化、动态化的监管体系，谨防“市场失灵”风险，特别是重点领域的价格形成机制和风险预警机制。这些重点领域主要有：土地出让价格、房地产交易价格、企业民间融资和个人借贷利率、“菜篮子”价格、准公共服务场所（如科学探索中心、海洋馆、动物园）价格等。

第三，探索推进企业“降成本”的新型改革试点。一是降低企业的资金成本。重点加大对中小微企业的帮扶力度，以“3511”行业的小微企业为突破口，探索开展附加费缓征或免征、职业教育税前抵扣金额“倍增计划”、延后实施所得税“两免三减半”政策等试点；积极开展企业民间融资和海外融资的标准化改革试点；加快出台降低企业用地成本，盘活商业用房、闲置厂房等资源的地方细则等。二是降低企业的要素成本。积极争取宁波大宗商品交易所与上期所、中金所、大商所、郑商所的合作，引入期货、期权等大宗商品价格调节工具；同时探索与浙江（舟山）大宗商品交易所的战略合作，引入龙头做市商作为战略合作者，共同争取石油、钢铁等产品的期货、期权交易权。三是降低企业的物流成本。宏观层面，围绕建设“一带一路”战略枢纽城市和长江经济带“龙眼”目标，大力度推进亚太集结中心建设，构筑以宁波为枢纽、串联亚太和欧洲诸多城市的立体物流大通道。微观层面，对中欧班列、海铁联运、集装箱物流等给予有力的扶持；探索与中石化、中石油的战略合作，努力降低油价（调研显示，如东营等城市，“两桶油”的优惠力度甚至可以超过1元/升）。四是降低企业的环保成本，积极争取环保专用设备企业所得税优惠目录的政策突破，在全国城市中率先将新型循环水系统、污水处理系统、除尘等设备购置费用纳入抵扣项目。

第四，推动公共服务供给由“扩面为主”向“提量提质并举”转型。一是义务教育提质。加快镇海中学、效实中学等龙头学校的教育集团化改革，大力度引进义务教育阶段的优质资源和一贯制学校，配套推进义务教育的12年或15年试点。二是高等教育提质。不断深化浙大宁波“五位一体”校区的功能建设、宁波大学的

"双一流"大学创建、诺丁汉大学的本土融入等，争取引入第二所全球知名大学分校。三是公共交通提质。加快推进轨道交通的新线路建设，完善换乘体系；持续完善与宁波都市圈建设相配套的城乡公交体系建设，编织快速公交网络；跨越式发展智慧交通。四是医疗服务提质。巩固宁波公共医疗服务的优势，并进一步向公共健康服务拓展，构建集医疗保健、康复健身、养老养生等于一体的"大健康"服务体系。

宁波与杭州、深圳、大连等城市发展比较分析

◎ 课题组

2017 年初，宁波市政府发展研究中心对宁波与杭州、深圳、大连、青岛、南京、武汉等城市的基本市情、经济实力、创新能力、社会民生、基础设施等方面的相关数据资料进行了收集和整理，并进行了比较分析。

一、基本市情

表 1　　7 座城市基本市情比较

城市 项目	宁波	杭州	深圳	大连	青岛	南京	武汉
市域面积（平方公里）	9816	16596	1997	13237	11282	6587	8569
行政辖区（县、市、区）	6 区 2 县 2 县级市	9 区 2 县 2 县级市	8 区	7 区 1 县 2 县级市	6 区 4 县级市	11 区	13 区
常住人口（万人）	782.5	901.8	1137.9	698.7	909.7	823.6	1060.8
户籍人口（万人）	586.6	723.6	355.0	593.6	769.6	653.4	829.3
城市名片（发展优势）	世界大港、宁波帮、“一带一路”倡议支点城市、港口经济圈、智造之都、东方文明之都、中国最具幸福感城市等	文化名城、旅游胜地、休闲之都、经济强市、硅谷天堂、电子商务中心城市等	创新型城市、全国经济中心城市、智慧城市、社会主义文化强市、全面深化改革先锋城市等	北方明珠、浪漫之都、足球城	滨海度假旅游城市、国际港口城市、历史文化名城、幸福宜居城市、财富管理中心城市、蓝色科技中心城市等	四大古都，华东地区重要的交通、通信枢纽，全国重要的综合性工业生产基地	楚文化和革命文化，中部地区的中心城市，全国重要的工业基地、科教基地和综合交通枢纽

续表

项目＼城市	宁波	杭州	深圳	大连	青岛	南京	武汉
城市定位（城市总体规划）	我国东南沿海重要的港口城市、长江三角洲南翼经济中心、国家历史文化名城	浙江省省会和全省经济、文化、科教中心，长江三角洲中心城市之一	我国的经济特区，全国性经济中心城市和国际化城市	我国北方沿海重要的中心城市和港口、旅游城市	我国沿海重要中心城市和滨海度假旅游城市、国际性港口城市、国家历史文化名城	著名古都、江苏省省会、长江下游重要的中心城市	湖北省省会，国家历史文化名城，我国中部地区的中心城市，全国重要的工业基地、科教基地和综合交通枢纽
全国文明城市	2005 年第一批	2011 年第三批	2005 年第一批	2005 年第一批	2005 年第一批	2009 年第二批	2015 年第四批
国际级和全球级荣誉（选取重要部分）	2016 年“东亚文化之都”	联合国人居奖、国际花园城市、联合国全球创意城市网络城市、全球十大休闲范例城市	联合国人居奖、联合国全球创意城市网络城市、C40 全球城市交通领袖奖	联合国人居奖、联合国环境规划署“世界环境五百佳”	世界帆船之都	联合国人居奖、国际花园城市、C40 全球城市交通领袖奖	C40 城市奖

注：①此表为 2016 年数据，其中常住人口、户籍人口截至 2015 年底。②大连的常住人口数据来源：《大连市人口发展“十三五”规划》。③青岛的户籍人口为 2012 年数据。

在基础条件方面，宁波的市域面积 9816 平方公里，处于中间，排在第 4 位，最大的是杭州 16596 平方公里，最小的是深圳 1997 平方公里。常住人口数量 782.5 万人，排在第 6 位，仅高于大连，超过约 83 万人。户籍人口数量 586.6 万人，也排在第 6 位，仅高于深圳，超过约 231 万人。行政辖区数量 10 个，和大连、青岛并列第四位，仅多于深圳（8 个）。

在城市定位和荣誉方面，宁波城市定位为我国东南沿海重要的港口城市、长江三角洲南翼经济中心、国家历史文化名城，是全国仅有的 6 个获文明城市四连冠的城市之一，当选 2016 年“东亚文化之都”。杭州、深圳、大连、南京等城市获得国际级荣誉相对较多。

二、经济实力

（一）综合规模实力

表 2　　7 座城市综合规模实力比较

项目＼城市	宁波	杭州	深圳	大连	青岛	南京	武汉
地区生产总值（亿元）	8003.6	10050.2	17502.9	7731.6	9300.1	9720.8	10905.6
占全省经济比重（%）	18.7	23.4	24.0	26.9	14.8	13.9	36.9
GDP 在大陆城市中排名（位）	15	10	4	17	12	11	8
常住人口人均 GDP（元）	102374	112230	157985	110682	102519	118171	104132
财政总收入（亿元）	2072.7	2238.7	7240.0	—	2713.7	2009.0	2231.7
地方财政一般预算收入（亿元）	1006.4	1233.9	2726.9	579.9	1006.3	1020.03	1245.63
自营进出口总额（亿美元）	1004.7	665.7	4424.6	550.9	702.2	532.7	280.7
社会消费品零售总额（亿元）	3349.6	4697.2	5017.8	3084.3	3713.7	4590.17	5102.4

注：①此表为 2015 年数据。②大连未公布 2015 年财政总收入。

在地区生产总值方面，2015 年，宁波地区生产总值 8003.6 亿元，排名大陆城市第 15 位，在比较城市中高于大连 272 亿元，与深圳、武汉、杭州、南京、青岛分别相差 9498.6 亿元、2902 亿元、2046.6 亿元、1717.2 亿元、1296.4 亿元，占所在省的比例高于青岛和南京，人均 GDP 与深圳、南京、杭州、大连、武汉、青岛分别差 55611、15794、9856、8308、1758、145 元。从地区生产总值增长率看，7 座城市在新常态下经济发展呈现较明显的分化态势，深圳、杭州、青岛在 GDP 增速上已“止跌”，其余城市依然呈现下滑态势，2012 年以来，宁波的 GDP 增速保持在 7% ~9% 区间（图 1）。

在财政收入方面，2015 年，宁波的财政总收入、地方财政收入在 7 个比较城市中都位居第 5 位。财政总收入高于南京、大连，与深圳、青岛、杭州、武汉分别相差 5167 亿元、641 亿元、166 亿元、159 亿元。地方财政收入高于青岛、大连，与深圳、武汉、杭州、南京分别相差 1721 亿元、240 亿元、228 亿元、14 亿元。从地方财政收入的增长态势看，2015 年，宁波增长 16.9%，深圳增速尤快，同比增长 30.9%，杭州、武汉、南京、青岛分别同比增长 20.1%、13.1%、12.9%、12.4%，而大连同比下降 25.7%（图 2）。

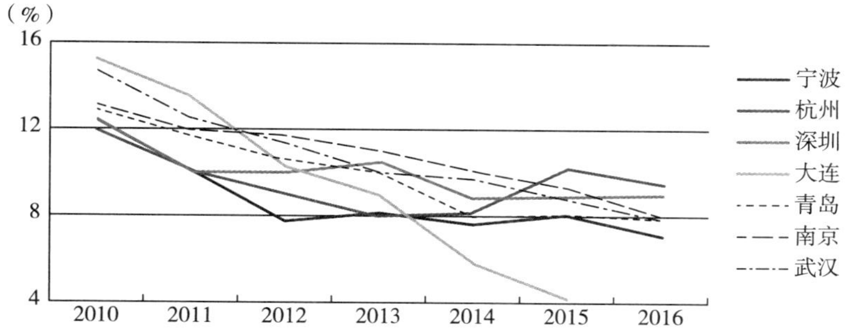

图1　地区生产总值增长率

注：2016 年为各城市统计快报数据，大连官方目前尚未公布数据。

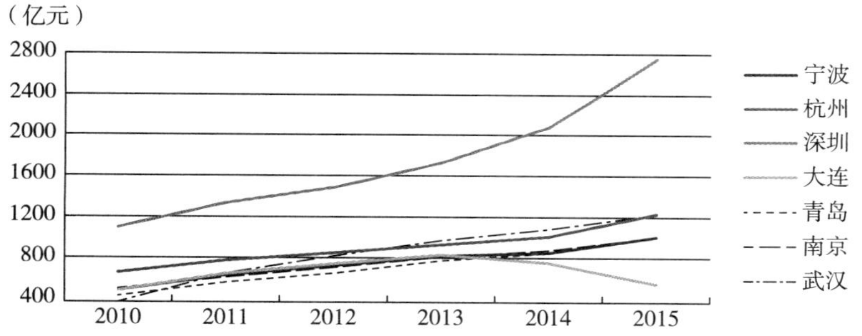

图2　地方财政一般预算收入

在内外贸易方面，2015 年，宁波自营进出口总额 1004. 7 亿美元，位居比较城市第二位，与深圳相差 3420 亿美元，分别比青岛、杭州、大连、南京、武汉高 302. 5 亿美元、339 亿美元、453. 8 亿美元、724 亿美元（图 3）。宁波社会消费品零售总额 3349. 6 亿元，略高于大连，与深圳、武汉、杭州、南京等城市分别差 1758 亿元、1752 亿元、1347 亿元、1240 亿元。

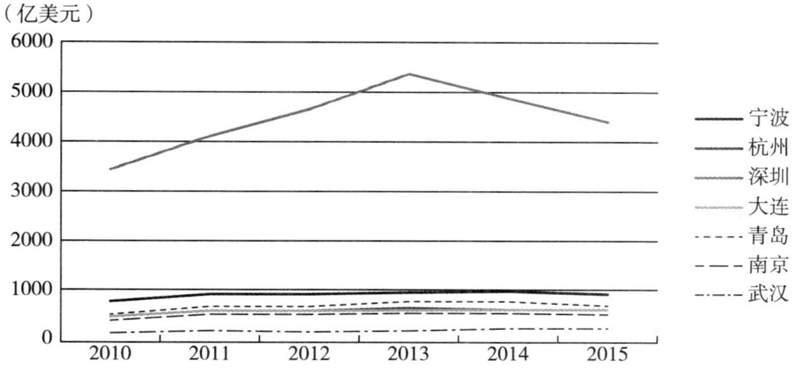

图3　自营进出口总额

（二）结构实力

表 3　　7 座城市结构实力比较

项目＼城市	宁波	杭州	深圳	大连	青岛	南京	武汉
三次产业结构	3.6∶51.2∶45.2	2.9∶38.9∶58.2	0∶41.2∶58.8	5.9∶46.3∶47.8	3.9∶43.3∶52.8	2.4∶40.3∶57.3	3.3∶45.7∶51.0
规上工业产值（亿元）	13869.5	12415.7	25542.4	6998.4	17349.8	12905.1	15000
高新技术产业增加值占规上工业增加值比重	41.2%	41.8%	86.2%	—	—	20.5%	—
国家级经济特区	—	—	是	—	—	—	—
国家级新区	—	—	—	有	有	有	—
自由贸易试验区	—	—	有	有	—	—	有
国家综合配套改革试验区	—	—	是	—	—	—	是
国家自主创新示范区	—	有	有	有	有	有	有
“中国制造2025”试点示范城市	是	—	—	—	—	是	是
国家级经济技术开发区个数	4	4	0	3	2	2	2
国家级高新技术产业开发区个数	1	2	1	1	1	1	1
综合经济竞争力排名	18	21	1	16	13	10	9
宜居竞争力排名	38	10	5	64	24	15	14
宜商竞争力排名	11	9	4	20	13	10	7
政府透明度排名	1	6	16	14	11	12	25

注：①此表为 2015 年数据。②三次产业结构是指一产∶二产∶三产的增加值比。③综合竞争力排名、宜居竞争力排名、宜商竞争力排名、政府透明度排名等数据来自《中国城市竞争力报告（2015 年）》，为大陆城市排名（不包括港澳台城市）。

在经济结构方面，2015 年，宁波的第三产业占比为 45. 2%，深圳、杭州、南京、青岛、武汉的第三产业比重都超过了 50%，分别是 58. 8%、58. 2%、57. 3%、52. 8% 和 51. 0%。规上工业产值 13869. 5 亿元，高于杭州、大连、南京，而低于深圳、青岛、武汉，分别相差 11672. 9 亿元、3480. 3 亿元、1130. 5 亿元；高新技术产业增加值占规上工业增加值比重为 37%，而深圳、杭州分别达到 86. 2% 和 41. 8%，南京为 20. 5%。

在国家级试点示范方面，在国家级经济特区、国家级新区、自由贸易试验区、国家综合配套改革试验区、国家自主创新示范区等国家级综合性试点示范中，深圳列入其中的 4 项，武汉、大连列入其中的 3 项，青岛、南京都有 2 项，宁波有 1 项，即国家保险创新综合试验区（目前国内唯一）。另外，宁波与南京、武汉都进入了“中国制造 2025”试点示范城市。

在产业发展平台方面，宁波的国家级经济技术开发区数量有 4 个，与杭州并列最多。国家级高新技术产业开发区除了杭州有 2 个外，其他 6 个城市都各有 1 个。

在经济和发展环境竞争力方面，按照中国社会科学院发布的《中国城市竞争力报告》结果，2015 年，宁波城市综合经济竞争力排名第 18 位，深圳、武汉、南京、青岛、大连、杭州分别排在第 1、9、10、13、16、21 位（图 4）。此外，宁波在全国较大的市政府透明度排名中位居第 1 位，在大陆城市宜商竞争力排名中位居第 11 位，在大陆城市宜居竞争力排名中位居第 38 位。

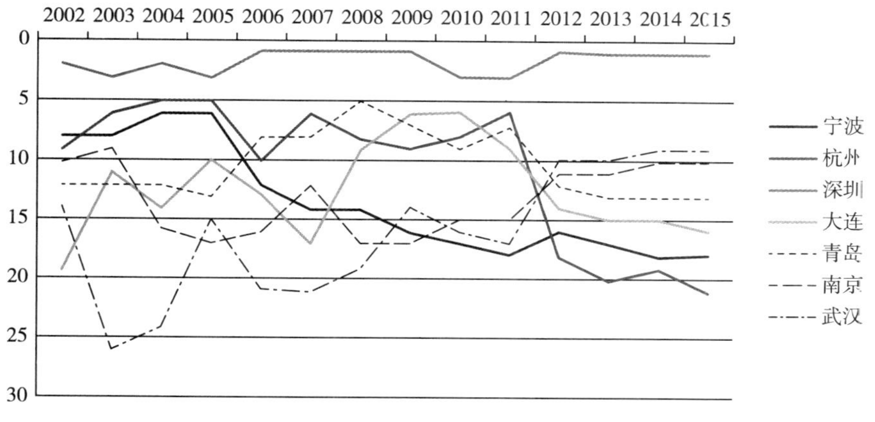

图 4 大陆城市综合经济竞争力排名

注：数据来源：《中国城市竞争力报告》No. 1 – No. 14，中国社会科学出版社。其中，2015 年为大陆城市综合经济竞争力排名（该年未统计城市综合竞争力排名）。

（三）投资与效率实力

表 4　　7 座城市投资与效率实力比较

项目＼城市	宁波	杭州	深圳	大连	青岛	南京	武汉
全社会固定资产投资总额（亿元）	4506.6	5556.3	3298.3	4559.3	6555.7	5484.5	7725.3
固定资产回报率（GDP/固定资产投资）	1.78	1.81	5.31	1.70	1.42	1.77	1.41
合同利用外资（亿美元）	76.5	103.8	255.9	25.2	82.7	61.7	—
实际利用外资（亿美元）	42.3	71.1	65.0	27.0	66.9	33.35	73.4
金融机构本外币存款余额（亿元）	15004.2	29863.8	57778.9	13864.5	13155.7	26471.7	19393.2
金融机构本外币贷款余额（亿元）	14966.9	23328.0	32449.0	11680.3	11576.8	18951.7	17135.8
银行业不良贷款率（%）	2.60	1.82	1.12	2.16	2.04	—	0.89

注：①此表为 2015 年数据。②武汉无合同利用外资统计数据。③南京的银行业不良贷款率数据未公布。

在固定资产投资方面，2015 年，宁波的全社会固定资产投资额为 4506.6 亿元，高于深圳，与大连几乎一样，比武汉、青岛、杭州、南京分别少了 3218.7 亿元、2049.1 亿元、1049.7 亿元、977.9 亿元。宁波固定资产投资回报率为 1.78，位居第 3，与杭州、南京差不多，深圳遥遥领先，达到 5.31（图 5）。

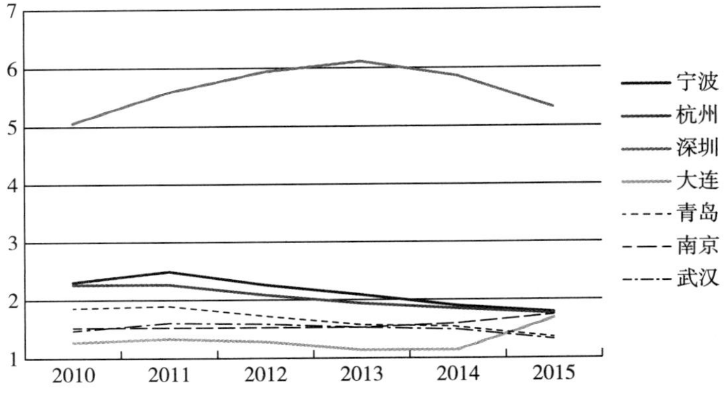

图 5　固定资产投资回报率（GDP/固定资产投资）

在利用外资方面，2015 年，宁波的合同利用外资额、实际利用外资额都高于南京和大连，而比杭州、深圳有一定差距（图 6）。宁波实际利用外资 42. 3 亿美元，分别比武汉、杭州、深圳、青岛低 31. 1 亿美元、28. 8 亿美元、24. 6 亿美元、22. 7 亿美元。

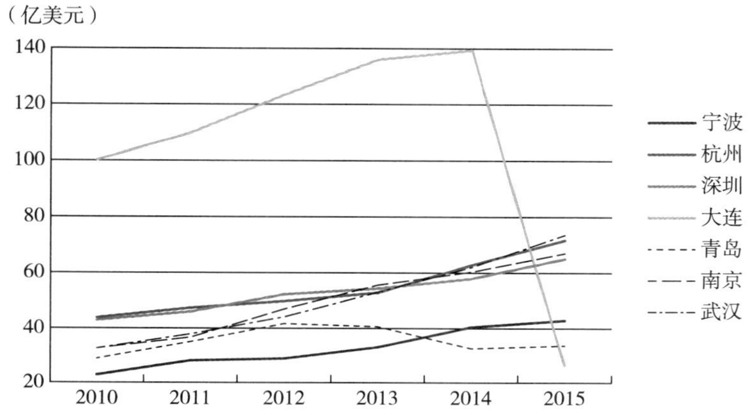

图 6　实际利用外资

在金融市场方面，宁波的金融机构本外币存款和贷款余额在 7 个比较城市中都位居第 5，高于青岛、大连。金融机构本外币存款余额分别比深圳、杭州、南京、武汉低 42774. 7 亿元、14859. 6 亿元、11737. 5 亿元、4389 亿元；金融机构本外币贷款余额分别比深圳、杭州、南京、武汉低 17482. 1 亿元、8361. 1 亿元、3984. 8 亿元、2168. 9 亿元；宁波银行业不良贷款率达到 2. 6%，分别比大连、青岛、杭州、深圳、武汉高 0. 44%、0. 56%、0. 78%、1. 48%、1. 71%。

（四）市场主体实力

表 5　　7 座城市市场主体实力比较

项目＼城市	宁波	杭州	深圳	大连	青岛	南京	武汉
市场主体数（万家）	70. 6	75. 5	214. 1	55. 8	95. 3	72. 4	86. 5
规上工业企业数（家）	7509	6073	6539	2486	4876	2714	2411
世界 500 强总部（家）	0	1	5	0	0	1	2
沪深 A 股上市公司数量（家）	52	88	207	26	21	56	47
国家驰名商标数（个）	77	121	159	86	123	92	69

注：①此表为 2015 年数据。②沪深 A 股上市公司数量截至 2016 年 8 月。

在企业数量方面，宁波、杭州、南京分别为 70. 6 万家、75. 5 万家、72. 4 万家，大连为 55. 8 万家，而深圳有 214. 1 万家。宁波规上工业企业数排名第一，达到 7509

家，深圳、杭州分别是6539家、6073家。

在总部企业和上市公司等方面，宁波和大连、青岛都还没有世界500强总部企业，杭州有1家（物产中大359位），深圳有5家（平安41位、华为129位、招商银行189位、正威国际190位、万科356位），南京有1家（太平洋建设99位），武汉有2家（东风汽车109位、武钢500位）。宁波的A股上市公司数有52家，次于深圳（207家）、杭州（88家）、南京（56家）。宁波的国家驰名商标数77个，高于武汉（69个），而深圳、青岛、杭州、南京、大连分别达到159个、123个、121个、92个、86个。

三、创新能力

表6　　7座城市创新能力比较

项目＼城市	宁波	杭州	深圳	大连	青岛	南京	武汉
人才总量（万人）	187.2	204.5	400	200.3	160	220.7	230.6
普通高校在校生数（万人）	15.1	47.6	9	28.6	32.2	70.6	107
全职院士（人）	1	34	12	31	56	83	68
国家千人计划人才数量（人）	75	258	103	54	140	306	221
高技能人才数量（万人）	29.5	30.8	81.6	21	21	29	34.2
发明专利授权量（件）	5412	8296	16957	1363	5170	8244	2129
高新技术企业年度认定备案数（家）	405	—	3789	242	565	—	335
大学数量（个）	16	39	12	30	24	53	82
国家级众创空间（家）	18	34	68	25	64	26	32
国家级重点实验室（个）	0	12	8	6	7	25	30
R&D经费总量（亿元）	193	311.7	731.6	126	260.4	291.6	327.2
R&D经费支出占GDP比重（%）	2.41	3.01	4.18	1.63	2.8	3.0	3.0

注：此表为2015年数据。

在创新人才方面，2015年，宁波人才总量187.2万人（2016年为201万人），人才总量高于青岛，比深圳、武汉、南京、杭州、大连分别差212.8万人、43.4万人、33.5万人、17.3万人、13.1万人。宁波在校大学生数量15.1万人，高于深圳，而武汉、南京、杭州、青岛以及大连等城市的在校大学生数量分别是宁波的7.1倍、4.7倍、3.2倍、2.1倍、1.9倍。宁波拥有全职两院院士1人，其他城市最少的是深圳有12人，最多的是南京有83人，武汉、青岛、杭州、大连分别为68人、56人、34人、31人。宁波国家“千人计划”人数75人（截至2016年为90人），高于大连，与南京、杭州、武汉、青岛、深圳分别相差233人、185人、148人、67人、30人。宁波的高技能人才数量高于大连、青岛、南京等城市，与深圳、武汉、杭州分别相差50.8万人、4.7万人、1.3万人。

在创新技术支撑方面，宁波的发明专利授权量近年来快速增长，高于大连、青岛和武汉，与深圳、杭州、南京分别相差11545件、2884件、2832件（图7）。科技部2016年度认定备案的高新企业家数，宁波多于大连和南京，而深圳多于宁波近9倍。

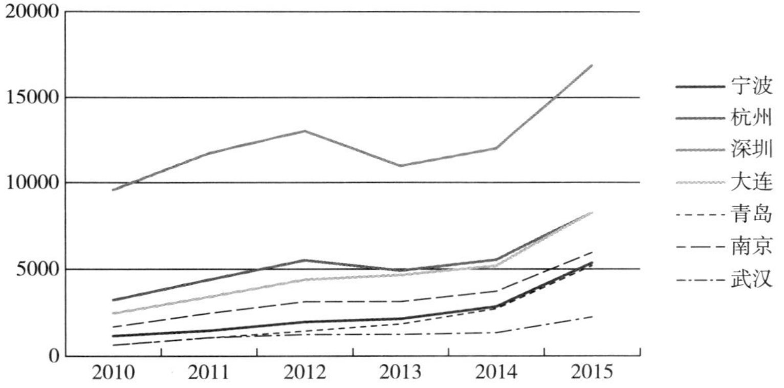

图7 发明专利授权量

在创新平台方面，宁波拥有的高校数量多于深圳，武汉、南京、杭州等省会城市高校数量分别是宁波的5.1倍、3.3倍、2.4倍。2015年，宁波的国家级众创空间与深圳、青岛、杭州、武汉、南京、大连分别相差50家、46家、16家、14家、8家、7家。在国家级重点实验室这一项中，宁波还是空白，其他城市中最少的是大连有6个，最多的是武汉有30个，南京、杭州、深圳、青岛分别为25个、12个、8个、7个。

在创新投入方面，2015年，宁波的R&D经费支出占GDP比重为2.41%（2016年为2.5%），高于大连，而深圳、杭州、南京、武汉、青岛的R&D经费投入比例分别达到了4.18%、3.01%、3.0%、3.0%、2.8%。宁波的R&D经费总量与深圳、武汉、杭州、南京、青岛相比分别差538.6亿元、134.2亿元、118.7亿元、98.6亿元、67.4亿元。从增长态势看，近年来宁波R&D经费投入增长较快，与先进城市的差距在逐步缩小（图 8）。

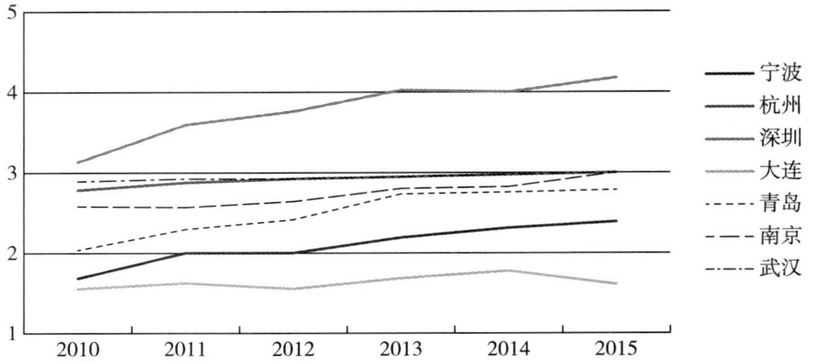

图 8　R&D 支出占比

四、社会民生与生态

表 7　　7 座城市社会民生与生态比较

项目＼城市	宁波	杭州	深圳	大连	青岛	南京	武汉
全市居民人均可支配收入（元）	41373	42642	44633	27863	32885	40455	32478
城镇居民人均可支配收入（元）	47852	48316	—	35889	40370	46104	36436
农村居民人均可支配收入（元）	26469	25719	—	14667	13730	19483	17722
城乡居民收入比（城镇/农村）	1.80	1.87	—	2.45	2.43	2.44	2.06
高等教育毛入学率（%）	60.0	60.4	55.2	60.3	53.1	65	52.3
卫生机构数量（个）	4069	4443	2946	2739	3146	2337	2996
三甲医院数量（个）	8	18	10	17	15	36	35
专业卫生人员（万人）	6.7	9.4	7.4	5.9	6.6	6.5	9.2
每千人拥有病床数量（张）	4.1	7.0	2.9	6.1	5.3	5.7	7.6
公共图书馆人均藏书量（册）	0.7	1.8	2.1	1.9	1.5	2.2	1.6
城镇居民登记失业率（%）	2.0	1.7	2.3	2.9	3.0	1.9	3.1

续表

项目 \ 城市	宁波	杭州	深圳	大连	青岛	南京	武汉
5A 级景区数量（个）	1	3	2	2	1	2	3
游客总人数（亿人）	0.8	1.4	1.2	0.7	0.7	1.0	2.1
空气质量优良天数（天）	302	242	351	270	293	235	192
城区人均公园绿地面积（平方米）	11.2	15.1	16.9	15.2	14.6	15.0	8.9
万元 GDP 能耗（吨标准煤）	0.50	0.45	0.40	0.71	0.59	0.85	0.65

注：①此表为 2015 年数据。②深圳未分项公布城镇居民人均可支配收入和农村居民人均可支配收入。

在居民收入方面，2015 年，宁波市居民收入为 41373 元，高于南京、青岛、武汉、大连，而比深圳、杭州少 3260 元、1269 元。宁波农村居民人均可支配收入排在比较城市的第一位，城镇居民人均可支配收入位居第二，比杭州少 464 元。宁波的城乡居民的收入比为 1.8∶1，在比较城市中为最小。

在教育卫生文化方面，宁波高等教育毛入学率为 60.0%，与杭州、大连、青岛等相当，低于南京（65%）。宁波专业卫生人员数量达到 6.7 万人，卫生机构数量达到 4069 个，其中三甲医院有 8 家，而南京、武汉都超过 30 家，其他城市也都有 10 多家。每千人拥有病床数量 4.1 张，高于深圳（2.9 张），而武汉、杭州、大连、南京、青岛分别达到 7.6 张、7.0 张、6.1 张、5.7 张、5.3 张。宁波公共图书馆人均藏书量为 0.7 册，南京、深圳、青岛、杭州、武汉、大连分别达到 2.2 册、2.1 册、1.9 册、1.8 册、1.6 册、1.5 册。

在旅游发展方面，宁波 5A 级景区有 1 个，游客数量约 8000 万人，与青岛、大连相当，与武汉、杭州、深圳、南京分别相差 1.3 亿人、0.6 亿人、0.4 亿人、0.2 亿人。

在生态环境方面，2015 年，宁波城区人均公园绿地面积为 11.2 平方米，高于武汉（8.9 平方米），其他几个城市都在 15 平方米左右。宁波的空气质量较高，空气优良天数达到 302 天，位居第二，仅次于深圳（351 天）。宁波万元 GDP 能耗为 0.50 吨标准煤，低于南京（0.85）、大连（0.71）、武汉（0.65）、青岛（0.59），高于杭州（0.45）、深圳（0.40）。

五、城市基础设施与公共服务

表 8　　　　　　　　7 座城市基础设施与公共服务比较

项目＼城市	宁波	杭州	深圳	大连	青岛	南京	武汉
市区建成区面积（平方公里）	322	506	890	396	491	734	553
全社会基础设施投资（亿元）	1290.1	1355.2	713.5	1622.1	1259.2	927.1	1798
年供水总量（亿立方米）	8.1	5.6	17.0	3.7	4.6	12.5	12.6
国际互联网宽带用户数量（万户）	302	295	674	129	249	308	312
电信业务量（亿元）	117.2	173.7	615.7	152.1	176.4	148.4	277.9
公路网密度（公里/百平方公里）	113.9	97.7	322.8	105.9	146.8	171.6	195.0
高速公路运营里程（公里）	496	615	420.6	531.1	818.4	613	633.5
轨道交通运营里程（公里）	49.2	80.9	178.6	167.3	25.2	232.2	126.12
公共交通车辆保有量（辆/万人）	14.7	11.8	13.3	11.6	13.8	12.5	14.8
货物周转量（亿吨公里）	2167.8	463.0	2253.1	8314.0	1166.3	2940.0	2951.9
旅客周转量（亿人公里）	65.1	108.6	955.3	210.0	151.7	403.4	1102.4
港口集装箱吞吐量（万标准箱）	1982.4	—	2421.0	944.9	1743.0	294.0	—
港口货物吞吐量（亿吨）	5.10	—	2.17	4.15	4.98	2.22	0.85
空港旅客吞吐量（万人次）	686	2835	3972	1415	1820	1916	1894
空港货邮吞吐量（万吨）	7.7	42.5	101.0	13.7	20.8	32.6	15.5
快递业务量（亿件）	3.05	12.57	14.01	0.66	1.61	5.03	3.78

注：①此表为 2015 年数据。②市区建成区面积数据来源：《2015 中国城市统计年鉴》。③轨道交通运营里程数据来源：《中国城市轨道交通年度报告 2015》。④武汉 2016 年开始开展集装箱业务。⑤快递业务量数据来源：《2015 年邮政行业发展统计公报》。

在城市建设方面，宁波的市区建成区面积比大连稍大，与深圳、南京、武汉、杭州、青岛分别相差568平方公里、412平方公里、231平方公里、184平方公里、74平方公里。全社会基础设施投资额超过青岛、南京和深圳，比武汉、大连、杭州分别差507.9亿元、332亿元、65.1亿元。

在公共服务方面，2015年，宁波的年供水量超过杭州、青岛、大连，而少于深圳、武汉、南京，分别相差8.9亿立方米、4.5亿立方米、4.4亿立方米。宁波互联网宽带用户数量为302万户，超过杭州、青岛、大连，而低于深圳、武汉、南京，分别相差372万户、10万户、6万户。宁波电信业务量低于深圳、武汉、青岛、杭州、大连、南京，分别相差498.5亿元、160.7亿元、59.2亿元、56.5亿元、34.9亿元、31.2亿元。

在交通运输和物流方面，宁波的公路网密度高于大连、杭州，而与深圳、武汉、南京、青岛分别相差208.9、81.1、57.7、32.9公里/百平方公里。高速公路运营里程和轨道交通运营里程分别高于深圳和青岛，高速公路运营里程数与青岛、武汉、杭州、南京、大连分别相差322.4公里、137.5公里、119公里、117公里、35.1公里，轨道交通运营里程数与南京、深圳、大连、武汉、杭州分别相差182.9公里、129.4公里、118.0公里、76.9公里、31.7公里。公共交通车辆保有量位居第二，略低于武汉，相差0.1辆/万人。货物周转量居第四位，与大连、武汉、南京、深圳分别相差6146.2亿、784.1亿、772.3亿、85.3亿吨公里，其中港口货物吞吐量位居第一位，港口集装箱吞吐量位居第二位，仅次于深圳，相差438.6万标箱。城市旅客周转量与武汉、深圳、南京、大连、青岛、杭州分别相差1037.3亿、890.2亿、338.3亿、144.9亿、86.6亿、43.5亿人公里，空港旅客吞吐量与深圳、杭州、南京、武汉、青岛、大连分别相差3286万、2149万、1231万、1208万、1134万、729万人次；快递业务量高于青岛、大连，而与深圳、杭州、南京、武汉分别相差10.96亿件、9.52亿件、1.98亿件、0.73亿件；空港货邮吞吐量低于深圳、杭州、南京、青岛、武汉、大连，分别相差93.9万吨、34.8万吨、24.9万吨、13.1万吨、7.8万吨、6万吨。

课题组成员 阎　勤　童明荣（统稿）　卢　跃　王明荣　冯　路　吴红艳　张树法

宁波与杭州经济发展比较分析

◎ 课题组

2017 年初，宁波市政府发展研究中心组织力量收集相关数据，对宁波和杭州近十年尤其是近五年来经济发展情况进行了比较分析，以供参考。

一、两市基本市情

宁波和杭州两市在面积、人口、城镇化率以及城市功能定位方面存在客观差异，从而使两市在经济发展中面临不同的发展空间、发展环境和发展要素禀赋等基础条件。宁波的市域面积、建成区面积、常住人口分别约为杭州的 59%、64% 和 87%。宁波、杭州的城镇化率分别为 71.1% 和 75.3%（见表 1）。

表 1　　宁波和杭州基本市情比较

项目	宁波	杭州
市域面积（平方公里）	9817	16596
市区建成区面积（平方公里，2015 年）	322	506
行政辖区	6 区 2 县 2 县级市	9 区 2 县 2 县级市
常住人口（万人，2015 年）	782.5	901.8
户籍人口（万人，2015 年）	586.6	723.6
城市定位（城市总体规划）	我国东南沿海重要的港口城市、长江三角洲南翼经济中心、国家历史文化名城	浙江省省会和全省经济、文化、科教中心，长江三角洲中心城市之一
城镇化率（2015 年）	71.1%	75.3%

二、两市主要经济指标比较

（一）经济总量和增速

从 GDP 规模来看，2016 年宁波和杭州的经济总量分别为 8541.1 亿元和 11050.5 亿元，宁波约为杭州的 77%。2010 年宁波经济总量与杭州的比值为 87%，当年两市经济总量相差 784.7 亿元，2016 年两市相差 2509.4 亿元（见表 2、图 1）。

表 2　　历年 GDP 总量比较

年份	总额（亿元）			差额（亿元）
	宁波	杭州	宁波/杭州	
2010	5181.0	5965.7	0.87	-784.7
2011	6074.9	7037.3	0.86	-962.4
2012	6601.2	7833.6	0.84	-1232.4
2013	7164.5	8398.6	0.85	-1234.1
2014	7610.3	9206.2	0.83	-1595.9
2015	8003.6	10050.2	0.80	-2046.6
2016	8541.1	11050.5	0.77	-2509.4

注：2015 年前数据来自两市统计年鉴，2016 年数据来自两市统计局网站（下同）。

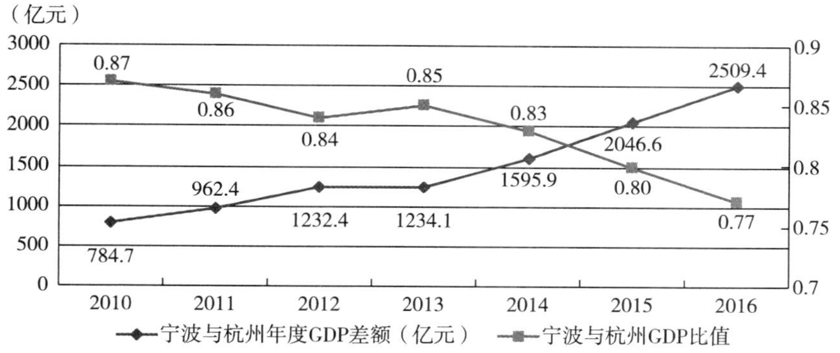

图 1　历年 GDP 总量比较

从 GDP 增速来看，2005 年是两市相对经济增速的拐点，目前宁波和杭州经济增长分别呈现“L”型和“U”型走势。1996～2004 年，宁波发展速度整体快于杭州，其中，增速高于杭州的年份有 5 年，持平的 2 年，只有 2 年低于杭州；从 2005 年开始，杭州增速开始超越宁波，2005～2016 年，杭州发展速度整体快于宁波，其中，增速高于宁波的年份有 8 年，低于宁波的有 4 年。2012 年，宁波和杭州同步进入一位数增长时代，但之后宁波经济增速呈现“L”型走势，总体上维持在 7%～

9%的中位；杭州经济增速在2013年探底后，总体呈逐步走高趋势，并在2015年达到两位数增长，“U”型走势基本形成（见图2）。

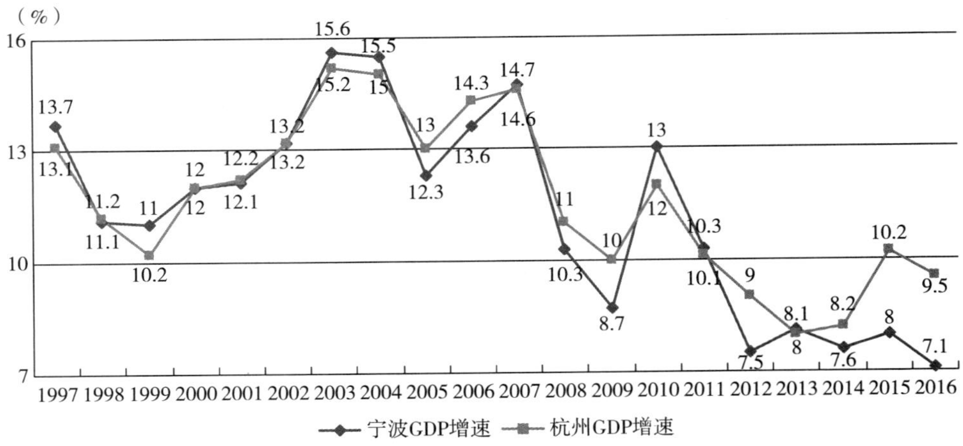

图2　历年GDP增速比较

从人均GDP来看，宁波、杭州2015年分别达102374元和112230元，宁波约为杭州的90%，比杭州少9856元。2010年两市人均GDP比值为99.4%，相差不到500元。杭州、宁波人均GDP分别于2014年和2015年突破10万元大关（见表3）。

表3　历年常住人口人均GDP比较

年份	宁波	杭州	宁波/杭州	差额
2010	69610	70024	0.994	-414
2011	79730	80689	0.988	-959
2012	86477	89323	0.968	-2846
2013	93641	95190	0.984	-1549
2014	98362	103813	0.948	-5451
2015	102374	112230	0.912	-9856
2016	108804			

（二）财政实力

从总量来看，近年来宁波和杭州财政总收入均增长较快，2016年分别达2146亿元和2558.4亿元，宁波约为杭州的84%，比杭州少412.4亿元。2011年宁波财政总收入、一般公共预算收入分别约为杭州96%和84%，分别相差57.1亿元和127.6亿元；2016年上述两个比值分别为84%和80%，绝对值差额分别为412.6亿元和287.4亿元（见表4）。

表 4　　历年财政收入比较

年份	财政总收入（亿元）				一般公共预算收入（亿元）				非税收入占一般公共预算收入百分比（%）	
	宁波	杭州	宁波/杭州	差额	宁波	杭州	宁波/杭州	差额	宁波	杭州
2011	1431.8	1488.9	0.96	-57.1	657.6	785.2	0.84	-127.6	7.5	3.4
2012	1536.5	1627.9	0.94	-91.4	725.5	860	0.84	-134.5	8.0	3.5
2013	1651.2	1735	0.95	-83.8	792.8	945.2	0.84	-152.4	7.5	3.7
2014	1790.9	1920.1	0.93	-129.2	860.6	1027.3	0.84	-166.7	7.5	3.1
2015	2072.7	2238.7	0.93	-166	1006.4	1233.9	0.82	-227.5	15.7	8.7
2016	2146	2558.4	0.84	-412.4	1115	1402.4	0.80	-287.4		

注：2014 年前“一般公共预算收入”数据为“地方财政收入”。

从财政收入结构来看，杭州非税收入在一般公共预算收入中的占比低于宁波，土地出让金收入则高于宁波（见表 5）。

表 5　　历年土地出让金收入比较

年份	土地出让金（亿元）	
	宁波	杭州
2008	36.1	359.3
2009	112.9	439
2010	169.6	922.6
2011	96.3	427.4
2012	81.8	350.8
2013	190.3	791.3
2014	207.3	709.4
2015	37.8	406.4
2016	269.9（1～11 月）	629.8（1～11 月）

注：土地出让金收入均指市本级，包括国有土地使用权出让收入、国有土地收益基金收入和农业土地开发资金收入。杭州数据来源于杭州财税局网站。

（三）固定资产投资

从总量看，宁波和杭州 2016 年固定资产投资额分别达 4961.4 亿元和 5842.4 亿元，宁波约为杭州的 85%，比杭州少 881 亿元。从增速来看，2011 年以来，宁波固定资产投资增速历年均高于杭州（见表 6）。

表 6　　历年全社会固定资产投资比较

年份	绝对值				增速	
	宁波	杭州	宁波/杭州	差额	宁波	杭州
2011	2385. 5	3100	0. 77	－714. 5	17. 2	16. 9
2012	2901. 4	3722. 8	0. 78	－821. 4	21. 6	20. 1
2013	3423	4263. 9	0. 80	－840. 9	18	14. 5
2014	3989. 5	4952. 7	0. 81	－963. 2	16. 6	16. 2
2015	4506. 6	5556. 3	0. 81	－1049. 7	13	12. 2
2016	4961. 4	5842. 4	0. 85	－881	10. 1	5. 1

从投资结构看，2016 年两市基础设施投资大体相当，宁波民间投资和房地产投资额分别为 2070 亿元和 1270. 3 亿元，分别为杭州的 69% 和 55%，分别比杭州少 936. 8 亿元和 1039. 5 亿元；宁波工业投资是杭州的 1. 7 倍，比杭州多 585. 9 亿元。2012 年以来，宁波工业投资增速历年均高于杭州，2016 年投资增速比杭州高 3 个百分点（见图 3、表 7）。

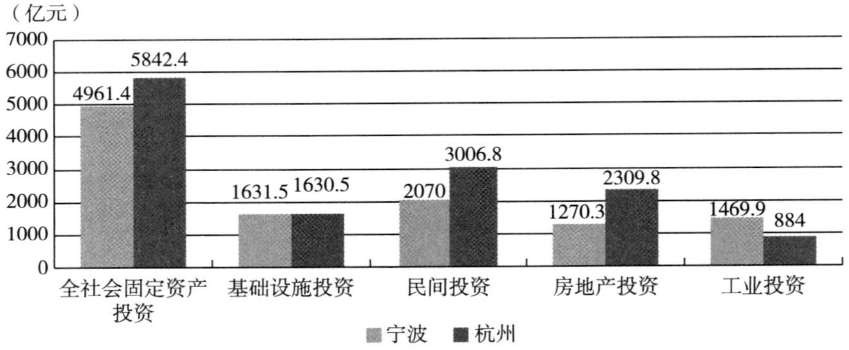

图 3　2016 年杭州和宁波固定资产投资比较

表 7　　历年工业投资比较

年份	总额（亿元）			增速（%）	
	宁波	杭州	差额	宁波	杭州
2011	668. 4	747. 5	－79. 1	8	9
2012	817. 2	851. 9	－34. 7	22. 3	14
2013	1061. 9	910. 5	151. 4	29. 9	6. 9
2014	1263. 2	913. 4	349. 8	19	0. 3
2015	1499. 9	930	569. 9	18. 7	1. 8
2016	1469. 9	884	585. 9	－2	－5

（四）产业发展

第三产业方面，2016 年宁波、杭州第三产业增加值分别为 3996.9 亿元、6768.3 亿元，宁波约为杭州的 60%，相差 2771.4 亿元。2006 年，宁波第三产业增加值接近杭州的 75%，两市第三产业增加值相差 405.8 亿元。从第三产业增加值占 GDP 比重来看，2016 年宁波第三产业在 GDP 中的占比为 46.8%，杭州的第三产业占比则在 2008 年超过 50%，2016 年提升到 61.2%，比宁波高 14.4 个百分点（见表 8）。

表 8　历年第三产业增加值及在 GDP 中占比比较

年份	第三产业增加值（亿元）				在 GDP 中占比	
	宁波	杭州	宁波/杭州	差额	宁波	杭州
2006	1154.4	1560.2	0.74	-405.8	40.2	48.9
2007	1373.5	1894.7	0.73	-521.2	40.2	49.9
2008	1588.9	2236.6	0.71	-647.7	40.3	50.8
2009	1794.1	2555.1	0.70	-761	41.4	53.3
2010	2105.1	2937.5	0.72	-832.4	40.6	52.8
2011	2504.0	3520.0	0.71	-1016	41.2	53.4
2012	2857.6	4078.4	0.70	-1220.8	43.3	55.2
2013	3211.5	4562.7	0.70	-1351.2	44.8	57.1
2014	3354.2	5086.2	0.66	-1732	44.1	57.9
2015	3620.7	5853.2	0.62	-2232.5	45.2	61
2016	3996.9	6768.3	0.59	-2771.4	46.8	61.2

2005 年以来，杭州第三产业增速一直高于 GDP 增速（见图 4）。2015～2016 年，杭州服务业更是连续 8 个季度保持两位数增长，对 GDP 增长贡献率高达 80.0%。服务业中，信息传输、软件和信息技术服务业等高技术服务业又占据主导地位，营业收入占规上服务业比重达 55.2%。

第二产业方面，宁波第二产业尤其是工业具有较大优势。宁波第二产业和工业增加值于 2010 年超越杭州，2016 年宁波第二产业和工业增加值分别达 4239.6 亿元、3766.6 亿元，分别比杭州多 262.2 亿元和 187.9 亿元。从增速来看，2010～2016 年，宁波第二产业增速高于杭州的年份有 6 年，低于杭州的只有 1 年；工业增逗高于杭州的年份有 4 年，低于杭州的有 3 年（见表 9）。

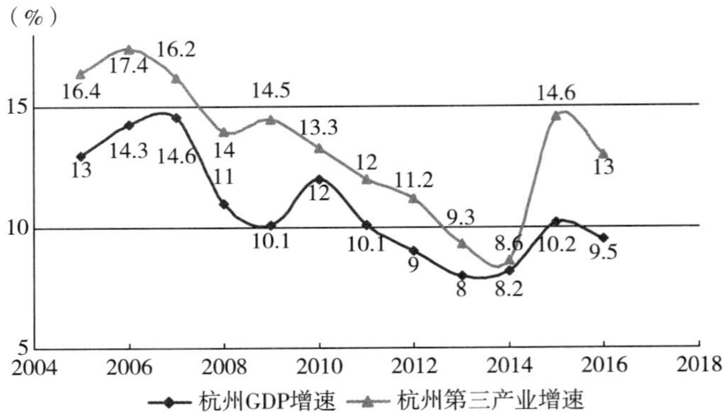

图4 杭州第三产业增速和GDP增速

表9 历年第二产业和工业增加值及增速比较

年份	第二产业					工业				
	增加值（亿元）			增速（%）		增加值（亿元）			增速（%）	
	宁波	杭州	差额	宁波	杭州	宁波	杭州	差额	宁波	杭州
2010	2856.7	2819.8	36.9	13.1	11.3	2559.6	2502.1	57.5	13.7	12.8
2011	3315.8	3280.5	35.3	9.8	8.7	2963.1	2890.1	73	10.3	11.1
2012	3475.1	3500.1	-25	5.7	7.2	3097.3	3093.3	4	5.4	9.1
2013	3681.0	3574.3	106.7	8.1	7	3282.5	3156.4	126.1	8.5	7.8
2014	3980.4	3845.6	134.8	8.1	8	3533.7	3414.9	118.8	7.7	8.5
2015	4098.2	3909.0	189.2	9.7	5.5	3632.9	3497.8	135.1	9.7	5.5
2016	4239.6	3977.4	262.2	6.5	4.7	3766.6	3578.7	187.9	7.0	5.2

注：杭州2016年数据来自杭州市统计局网站。

（五）外资外贸

外资方面，2016年宁波、杭州实际利用外资分别为45.1亿美元、72.1亿美元，宁波约为杭州的2/3，相差27亿美元。自2007年，杭州年度实际利用外资额一直高于宁波（见表10）。

表10 历年实际利用外资比较

年份	总额（亿美元）			增速（%）	
	宁波	杭州	差额	宁波	杭州
2006	24.3	22.6	1.7	5.2	13.2
2007	25.1	28	-2.9	3.3	24.2
2008	25.4	33.1	-7.7	1.2	18.2

续表

年份	总额（亿美元）			增速（%）	
	宁波	杭州	差额	宁波	杭州
2009	22.1	40.1	-18	-13	21.2
2010	23.2	43.6	-20.4	5.0	8.5
2011	28.1	47.2	-19.1	21.1	8.4
2012	28.5	49.6	-21.1	1.4	5.0
2013	32.7	52.8	-20.1	14.7	6.4
2014	40.3	63.3	-23	23.2	20.1
2015	42.3	71.1	-28.8	5.0	12.3
2016	45.1	72.1	-27	6.6	1.4

外贸方面，宁波历年进出口、进口、出口总额指标均高于杭州。2016 年宁波上述指标分别为 949 亿美元、288 亿美元和 661 亿美元，分别比杭州多 269 亿美元、111 亿美元和 158 亿美元。但自 2013 年杭州外贸增速开始超越宁波，2016 年杭州进、出口（以美元计）增速均高于宁波 7.7 个百分点（见表 11）。

表 11　　历年自营进出口总额和增速比较

年份	进出口					出口					进口				
	总额（亿美元）			增速（%）		总额（亿美元）			增速（%）		总额（亿美元）			增速（%）	
	宁波	杭州	差额	宁波	杭州	宁波	杭州	差额	宁波	杭州	宁波	杭州	差额	宁波	杭州
2011	982	640	342	18.4	22.2	608	415	193	17.1	17.5	374	225	149	20.6	31.9
2012	966	617	349	-1.6	-3.6	615	413	202	1.0	-0.6	351	204	147	-5.9	-9
2013	1003	651	352	3.9	5.5	657	448	209	7.0	8.5	346	203	143	-1.4	-0.5
2014	1047	680	367	4.3	4.5	731	492	239	11.3	9.8	316	188	128	-8.9	-7.2
2015	1005	666	339	-4.0	-2.1	714	501	213	-2.3	1.8	290	165	125	-8	-12.3
2016	949	680	269	-5.1	2.2	661	503	158	-7.2	0.5	288	177	111	-0.7	7

（六）本外币存贷款余额

2016 年宁波本外币存款余额、贷款余额分别为 16989.3 亿元和 16622.9 亿元，杭州本外币存款余额、贷款额分别为 33386 亿元和 26169 亿元，宁波分别约是杭州的 1/2 和 2/3，分别相差 1.64 万亿元和 0.95 万亿元（见表 12）。

表 12　　历年本外币存贷款余额比较

年份	存款余额（亿元）				贷款余额（亿元）			
	宁波	杭州	宁波/杭州	差额	宁波	杭州	宁波/杭州	差额
2011	10659.3	18396.6	0.58	-7737.3	10676.8	16573.7	0.64	-5896.9
2012	11980.5	20184.8	0.59	-8204.3	11961	18090.8	0.66	-6129.8
2013	13164.6	22174.7	0.59	-9010.1	13314	19350.5	0.69	-6036.5
2014	13890.1	24450.5	0.59	-10560.4	14569.8	21316.8	0.68	-6747
2015	16175.3	29863.8	0.54	-13688.5	15754.7	23328	0.68	-7573.3
2016	16989.3	33386	0.51	-16396.7	16622.9	26169	0.64	-9546.1

（七）社会消费品零售总额

2016 年，宁波、杭州社会消费品零售总额分别为 3668 亿元和 5176.2 亿元，宁波约为杭州的 70%，相差 1508.2 亿元。2015 年，宁波住宅销售价格为 11022 元，杭州为 14749.8 元，宁波比杭州低 3727.8 元（见表 13）。

表 13　　历年社会消费品零售总额及住宅销售价格比较

年份	社会消费品零售总额比较（亿元）				住宅销售价格（元/m^2）	
	宁波	杭州	宁波/杭州	差额	宁波	杭州
2011	2018.9	2690.2	0.75	-671.3	11284	12742.8
2012	2329.3	3165.2	0.74	-835.9	11386	13291.6
2013	2635.7	3864.8	0.68	-1229.1	11404	14678.6
2014	2992	4201.5	0.71	-1209.5	10890	14040.9
2015	3349.6	4697.2	0.71	-1347.6	11022	14749.8
2016	3668	5176.2	0.71	-1508.2	11738	

注：住宅销售价格数据为统计年鉴中年度全市住宅销售金额/住宅销售面积。

（八）居民收入

2016 年，宁波、杭州的城镇居民人均可支配收入分别为 51560 元、52185 元，宁波比杭州少 625 元；宁波、杭州的农村居民人均可支配收入分别为 28572 元、27908 元，宁波比杭州多 664 元；宁波城乡居民收入比为 1.8∶1，杭州城乡居民收入比为 1.87∶1。2013 年之前，宁波城镇居民收入总体上要高于杭州，农村居民收入则一直高于杭州（见表 14）。

表 14　　历年城乡居民收入比较

年份	城镇居民人均可支配收入（元）			农村居民人均可支配收入（元）		
	宁波	杭州	差额	宁波	杭州	差额
2006	19674	19027	647	8847	8515	332
2007	22307	21689	618	10051	9549	502
2008	25304	24104	1200	11450	10692	758
2009	27368	26864	504	12641	11822	819
2010	30166	30035	131	14261	13186	1075
2011	34058	34065	-7	16518	15245	1273
2012	37902	37511	391	18475	17017	1458
2013	41729	40925	804	20534	21208	-674
2014	44155	44632	-477	24283	23555	728
2015	47852	48316	-464	26469	25719	750
2016	51560	52185	-625	28572	27908	664

（九）企业主体

2016 年，宁波境内外上市公司数约为杭州的 1/2 强，比杭州少 64 家；2015 年国家级高新技术企业数是杭州的 3/4 强，比杭州少 467 家（见表 15）。

表 15　　境内外上市企业和国家级高新技术企业数比较

年份	境内外上市企业数（家）		国家级高新技术企业数（家）	
	宁波	杭州	宁波	杭州
2011	51	93	756	1596
2012	55	98	931	1787
2013	55	102	1112	1673
2014	59	109	1167	2209
2015	66	118	1519	1986
2016	71	135	1739	

（十）科技创新

从创新资源来看，宁波全职院士、“国千”人才、高校学生、大学数量、国家级重点实验室等都少于杭州，创客空间、特色小镇等新型创业创新平台载体都约为杭州的 1/2（见表 16）。

表16　　宁波与杭州创新资源比较

项目＼城市	宁波	杭州
全职院士（人）	1	34
国家千人计划人才数量（人）	75	258
人才总量（万人）	187.2	204.5
高技能人才数量（万人）	29.5	30.8
普通高校在校生数（万人）	15.1	47.6
大学数量（个）	16	39
国家级众创空间（家，2016年）	18	35
国家级重点实验室（个）	0	12
省级特色小镇（个，2016年）	7	18

注：除另有标注外均为截至2015年底数据。

从投入产出来看，宁波科技投入及产出约为杭州的2/3。2015年，宁波、杭州R&D支出分别为193.2和302.2亿元，宁波约是杭州的64%，比杭州少109亿元。宁波R&D支出占GDP比重为2.4%，比杭州低0.6个百分点。政府科技支出比杭州少近23亿元，占公共预算支出比重比杭州低2个百分点。在科技产出方面，近年来两市获得专利数相差不大，其中，发明专利数宁波低于杭州。2016年宁波、杭州获得的发明专利数分别为5669个、8647个，宁波约为杭州的2/3，比杭州少2886个（表17、表18）。

表17　　历年科技支出比较

年份	研究与试验发展经费支出（亿元）				研究与试验发展经费支出占GDP比重（%）		财政科技支出（亿元）		财政科技支出占一般公共预算支出比重（%）	
	宁波	杭州	宁波/杭州	差额	宁波	杭州	宁波	杭州	宁波	杭州
2011	114.3	202.4	0.57	-88.1			28.2	35.1	3.8	4.7
2012	134.5	228	0.59	-93.5	2.0	2.9	32.4	40.2	3.9	5.1
2013	157.3	248.7	0.63	-91.4	2.2	3.0	37.6	46.3	4	5.4
2014	175.6	274	0.64	-98.4	2.3	3.0	42.8	52.4	4.3	5.5
2015	193.2	302.2	0.64	-109	2.4	3.0	47.3	70.1	3.8	5.8

表 18 历年专利授权数比较

年份	授权专利数（个）		发明专利授权数（个）				
			数量			占授权专利百分比	
	宁波	杭州	宁波	杭州	差额	宁波	杭州
2011	37342	29249	1625	4511	-2886	4.4	15.4
2012	59175	40651	2065	5526	-3461	3.5	13.6
2013	58406	41518	2246	4903	-2657	3.8	11.8
2014	43286	33548	2832	5552	-2720	6.5	16.5
2015	46088	46245	5412	8296	-2884	11.7	17.9
2016	40792	41052	5669	8647	-2886	13.9	21.1

（十一）空港吞吐量

2016 年，宁波、杭州空港客运量分别为 779 万人和 3165 万人，宁波约为杭州的 1/4，比杭州少 2386 万人，而 2011 年宁波空港客运量接近杭州的 1/3。2015 年，宁波、杭州空港货运量分别为 7.7 万吨和 42.5 万吨，宁波约为杭州的 1/5，比杭州少 34.8 万吨（见表 19）。

表 19 空港客货运量比较

年份	空港货运量（万吨）				空港客运量（万人）				起降航班架次（万次）	
	宁波	杭州	宁波/杭州	差额	宁波	杭州	宁波/杭州	差额	宁波	杭州
2011	5.9	30.6	0.19	-24.7	501	1751	0.29	-1250	4.4	15
2012	6.2	33.8	0.18	-27.6	527	1912	0.28	-1385	4.5	16.6
2013	6.4	36.8	0.17	-30.4	546	2211	0.25	-1665	4.7	19.1
2014	7.8	39.9	0.2	-32.1	636	2553	0.25	-1917	5.4	21.3
2015	7.7	42.5	0.18	-34.8	685	2835	0.24	-2150	5.6	23.2
2016	15.1				779	3165	0.25	-2386		

注：数据来源于国家民航局网站。

课题组成员 ◀ 阎　勤　沈小贤　卢　跃　吴红艳

宁波与相关城市主城区集聚度的比较分析

◎ 陈　浩

宁波市第十三次党代会提出，宁波“要积极争创国家中心城市，以更高的标准、更大的气魄、更高的品位，建设具有国际影响力的现代都市”。从这一目标出发，对比八座现有国家中心城市和诸多其他创建城市，宁波既有自己的特殊优势，但也在诸多方面存在着差距与问题，特别是“主城区集聚力不强、辐射力不足、吸引力不够”已成为突出短板。本文通过宁波与同级别竞争城市，包括成都、武汉、郑州等既有中心城市和南京、杭州、青岛等创建城市的主城区集聚度比较分析，客观判断宁波在主城区建设方面存在的差距与问题，进而提出宁波提高主城区集聚度的对策举措。

一、7 城市主城区集聚度比较分析

已有的 8 座国家中心城市中，成都、武汉、郑州与宁波在经济总量和城市等级方面接近；争创队伍中，南京、杭州、青岛经济规模超过宁波，且同为副省级城市，竞争更为激烈。本文选取成都、武汉、郑州、南京、杭州、青岛等 6 座城市与宁波进行对比。

（一）7 城市主城区[①]主要数据比较

从主城区面积看，由于成都、武汉多个远郊区未计算在内，宁波排位得以居中，小于南京、杭州和青岛，而主城区在市域总面积的占比仅次于南京和青岛。

---

① 由于近些年来撤市设区、撤县设区的推进，不少远郊县被改为市辖区，但其建成区远离主城区，难以与主城区产生集聚效应，而单独统计主城区建成区内人口和国内生产总值（GDP）的数据难以获得，故在此界定主城区的概念为包含城市中心连绵成片建成区在内的中心城区及近郊区，远郊区未计。以此为标准，宁波主城区包括海曙、江北、镇海、北仑、鄞州五区，奉化城区未与主城区连绵成片，未计算在内。其他城市依此界定，并参考各自习惯划分，其中成都九区（武侯、青羊、金牛、锦江、成华、龙泉驿、青白江、新都、温江）；武汉八区（江岸、江汉、硚口、汉阳、武昌、洪山、青山、东西湖）；南京八区（鼓楼、玄武、秦淮、建邺、栖霞、雨花台、浦口、江宁）；郑州五区（中原、二七、惠济、金水、管城）；杭州八区（上城、下城、江干、拱墅、西湖、滨江、余杭、萧山）；青岛六区（市南、市北、李沧、崂山、黄岛、城阳）。

从人口看，宁波的市域总人口和主城区人口均为最少，主城区人口占市域总人口的比重也最低。

从 GDP 看，宁波主城区 GDP 及在市域总 GDP 中的占比均位列第 6，仅高于郑州，与其他 5 座城市有较为明显的差距。

在人口占比/面积占比、GDP 占比/面积占比这两个更能体现主城区集聚度的数值方面，宁波仅高于城区面积占比最大的南京，与青岛较为接近，而显著落后于其他 4 座城市。

总体而言，宁波主城区的人口总量及人口密度、GDP 总量及单位面积 GDP 产出在列入比较的 7 座城市中处于靠后的位置，凸显主城区在整个市域范围内的极核作用不强（详见表 1）。

表 1　　　　7 城市主城区主要数据比较

项目＼城市	宁波	成都	武汉	郑州	南京	杭州	青岛
市域总面积（平方公里）	9816	12121	8569	7446	6587	16596	11282
主城区面积（平方公里）	2462	2172	1450	765	3262	3068	3260
主城区面积占比	25. 1%	17. 9%	16. 9%	10. 3%	49. 5%	18. 5%	28. 9%
市域总人口（万人）	782. 5	1465. 8	1060. 77	956. 9	823. 59	901. 8	909. 7
主城区人口（万人）	358. 3	735. 69	706. 84	456. 4	645. 24	522. 06	480. 33
主城区人口占比	45. 8%	50. 2%	66. 6%	47. 7%	78. 3%	57. 9%	52. 8%
市域总 GDP（亿元）	8541. 1	12170. 2	11912. 6	7994. 2	10503	11050	10011. 3
主城区 GDP（亿元）	4658. 67	8255. 7	8413. 08	2666. 25	8499. 77	7170. 33	6505. 96
主城区 GDP 占比	54. 5%	67. 8%	70. 6%	33. 4%	80. 9%	64. 9%	55. 0%
人口占比/面积占比	1. 83	2. 80	3. 94	4. 64	1. 58	3. 13	1. 83
GDP 占比/面积占比	2. 17	3. 79	4. 26	3. 25	1. 63	3. 51	2. 25

注：人口数据为 2015 年末常住人口，GDP 为 2016 年数据，来源为各城市统计公报和统计年鉴。

（二）7 城市主城区部分经济数据比较

在主城区第三产业增加值及在全市占比方面，宁波均排名第 6，反映出宁波主城区的极核作用发挥不明显。

在主城区社会消费品零售总额及全市占比方面，宁波仅高于郑州，落后于其他城市，特别与成都、武汉、南京、杭州相比有显著差距，反映出宁波主城区作为商业消费中心对下属区县（市）的吸引力不足。

在主城区一般公共预算收入方面，宁波排位居中，高于成都、武汉和郑州；而主城区在各区县（市）总和（仅计算各县区（市）总和，除去市本级财政收入）

的占比则同样位列第4（详见表2）。

表2　　7城市主城区部分经济数据比较

项目＼城市	宁波	成都	武汉	郑州	南京	杭州	青岛
全市第三产业增加值（亿元）	3620.71	5704.5	5564.25	3556.45	5571.61	5853.25	4909.63
主城区第三产业增加值（亿元）	2394.55	3899.66	3798.2	2137.79	4626.87	4633.32	3565.39
主城区第三产业增加值占比	66.13%	68.36%	68.26%	60.11%	83.04%	79.16%	72.62%
全市社会消费品零售总额（亿元）	3349.63	4946.2	5102.24	3294.7	4590.17	4697.23	3713.69
主城区社会消费品零售总额（亿元）	2063.78	4108.46	4222.06	1610.68	3898.34	3694.3	2345.28
主城区社会消费品零售总额占比	61.61%	83.06%	82.75%	48.89%	84.93%	78.65%	63.15%
各区县（市）一般公共预算收入总和（亿元）	906.54	688.56	776.34	369.05	877.26	1015.54	953.79
主城区一般公共预算收入总和（亿元）	605.84	428.74	444.22	150.05	717.9	863.36	675.15
主城区一般公共预算收入占比	66.83%	62.27%	57.22%	40.66%	81.83%	85.01%	70.79%

注：均为2015年数据，来源为各城市统计公报和统计年鉴。

二、提升宁波主城区集聚度的对策建议

宁波与武汉、成都、南京、杭州等城市相比，在主城区人口密度、单位面积产出、第三产业发展、消费集中度等方面有相当差距，距离承担国家中心城市的极核作用仍有明显不足，因此亟须通过改善交通条件、美化城区景观、优化产业结构、提升城市声誉等手段，提升主城区对人口、产业、资金、消费等的集聚能力和吸附能力。

（一）加快提升主城区交通便捷度

一是构建主城区与外围的快速路网。以快速路为主城区向外发展的轴线，全面加强与副中心和外围组团的融合对接，最终推动主城区建成区面积不断扩大。尽快实施已规划的通途路快速化改造、环城南路东延、沿海中线快速化改造、余北快速路、九龙湖大道快速路、世纪大道南延等快速路网项目建设，打通主城区与镇海新城、北仑城区、梅山、鄞南、慈城等的快速通道。结合奉化撤市改区和新一轮总规

编制契机，谋划构建宁波主城区至奉化城区的快速交通路网，推进机场快速路南延工程，前期筹划广德湖快速路、甬金连接线快速路南延至奉化，加速宁波主城区向宁奉平原腹地拓展。

二是完善市域轨道交通体系。推动建设市域“一小时轨道交通通勤圈”，加速推进宁奉城际、宁波至余姚城际等已开工项目，抓紧完成慈溪线前期工作，争取早日开工。谋划推动宁波—象山、宁波—宁海、余姚—杭州湾新区、宁海—象山的市域铁路，争取列入浙江省第二批城际铁路项目。重点构建杭州湾、梅山等重大功能平台快速轨道交通联系。在不同区块间及区块内部可探索轻轨、单轨、有轨电车、市郊铁路等多种形式的轨道交通方式。

三是谋划宁波都市圈综合交通网建设。宁波都市圈是宁波争创国家中心城市的核心腹地和重要依托，宁波主城区作为都市圈核心亟须增强与周边腹地区域的联系度。加速推进甬台温高速复线建设，在杭绍台高铁、杭温高铁已启动的现状下，尽快将甬台温高速铁路建设提上议事日程。加快甬舟铁路前期进度，谋划宁波市域至舟山的第三条跨海通道，全方位实现甬舟之间的交通对接。在现有市域城际铁路建设中，预留与周边区域的衔接空间，下一步考虑延伸至上虞、新昌、三门、舟山等地，打造都市圈轨道交通网。

（二）加快提升主城区景观品质

一是开展主干道路整治。吸取轨道一号线、二号线完工后相关道路整治过程过长的教训，结合轨道交通第二轮建设，同步开展天童路—中兴路（3 号线）、兴宁路—沧海路（4 号线）、鄞县大道—海晏路（5 号线）等主干道及沿线街景的整治工作，将轨道交通建设对城市形象的提升作用最大化。鉴于轨道交通二轮建设已全面铺开，可考虑即刻开展相关道路整治工程的前期工作。

二是改造连片老旧区块。对主城区内不符合城市整体风貌、严重拉低城市品质的连片老旧、破旧区块，如江北孔浦、甬江北岸沿线、鄞州王家弄、宁穿路沿线、风起路沿线、海曙鄞奉路沿线及原海曙鄞州、鄞州江东的行政区划结合部等，因地制宜地开展整体改造。对具有一定使用价值和审美价值的旧厂房、旧民居不能简单一拆了之，注重保留建筑风貌和街区特色。

三是打造重点形象窗口。加快推进“三江六岸”提升工程，特别是加快三江口公园的改造升级，打造环三江口一小时慢行系统，建设三江口核心区跨江步行桥，开通“三江六塘河”水上浏览项目，将其打造成宁波商贸文化、港口传承、水城特色的重点展示窗口。完善鄞州万达、银泰环球城、印象城等现有重点商圈的慢行系统，及早谋划建设或实施已规划的立体过街通道。加快推进东部新城核心区城市之光、宁波中心、东方米兰、门户区南区等区块的建设，早日全面建成这一体现宁波世界眼光、现代审美、高端品格的宜居宜业新城区。

（三）加快提升主城区产业结构

一是利用旧城改造探索新兴业态。发扬孔浦 8 号文创公园、鄞州 958 电商园、曙光路集盒产业园等先例经验，在旧城改造中引入多种创新业态，可探索将旧厂房、旧民居、旧街区改造成为创业园、电商园、科技孵化器、设计工作室、文化产业园、体育运动馆等，进一步丰富城区产业形态。

二是调整完善商业结构与形态。控制商业综合体过剩区域商业地块的出让，鼓励支持特色化、个性化商业体发展，如专注于教育培训、养老保健、体育运动、文化艺术等城市生活的新兴领域，改变现有大型商业综合体千篇一律的格局。结合棚户区改造调整相关住宅密集区域的用地规划，增加社区型、邻里型商业地块的供给。

三是在主城区周边布局先进产业项目。加强市级统筹，充分利用“中国制造 2025”试点示范城市、国家保险创新综合试验区、跨境电子商务综合试验区等政策平台，在符合区域整体规划要求的前提下，将适合城区发展、代表未来产业趋势的新技术、新经济和高端产业项目布局在主城区或主城区近郊，以提高主城区的就业密度和单位面积产出值，同时拓展城区建成区面积，更充分地体现规模效应。

（四）加快提升城市品牌声誉度

一是通过影视媒体加强城市形象营销。汲取电影《长江 7 号》《搜索》等对宁波城市形象推广的有益经验，利用象山影视城剧组多的便利条件，采取多种手段吸引影视剧组来宁波中心城区拍摄，在对观众潜移默化的影响中展现宁波现代、时尚、独特的城市风貌。在三江口核心区或东部新城抓紧打造类似“小蛮腰”“东方明珠”等的地标性建筑，并争取高频度地在各类宣传视频、影视作品中亮相，尽快完成对地标形象的塑造和推广，提高宁波主城区的辨识度。

二是举办具有国内外知名度的节事活动。加强中国—中东欧博览会、机器人峰会等现有高等级展会、论坛的推广宣传力度。大力引入国内外知名品牌、国际知名设计师参与举办时装发布会，重新擦亮宁波国际服装节这块已有 20 年历史的“老字号”招牌。应对国家大战略，向中央争取举办“一带一路”博览会（或“21 世纪海上丝绸之路”博览会）、“中国制造 2025”成果展销会等。积极申办大运会、青奥会、全运会等综合性运动会，争取举办游泳、田径、篮球等具有相当影响力的专项体育世锦赛。

三是加大国内外知名高校引进力度。发挥宁波诺丁汉大学和麻省理工供应链创新学院的示范引领作用，同时学习借鉴深圳、青岛的有效做法，更积极地引入国内外知名高校的分校、校区、研究院、研究生院、二级学院等，有力弥补宁波科研创新和高等教育这两块短板。区位选择可考虑集中布局在东钱湖周边、奉化方桥等环境适宜、交通便利、空间广阔、又能带动城区加速拓展的重点区块。

湾区经济

宁波建设长三角湾区中心城市研究

◎ 课题组

湾区是宁波独特的地理特征与重要的禀赋资源，发挥区位优势，做强湾区经济，建设港湾都市，是宁波区域发展的内在属性与必然选择。在长三角区域中，宁波湾区资源最丰富、湾区形态最系统、湾区经济较完备、湾区潜力最突出，全面提升湾区发展水平，积极推进大湾区中心城市建设，这既是宁波建设“名城名都”的题中之意，也是巩固和提升区域战略地位的重要路径。

当前，浙江省提出建设大湾区的战略举措，从国家战略需求看，这一大湾区，其范围必将扩容至整个长三角湾区，其规模也必然升级为世界级大湾区，建设长三角湾区中心城市，必将成为宁波湾区发展的根本目标。为此，宁波应当深化认识湾区发展的内在规律，全面把握湾区政策演进的未来趋势，紧紧围绕建设长三角湾区中心城市这一目标定位，来系统梳理宁波湾区统筹发展的总体思路与主要任务。特别是要抓住湾区协同发展背景下，周边区域发展格局调整的重要契机，积极谋划推进宁波发展地位提升的战略性举措，为新时代新目标下未来几十年宁波区域发展，探索形成更加有利的区域战略环境。

一、全面认识宁波湾区发展的基本内涵

湾区发展是事关宁波区域发展全局的重大课题。这一全局性，主要体现在覆盖范围的全域性、基本内涵的系统性、政策内容的综合性、未来方向的引领性等四大方面。湾区发展是宁波区域发展的内在属性与重要特征，强调和重视湾区发展，意味着在一定历史阶段，突出区域整体“拥湾发展、环湾保护、沿湾联动、跨湾协同”的发展战略取向。

（一）湾区发展范围的全域性

湾区是一个综合性概念，湾区发展的空间范围尚无统一标准。

如将湾区作为自然地理概念来看，湾区主要集中在海岸带范围内，按照《全国海岸带和海涂资源综合调查简明规程》，海岸带的内界一般在海岸线的陆侧10公里

左右，外界在向海延伸至 10～15 米等深线附近。按此理解，湾区基本覆盖了宁波“港、渔、岛、海、滩、涂”等六大自然禀赋资源。

世界湾区发展，一般应理解为产业与城市沿湾区发展布局的空间状态。世界银行曾以全球距海岸 100 公里为标准，统计出全球 60% 的经济总量、75% 的大城市、70% 的工业资本和人口，集聚在沿海 100 公里范围以内。以此衡量，距海岸线陆侧 60 公里的范围，基本覆盖了宁波市整个陆域。

其他，如《浙江海洋经济发展示范区》的规划范围，覆盖宁波全部海域、宁波市区及沿海县（市）陆域，也基本覆盖了宁波陆域及海域的全部范围。

因此，湾区发展的空间范围，基本覆盖宁波全域；提出宁波湾区发展的概念，凸显的是宁波发展的区域地理属性以及城市空间特征。

（二）湾区发展内容的系统性

从湾区发展的三大基本定义看，湾区发展包含了产业发展、城市发展、区域协同发展等诸多内容，是区域发展的系统性任务，需要全面理解、综合把握。

1. 湾区发展是依托海湾及其相连的港口、岛屿共同组成的地理区位优势，而集聚形成的经济形态

世界各大湾区的经济形态，大致经历了港口经济、工业经济、服务经济、知识（创新）经济四个阶段。港口经济发展阶段，主要集中在 20 世纪 50 年代以前，湾区经济以货物装卸中转运输为主，范围局限于港区内部；工业经济主导阶段，主要在 20 世纪 50 年代到 80 年代，随着对外贸易扩大、港口功能完善，推动了临港工业的集聚发展，如东京湾区布局了石化、钢铁等巨型湾区工业带，贡献 60% 的日本工业产值，形成全球性制造中心；服务经济主导阶段，主要在 20 世纪 80 年代到 20 世纪末，在经济全球化推动下，依托临港工业与对外贸易，推动了产品设计、法律、金融、会计等服务业集聚发展，湾区城市由制造业中心向信息中心、贸易中心、金融中心、管理中心转变，湾区城市掌握了金融业等高端资源，成为全球资源配置的核心节点，如纽约、东京的服务业比重超过 80%；知识（创新）经济引领阶段，从 20 世纪 90 年代至今，以信息产业、互联网技术、人工智能等为依托，世界主要湾区城市在前三阶段发展积累的基础上，加快推进以网络服务、创新金融、供应链管理以及商业模式创新为主要内容的创新经济发展，进一步提升了全球创新中心的地位，成为全球新经济的策源地，旧金山湾区是其中的典型代表。

以此衡量，作为后发国家的一个区域，宁波湾区发展具有四大经济复合发展的特征，已经具备了强大的港口经济功能、领域广泛的制造业门类、港航服务和口岸通关功能相对突出的服务经济能力。提升湾区发展水平，就是要加快产业转型升级，壮大先进制造、智能经济及战略性新兴制造业，加快知识（创新）经济集聚发展，推动宁波产业形态高端化。

2. 湾区发展是湾区城市通过深度开发海岸带地理条件与生态资源、推动城市空间与湾区经济融合发展，而形成的滨海城市形态

“环湾保护，拥湾发展”是当今滨海城市发展的共性趋势。“十三五”前期，青岛、大连、厦门、泉州、汕头等原来定性为国际港口城市的诸多地区，纷纷加快向湾区城市转型拓展（见表1）。

表1　沿海港口城市向湾区城市转型发展一览表

城市	湾区发展战略	城市空间定位
青岛	依托主城、拥湾发展、组团布局、轴向辐射	“一主三辅”国际化、生态型、花园式环湾城市组群
大连	重塑三湾（大连湾、大小窑湾、金州湾）滨海地区	“一核、两城、三湾”组团型城市空间结构
厦门	开发“一湾八区”（厦门湾内八个港区）	花园式环湾城市组群
湛江	环海湾拓展	“一湾三片”海湾型组团城市

以此衡量，提升宁波湾区发展水平，就是要加快沿湾区域的产城融合发展，拉开城市组团框架，推动宁波从港口城市向港湾都市拓展优化，以城市发展助推支撑产业转型升级，进而充分展示“名城名都”“拥江揽湖枕山滨海”的空间魅力。

3. 湾区发展是依托重要口岸或大都会的若干港口群、产业群和城镇群共同构成的区域经济功能体的协同发展

湾区强调的是沿湾各行政区域之间的分工协作、互动协同，各城市之间在同一发展领域，一般具有相对明晰的职责分工，如纽约湾区五个主要中心城市，在产业功能分工上，纽约是金融与商贸中心，波士顿是高科技产业中心，费城是交通枢纽，华盛顿是政治中心，巴尔的摩重点发展国防军工；又如东京湾区六大港口城市之间，也有较清晰的分工（见表2）

表2　东京湾区港口城市特色与职能分工表

港口	基础和特色	职能
东京港	较新港口；依托东京，是日本最大的经济中心、金融中心、交通中心	输入型港口；商品进出口港；内贸港口；集装箱港
横滨港	历史上的重要国际贸易港；京滨工业区的重要组成部分，以重化工业、机械为主	国际贸易港；工业品输出港；集装箱货物集散港
川崎港	与东京港和横滨港首尾相连，多为企业专用码头，深水泊位少	原料进口与成品输出港
横须贺港	主要为军事港口，少部分服务当地企业	军港兼贸易
千叶港	新兴港口；京叶工业区的重要组成部分，日本的重化工业基地	能源输入港；工业港
木更津港	主要服务境内的君津钢铁厂，旅游资源丰富	地方商港和旅游港

以此衡量，提升宁波湾区发展水平，对内而言，要统筹全市湾区资源的整体开发，强化湾区之间分工合作，形成产业协同、功能集聚、开放能力强、创新动力足、各自特色鲜明、整体优势明显的宁波湾区整体发展格局；对外而言，要强化跨湾协同发展，加快宁波都市区一体化进程，全面接轨上海都市区发展。

综合上述分析，宁波提升湾区发展水平，是依托湾区经济特色加快产业转型升级的重要举措；是深化产城融合发展，推动港口城市向港湾都市优化拓展的重要举措；也是加强区域内部统筹、推进区域外部协同的重要举措。整体上，是一项系统性的战略任务。

（三）湾区发展政策的综合性

湾区发展包含了产业发展、对外开放、城市协同、陆海统筹等方面的政策内涵，是一个具有丰富政策空间的综合性概念。

在产业政策层面，从 2003 年环杭州湾产业带规划，到 2009 年“大产业、大平台、大项目、大企业”发展战略，再到“大湾区”建设，湾区一直是浙江推进产业升级和区域经济一体化的重要政策平台，是宁波参与区域竞争合作的重要载体空间。

在开放政策层面，随着“粤港澳大湾区”的落地实施，加快推进“沪杭甬大湾区”的建议也成为智库热议的话题，“湾区”成为继“特区”“新区”之后，我国强力推进“一带一路”倡议、策源拉动全球新经济发展的又一开放新高地。

在城市群政策层面，湾区城市群的协调发展，也是继“城市群”“都市圈”之后，空间尺度更大的国家区域经济一体化的政策载体。

在陆海统筹政策层面，推进陆海统筹，开发蓝色国土，是我国既定的海洋经济发展战略，但目前，陆海统筹的规划和管理体制仍未实质性破题，湾区发展的提出，将为推进陆海统筹发展提供新的路径。

此外，在推进湾区协同发展的政策创新层面，目前，以行政区划为限的要素配置、区域协调的方式，将难以推动大湾区的协同发展，仍有大量的政策创新空间。以世界先进湾区为例，有通过上位法来协调推进的，如东京湾的港口协同问题，以 1951 年日本政府《港湾法》、1967 年日本运输省“东京湾港湾计划的基本构想”（提案）为准绳，建构东京“广域港湾”，形成各港口职能分工体系；有通过第三方机构来协调推进的，如坦帕湾的产业转型问题，1993 年湾区企业及机构以注册会员身份共同成立“坦帕湾区合作组织”（非营利机构），并以共同制定“五年计划”的形式，通过 3 个“五年计划”，到 2006 年，坦帕湾区的制造业和建筑业作为传统支柱产业的比重下降到 15%，而新兴高端服务业占 62% 以上；有通过志愿组织来协调推进的，如旧金山湾区的污染防治问题，1992 年由 39 个区内相关企业机构共同成立“污染防治集团”（BAPPG），活动资金的支出分配完全志愿提供；有通过公私混治方式协调推进的，如旧金山湾区的公交通勤问题，由政府设立（湾区）都市交通委员会（MTC），制定长期性连续性公众参与式的规划，并由24家（所有职员均为公务员）单位，以企业化方式经营11200千米（含660千米轨交）的公交线路。

（四）湾区发展前景的引领性

从纽约、旧金山、东京等世界三大湾区的发展趋势看，湾区发展一般具备创新性、开放性、协同性、生态性、时尚性等五大主要特征。可以说，湾区发展蕴含了区域未来发展的主要方向，是引领宁波加快区域战略升级的重要路径。

第一，湾区是一个创新中心。三大湾区是世界500强、创新公司、研发资源和专利密集区（见表3）。纽约、旧金山和东京湾都是国际大都会和世界金融中心，是科技生产者的集聚区，具有成熟的商业环境，是创业的天然沃土。

表3　　2016年度世界三大湾区创新要素集聚情况

地区	QS世界百强大学数	全球金融中心指数	BCG最创新公司	福布斯500强公司数
纽约湾区	2	纽约（2）	6	28
旧金山湾区	3	旧金山（6）	12	22
东京湾区	2	东京（5）	2	60

注：根据网络发布数据整理。QS是指英国教育组织Quacquarelli Symonds；BCG最创新公司是指波士顿咨询公司发布的年度全球最具创新力企业。

第二，湾区是一个开放平台。纽约作为区域中心、移民之城、会展之城、传媒之城，是名副其实的世界城市，纽约湾区在金融业、奢侈品、都市文化等都具有世界性的开放影响力。东京湾区“大进大出”“两头在外”的产业发展模式决定了其开放性的特征，湾区内港口与跨国公司的经济活动更直接地体现了湾区的开放性。旧金山湾区的开放性主要体现在跨国公司和多元文化上，主要集中在信息产业，如雅虎、苹果、谷歌。

第三，湾区是一个协同发展区域。纽约湾区、东京湾区的区域协同情况已如上文所述，而在旧金山湾区中，位于半岛北端的旧金山是重要海军基地和著名的贸易港，工商业发达，也是美国西部最大的金融中心。位于南湾的圣何塞是湾区最大城市、加州第三大城市，同时也是全美第十大城市。位于东湾的奥克兰由金门大桥与旧金山相连，三大城市形成各具特色、优势互补的三大区域中心。

第四，湾区是一个生态宜居空间。纽约湾区、东京湾区、旧金山湾区都高度重视生态环境保护和可持续发展，宜居程度较高，不仅在都市区，而且郊区和农村地区的宜居性也较强。以纽约为例，素有“纽约后花园”之称的康州小镇格林尼治是很多对冲基金和金融服务公司的大本营，全美1/3对冲基金集中在格林尼治镇，这里处处像森林公园一样，美丽幽静，树景林立，安静整洁。春天家家庭院如花园一般，生态环境十分优美。

第五，湾区是一个时尚之都。纽约、东京、旧金山、伦敦等世界一流湾区城市，科技领先、消费层级较高、文化多元，具备时尚发展所需要的时尚人物、高消费人群、文化艺术氛围、广告宣传理念与手段这些关键要素，是世界金融商业中心，又是世界重要的文化艺术中心，时尚文化多元，时尚教育发达，时尚产业、时尚人才集聚，引领世界时尚经济发展。

二、建设长三角湾区中心城市是宁波湾区发展的核心目标

当前，全国区域发展、行业发展出现分化发展的苗头，全国区域经济“板块式”轮动格局渐成常态，东部沿海板块出现“南北热、中部冷”的迹象。在此背景下，以新一轮开放创新为先导产生了多种国家政策创新在具体区块融合创新的趋势。以大湾区发展加快区域整体协同发展，是长三角承载国家新时代新战略任务的必然选择，也是宁波实现战略升级的重要机遇。

在长三角区域中，宁波湾区资源最丰富、湾区形态最系统、湾区经济较完备、湾区潜力最突出，是长三角湾区发展的主体性载体空间；宁波在港口运输、制造产业、港航服务、商贸服务、开放平台等湾区经济发展领域，具备较好基础并形成区域特色，是长三角湾区经济的重要组成部分；建设长三角湾区中心城市，是宁波全面提升湾区发展水平的核心目标。围绕这一核心目标，借助长三角建设世界级大湾区的外部机遇，推动区域协同发展，也有利于巩固和提升宁波长三角南翼中心城市的战略地位，并实现更好的平稳健康发展。

（一）宁波湾区资源禀赋优势突出

首先，浙江是长三角湾区资源大省。浙江全省海岸线总长近 6700 公里，是上海江、海岸线总长度 451.85 公里的近 15 倍，江苏海岸线全长 954 公里的 7 倍；浙江海岛约 4300 余个，远远超过上海的 13 个海岛，江苏的 26 个海岛；浙江重要湾区为杭州湾、象山港、三门湾、台州湾、乐清湾、瓯江口等，还有位于浙江省东北部海域，中国第一大群岛，舟山群岛，占我国海岛总数的 20%，相比于上海拥有的杭州湾北岸一部分，上海、江苏共有的长江入海口的河口湾，浙江湾区南北相互连接为一个整体，湾区岸线绵延曲折，样态丰富，是名副其实的长三角湾区资源大省（见表 4）。

表 4　浙江与上海、江苏基本湾区资源比较表

地区	大陆岸线（公里）	海岛岸线（公里）	海岛数量（个）
浙江	2134	4496	4370
上海	174.5（包括江岸）	277.35	13
江苏	839.7	94.3	26

资料来源：各省、市发布的最新海洋功能区划文本。

其次，宁波是浙江湾区资源重镇。宁波湾区具有得天独厚的自然禀赋优势，是当之无愧的浙江乃至长三角的湾区重镇。浙江六大湾区中宁波兼居其半，拥有全省1/3的大陆海岸线（见表5），宁波湾区内还有岛、涂、渔、景等丰富的海洋资源，是长三角不可多得的休闲胜地。深水良港资源丰富，宁波—舟山港货物吞吐量连续8年蝉联全球第一。

表5　2016年浙江沿湾主要城市海洋资源比较

地区 资源类型	大陆岸线（公里）	海岛岸线（公里）	海岛数量（个）	海岛个数*（500平方米以上）	海洋水产品产量（吨）
浙江省	2134	4496	4370	3061	5166640
宁波市	824	717	614	516	971172
舟山市	0	2388	2082	1307	1892725
杭州市	20	0	0	0	73578
台州市	726	706	927.5	729	1602268
温州市	502	669	714.5	421	621873

注：星号数据为非统计数据，其他数据由宁波市海洋与渔业局统计提供。

（二）宁波湾区经济发展基础较好

第一，政策叠加优势明显。宁波作为我国重要的沿海开放城市，承担着国家诸多重点领域体制机制改革先行先试任务，已获批“中国制造2025”试点示范城市、国家保险创新综合试验区、国家跨境电子商务综合试验区等一批国家级“含金量”试点，拥有我国所有类型的特殊监管区，即将获批浙东南国家自主创新示范区，宁波“一带一路”建设综合试验区经省政府批复，开启建成“一带一路”枢纽城市的新征程，这些国家级改革试点集聚，将为宁波提升湾区发展水平提供充足而灵活的体制机制保障。

第二，产业经济基础扎实。2016年地区生产总值为8541亿元，工业增加值3766.6亿元，财政总收入达2145.8亿元，财政一般公共预算收入达到1114.5亿元，占全省的21%；形成汽车制造、石化、家电、新材料等8个超千亿的优势产业集群，高新技术产业、战略性新兴产业占规上工业增加值比重分别为41.2%、17.3%，服务业增加值占地区生产总值比重达到46.8%，港航物流、金融保险等生产性服务业增加值占比达到50%以上，大宗商品交易额超过1万亿元，拥有发展湾区经济的坚实基础。

第三，高能级平台集聚。一是产业园区对全市经济发展的支撑作用明显。目前拥有20家省级以上产业园区，其中国家级10家（见表6），共集聚工业企业近11000家，这些园区为全市贡献了31.1%的生产总值、43%的社会固定资产投资和

32.1%的财政一般预算收入。二是杭州湾新区成为新增长极。主要经济指标实现三年翻一番，位居全省重大平台首位（2016 年实现地区生产总值 323.5 亿元，完成工业总产值 1308.0 亿元，固定资产投资 386.1 亿元，实现财政总收入 100.1 亿元，连续多年位列宁波各区县（市）和功能区第一）。新区初步形成了汽车产业集群为主导，新材料、文化休闲旅游产业初具规模。三是梅山新区建设得到快速推进（包括北仑）。2016 年实现地区生产总值 1222 亿元，规上工业总产值 3440 亿元，一般预算收入 212 亿元。新区能源、石化、装备、汽车、新材料等临港先进制造业集聚，拥有一批在国内外有重要影响力的大产业。四是功能性平台建设进展顺利。甬商所、航交所、甬易第三方支付、跨境购等平台建设进展顺利。航交所“海上丝路指数”列入国家“一带一路”三年滚动计划。宁波大宗商品交易所，2016 年完成交易额约 5000 亿元，现货交易规模在沿海城市中位居首位。

表 6　　浙江“大湾区”国家级平台主要分布情况表

地区平台类型	高新区	经济开发区	海关特殊监管区	国际合作园	合计
宁波	1	4	5	1	11
杭州	2	4	1	0	7
嘉兴	1	3	1	0	5
绍兴	1	3	0	0	4
“大湾区”	7	17	8	1	33

（三）宁波建设长三角湾区中心城市面临的主要障碍

1. 城市能级偏弱

湾区资源禀赋优势与城市支撑湾区发展能级偏弱，是宁波建设长三角湾区中心城市所面临的基本矛盾。表现在：一是城市创新发展的基础支撑不足。创新产出比重仍然较小，2016 年，宁波高新技术产业产值 6317 亿元，约为深圳的 30%、苏州的 40%；创新人才集聚不高，高等教育资源相对短缺，宁波高校数量仅为 15 所，缺乏 985、211 高校；创新投入偏低，2016 年宁波 R&D 经费支出约占 GDP 的 2.5%，低于深圳（4.1%）、广州（3%）、杭州（3.1%）等城市。二是城市开放引领动能不强。宁波世界 500 强企业数量、外资银行数量、国际航线数量、入境游客、旅游创汇、年度国际会展举办次数等开放水平指标与青岛、厦门、杭州等相比还有差距，城市国际化水平较低，投资贸易环境不够优化，国际合作能级有待进一步提高，对外开放的广度和深度亟待拓展。三是城市综合交通基础设施建设滞后。宁波公路网密度（km/km^2）约为 1.13，低于周边的嘉兴（2.06）、湖州（1.31）、绍兴（1.20）。湾区互联互通水平亟待提升，特别是湾区内交通以及三个湾区之间的交通等级不高且未有效成网；轨道交通建设滞后，还未形成有效交通网络；空港辐射能级不强，旅客吞吐量较低。

2. 内外统筹协同不足

宁波具备产业型湾区、港口型湾区、生态型湾区等多样态的湾区发展类型，但内部统筹协调有待进一步提升，宁波湾区之间，特别是中心城区与湾区之间，还存在着区划割裂、机制不一、无序竞争、功能项目重叠、通勤不便等瓶颈问题，难以实现自成体系、格局优化的湾区总体发展态势，也不利于宁波作为一个整体，来参与浙江大湾区建设及未来的长三角大湾区建设。

同时，作为长三角湾区中心城市，宁波与周边城市的协同发展能力亟待提升。与周边都市圈城市舟山、台州、绍兴协同发展体制机制制约还比较突出；宁波—舟山港一体化建设尚处于起步阶段，真正的功能一体化还缺乏实质性突破，甬舟两地的港、岛、桥、路联动开发和资源整合进展不快；都市区内同城化发展的体制机制还没有形成；在产业联动发展、基础设施共建、环境统一治理、民生保障共享等方面的协同发展机制还不明确。

3. 缺少标志性的旗舰性主体

作为长三角湾区中心城市，应当具备一批能够在湾区内发挥主体性支撑、引领性导向作用的功能平台、企业主体。主要表现在：一是缺少一批国际化品牌企业。与上海、深圳等先进湾区城市相比，宁波企业的规模、实力还有不小差距。2016 年上海有 9 家世界 500 强中国企业总部，深圳有 5 家；2016 年深圳华为一家公司就实现销售收入 5216 亿元、利润 370 亿元，相当于宁波全市规上工业销售产值的 37.6%、利润的 37.2%。除了华为，深圳还有腾讯、中兴、大疆等一大批千亿级、百亿级的品牌大企业。正是这些国际性品牌大企业的支撑，造就了深圳超群的经济实力、科技实力。二是缺少能引领“大湾区”发展的综合性大平台，宁波虽然争取了不少国家级帽子，但多是单项性的，缺乏像舟山群岛新区、自贸区等高含金量的政策试点，实际上处于国家政策和重大战略的“洼地”。

三、宁波建设长三角湾区中心城市的总体思路

（一）指导思想

深入贯彻党的十九大精神，坚持以习近平新时代中国特色社会主义思想为引领，深刻把握新时代历史方位，秉持立足长三角、服务全国、融入世界的基本思路，发挥宁波湾区资源禀赋优势和湾区经济发展特色，全面融入浙江省大湾区建设，积极推动与沪杭等周边城市协同发展，坚持提高湾区发展水平和提升城市能级相结合，坚持全域谋划湾区空间布局和梯度推进重点突破相结合，坚持宁波湾区自身特色发

展与融入大湾区建设相结合，坚持湾区生态保护和有序开发相结合，坚持湾区产业存量做优与增量做强相结合，全面提升宁波湾区发展水平，将宁波打造成与“名城名都”战略相适应、与世界级湾区相匹配的长三角湾区中心城市。

（二）目标定位

——国家全面开放先行区。深刻把握我国推动全面开放新格局的重大战略机遇，在开放创新上走在全国前列。以加快宁波舟山一体化进程为依托，全力打造“一带一路综合试验区”“16+1经贸合作示范区”、自由贸易港等高能级对外开放平台，标志性开放平台龙头带动作用显著；加快义甬舟大通道建设，加强与“一带一路”沿线国家、长江经济带沿线地区的互联互通和经贸合作，构建陆海双向开放通道，提升要素配置功能，宁波长江经济带龙头龙眼和“一带一路”倡议支点城市地位不断强化；深化推进商事制度、人事制度、创新机制、社会治理、开发模式、服务业态等全领域多层次的综合改革，努力打造开放层次更高、营商环境更优、系统支撑更强的新一轮国家开放高地。

——国际制造创新集聚区。发挥宁波产业现实优势和链接全球创新要素相结合，构建宁波制造业可持续“迭代创新”体系。“中国制造2025”试点示范城市、国家科技成果转移转化示范区、浙东南国家自主创新示范区等重大创新平台支撑作用明显，智能经济、未来经济等发展平台不断形成；国际创新合作活跃，与周边上海科创中心、杭州“互联网+”创新创业中心等互联互通，园区、企业、机构等多渠道柔性使用创新资源成效显著；区域各类创新平台有序整合，重大科创平台建设运营模式优化，制度创新、管理创新等系统创新优势叠加，创新资源配置使用效率高，区域系统创新环境优；努力把宁波建设成为制造创新资源集聚能力强、创新创造创意成果多、综合创新生态好、具有国际影响力的制造业创新集聚中心。

——枢纽型要素配置中心。湾区内部综合通勤高效，沿海南北、沿湾东西和向西辐射运输大通道基本形成，货运干线港及通用航空发展迅速，内畅外联高密度现代化综合交通网基本建成；水陆中转、海铁联运、江海联运等仓储物流分拨辐射功能强大，便捷对接沪杭等湾区中心城市的综合交通枢纽节点集散功能高效，港航、贸易等服务中心功能支撑有力，大宗商品等战略性要素综合配置、增值服务能力强大；区域协同发展体制机制不断优化，适应网络技术、人工智能、生物科技等未来经济发展需求的人才、技术、资本等新兴要素自由流动，努力建成要素流量大、交换效率高、增值能力强的枢纽型要素配置中心。

——新型城市化综合试验区。城市格局优化、网络体系合理、服务功能强大，“拥江揽湖枕山滨海”的都市形态特征明显；乡村全面振兴，城乡统筹体制机制不断创新优化，传统山水特征明显、人文历史有机嵌入、现代文化多元融合的田园都市初步形成；以智能经济体系和智能城市系统为依托，智慧城市、绿色城市、创新城市、人文城市、紧凑城市系统推进，东方文明之都的魅力不断提升。

——开拓蓝色国土前沿基地。以海岸带两侧开发为重点，陆海两域规划衔接不断强化，陆海统筹用海用地机制合理创新，陆海两域要素保障一体化建设不断推进，海岸带开发模式不断优化，陆海统筹的发展体制机制创新走在全国前列；海洋经济发达，海洋资源利用高效，资源运输管网、海工装备制造、海洋科研能力等支撑蓝色国土开发的综合能力不断提升。

——生态文明建设示范区。始终坚持“绿水青山就是金山银山”的科学论断，在风景最美的湾区掀起生态创新的“风暴”。岸线、海岛、海域等资源有序利用合理保护，陆海湾统筹、跨区域治理的湾区生态治理体系初步形成；“山、海、湾、河、岸、滩、岛”等资源自然融汇与人工形塑有机结合，形成风景最美、形态最全、生态最好的宜居宜游空间，滨海优美自然风貌的世界品牌知名度不断提升；湾区全域旅游和综合配套不断推进，健康养生、文化体育等新经济高端集聚，以湾区生态吸引财富智慧集聚有效突破，唯美浪漫的时尚特征充分展示，长三角旅游休闲目的地的魅力不断提升。

四、宁波建设长三角湾区中心城市的重点任务

宁波建设长三角湾区中心城市是一项长期战略任务，从现阶段已有的工作内容看，主要是加快整合推进六大重点任务，为建设湾区中心城市奠定框架性基础。

（一）建设内畅外联的高密度综合交通网

构筑宁波湾区沿海南北、沿湾东西和向西辐射综合运输大通道，建设环杭州湾快速通道，做强海铁联运服务中心和大型贸易物流中心，提升宁波国家级综合交通枢纽功能。

一是通沪联温建设沿湾南北大通道。重点是加快推进沪嘉甬（跨杭州湾）铁路前期工作，争取“十三五”期间开工建设；加快建设甬台温高速公路复线；谋划推进沪甬城际铁路、跨杭州湾公路二通道、甬温沿海高铁二通道等项目前期。

二是通杭联舟建设东西大通道。重点是加快建设杭甬高速公路复线；加快推进甬舟铁路、杭甬城际铁路、甬舟高速复线等项目前期。

三是建设向西辐射大通道。重点是加快建设甬金铁路，加快推进甬金高速拓宽改造前期，建设甬昆西南大通道；超前谋划“新亚欧大陆桥复线”：依托萧甬铁路、甬金铁路、浙赣铁路、九景衢铁路、杭黄铁路及国家铁路网，构建新疆—西安—重庆—武汉—九江—杭州—宁波的铁路线。

四是完善都市区内部综合交通网络。重点是加快建设宁波穿山港铁路支线、宁波舟山港主通道、宁波舟山港六横公路大桥等重大项目；加快推进杭甬运河三期工

程项目前期；不断完善宁波都市区城际交通干线建设，谋划推进城际铁路上（舟山）岛工程，积极谋划推进象山港沿湾快速通道、甬台温沿海高铁二通道建设。

五是建设临空经济示范区和一小时通航服务网。争创国家临空经济示范区，加快建设宁波栎社国际机场三期扩建工程，积极谋划机场周边项目投资，拓展机场功能，提升城市综合开发建设水平，打造“产城融合”示范区和区域经济增长极；谋划建设通用航空“一小时交通圈”，打造私人（公务）飞行网、航空旅游网、应急救援网等通航飞行三张网。

（二）打造更具国际影响力的港航物流服务中心

发挥宁波舟山港国际深水港优势，完善以义甬舟通道为主轴、江海陆空多式联运为支撑的集疏运体系，增强对“一带一路”和长江经济带区域的辐射与服务能力，打造国际一流的多式联运枢纽港和航运服务基地。

一是完善多式联运服务体系。重点是争创国家级多式联运综合试验区，提升舟山江海联运服务中心、中欧和中亚班列、“宁波舟山港—浙赣湘（渝川）”集装箱海铁公多式联运发展水平；积极打造国家海铁联运示范通道，争取设立宁波铁路口岸和宁波多式联运海关监管中心，建设铁路集装箱中心站、中欧班列沿海集结中心等。

二是加强国际港口合作，提升港口物流、贸易、航运服务功能。重点是提升海丝指数国际影响力，完善宁波出口集装箱运价指数（NCFI）、海上丝路贸易指数体系（STI），推动中国—中东欧贸易指数等新指数研发；加强与长江经济带和21世纪海上丝绸之路沿线港口合作，拓展全球班轮航线网络，继续巩固中欧、中美航线，拓展对日、韩等东北亚地区，印尼、马来西亚等东盟国家和南亚、中东、非洲等国家的集装箱班轮航线。

三是打造贯穿东中西、连接丝绸之路经济带的江海联运、海铁联运物流大通道。重点是加快推进宁波、义乌进出口贸易运输联动发展；积极推动宁波舟山港与周边铁路局、知名货代企业建立战略合作，成立具体运营的合资股份企业，构建海铁联运利益共同体；在中亚班列沿线、长江沿线以及中西部地区，谋划建设一批新的“无水港”；加快建设宁波机场三期项目，扩大航空口岸开放，积极拓展与南亚、东南亚、中东等“一带一路”沿线主要国家和城市的客货运航线，发展空陆、空海联运。

（三）构筑高能级开放合作平台

通过构筑高能级的开放合作平台，推进“一带一路”港航物流中心、投资贸易便利化先行区、产业科技合作引领区、金融保险服务示范区和人文交流门户区建设，为全省打造“一带一路”倡议枢纽提供核心支撑。

一是建设“16+1 经贸合作示范区”。重点是深化建设中国—中东欧国家贸易便利化国检试验区，健全中东欧合作经贸促进政策，完善中东欧进口商品内销体系和营销网点，力争成为中东欧进口商品首选之地；着力提升中国—中东欧国家投资贸易博览会层级，支持中东欧国家设立签证服务中心、旅游办事处等办事机构。

二是提升梅山、大榭自由贸易功能。重点是积极推动宁波保税区、梅山保税港区等整合优化提升，建议浙江自贸区向宁波梅山扩区，谋划申报宁波—舟山国家自由贸易港；谋划建设梅山自由贸易岛，创新投资管理制度和投资贸易税收政策，扩大服务业和先进制造业对外开放，研究实施个人境外直接投资、开设自由贸易账户等政策，争取国际贸易结算中心试点等；加快建设大榭能源自由贸易岛，加强与“一带一路”沿线资源国合作，建立健全油气进出口经营体制，争取建设原油、成品油、LNG 等能源大宗货物交易市场和交割基地。

三是建设国别产业合作园。重点是深入推进中意（宁波）生态产业园、宁波北欧工业园、中捷（宁波）产业合作园、中东欧（宁波）工业园建设；加快建设中东欧贸易物流基地、中德健康养老小镇、中泰农业生态科技园；有效引导支持对外投资，在中东欧、东南亚等地合作新建一批境外经贸合作区。

四是加强宁波跨境电子交易综合试验区建设。重点是加快做大做强甬商所、宁波航交所、宁波电子口岸、海丝指数、甬易支付等线上功能平台；以宁波保税区、宁波跨境电商产业园、宁波电商创新产业园等为载体，扎实推进集通关、展示、交易、结算、配送等功能于一体的供应链综合服务体系建设，打造跨境电商数据中心；加快实施适应跨境电商特点的进出口税收政策，建立电商出口信用体系，争取在综试区实施跨境贸易电商人民币结算试点。

五是深入实施义甬舟开放大通道建设。贯彻落实《关于推进义甬舟开放大通道建设的若干意见》和《义甬舟开放大通道建设规划》；在省海港委的统筹领导下，充分发挥宁波—舟山港的核心作用，整合省内港口资源，打造统一的港口集团；加快浙江自贸区政策在宁波—舟山港域的复制并适时推广，将义甬舟开放大通道和综合保税区作为复制浙江自贸区、宁波跨境电商综合试验区和义乌国际贸易综合改革试点等有关政策的重要平台。

（四）搭建高水平科创平台

着力加快实施创新驱动发展战略，通过构筑开放型、高水平的科技创新平台，加快集聚高端科创要素资源，打造更具竞争力的人才生态最优市，创建国家级浙东南自主创新示范区，建设国家科技成果转化试验区，联合上海、杭州成为全球一流“创新湾区”的核心策源地。

一是加快重大科技合作平台建设。创建浙东南国家自主创新示范区，加快推进东钱湖智能经济科创中心、新材料科技城、国际海洋生态科技城、宁波航天智慧科技城、中官路创业创新发展带、环杭州湾创新中心等科创平台建设；推动相关区域创新资源整合发展，构建大东部科创新区；谋划设立由政府与社会资本合作，运营机制灵活的“宁波杭州湾新区智能制造创新中心”。

二是推动重点科创园区发展。深入推进国家大学科技园、千人计划产业园、清华长三角研究院宁波科技园等科创园区建设；全力支持宁波“侨梦苑”、中英国际创业港、意大利 CSMT（中国）中心、宁波诺丁汉中英科技创新园等科创合作园区发展；积极支持建设吉利汽车研究院、万华宁波高性能材料研究院等企业研究机构，助推石墨烯创新中心创建成为国家级创新中心；积极谋划国际化创新创业孵化平台。

三是培育重点科研合作机构。加快发展宁波智能制造产业研究院、中科院宁波材料所、宁波国际材料基因工程研究院、中欧新材料研究院、国际技术产业联盟（中国）总部、海上丝绸之路创新设计产业联盟等科研合作机构；谋划创建宁波新材料国家实验室、宁波先进制造研究院。

四是提升发展高等教育。引进一所国内一流大学在宁波建设校区；全力支持宁波大学以入选国家“双一流”建设高校为契机，以力学、水产、信息与通信工程三个一级学科为基础，打造世界一流的“海洋生物技术与海洋工程”学科群；加强中外合作，深入推进宁波诺丁汉大学高水平学科建设；加快建成浙江大学宁波“五位一体”校区，中国科学院大学新材料研究生院；支持浙江万里学院与北京外国语大学共建宁波市海上丝绸之路研究院；在宁波东钱湖、梅山岛等区域谋划建设若干层次高、规模大的国际化高教城。

（五）打造智能经济发展的先行示范区

以“中国制造 2025”试点示范城市建设为抓手，以智能化改造为主攻方向，坚持智能技术产业化和传统产业智能化改造协同推进，促进新技术、新产业、新业态和新模式不断涌现，加快智能技术在城市、社会、民生领域的广泛应用，构建智能经济生态体系，打造智能经济发展的先行示范区。

一是加快“中国制造 2025”国家级示范区建设。以建设“中国制造 2025”试点示范城市为契机，加快推进以制造业为重点的智能化改造，提升产业的整体智能化水平。一方面，加快发展智能装备与产品，主攻智能制造装备、智能终端产品、智能无人系统和智能基础产业，积极推进新产品研发，提高智能化产品和服务的供给能力与水平。另一方面，推进生产过程智能化，全面开展两化深度融合，建设数字化车间、智能工厂，发展柔性制造、敏捷制造，探索推广新型制造模式和企业组织模式，提升生产效率和市场响应能力。

二是推动一批智能产业集聚发展。积极推进云计算、大数据、物联网、人工智能、虚拟现实等智能核心技术的产业化，抢占未来发展制高点，加快建设百度云智·宁波大数据产业基地、国家级行业大数据平台、国家级物联网产业示范区、中芯国际特种工艺集成电路制造等项目；以“+智能”为核心推动产业的融合跨界发展，加快推动产业业态创新，培育壮大市场需求层次更高、更具竞争力的“+智能”新业态，重点培育车联网、无人平台、AI＋教育、智能交互式广告、智能投资、VR等一批新业态；大力推动“＋智能”商业模式创新，支持企业开展传统产品智能化、转嫁第三方补贴、轻资产以租代买、共享资源互谋利、跨界开创新生态等智能科技产业营利模式创新。

三是促进智能技术拓展应用。加大新一代智能（信息）技术在生产、生活和社会治理等领域的应用，鼓励企业积极开发智能应用系统解决方案，加快建设新型智能城市。推动港口信息数据联网和业务服务标准化建设，加快建设智能集装箱码头、智能散货码头、智能轮驳、智能引航、智能理货等智能系统，建立集语音、视频、数据三位一体的智能化调度指挥系统，完善海铁、水水、公水等多式联运系统的业务协同，提升港口作业的自动化、智能化水平；建设集信息发布、在线交易、数据交换、跟踪追溯、数据分析、实时调度等于一体的智能物流服务平台，构建以港口业务为核心，覆盖所有企业客户、仓储运输企业和有关管理机构的现代物流综合服务信息体系，实现全程物流信息化；推动产业园区的智能化升级，加快产业园区光纤网、移动通信网和无线局域网的部署和建设，实现信息网络宽带升级，完善无线传感网、行业云及大数据平台等新型应用基础设施，建设工业园区工业数据中心，推动低时延、高可靠、广覆盖的工业互联网建设；加快推进数字化医院建设，积极推动健康档案、检验报告、电子病历等医疗信息共享服务平台建设，发展影像诊断、检验诊断及教育培训等远程医疗。

（六）加强湾区自然资源生态保护

全面细化湾区开发中的生态保护导则，分湾区制定重点海岸线开发强度等控制性导则，加强海岛海域资源的保护力度，强化滨海区域海洋环境整治修复力度。

一是明确一批重点保护岸线。扎实推进浙江省海岸线保护与利用规划的贯彻落实，严格遵守浙江省海洋生态红线划定方案，整合岸线资源，确保象山港湾区域生态岸线占比不低于陆域岸线总长度的30%，生活岸线和渔业岸线不低于40%；三门湾生态岸线占比不低于陆域岸线总长度的35%，生活岸线占比不低于陆域岸线总长度的35%。

二是强化海岛海域资源的保护。严格贯彻落实主体功能区规划，对爿缸山岛（野生海滨木槿保护区）、南沙山岛（植被鸟类保护区）、强蛟群岛（鱼种资源保护区）等保护型海岛进行重点保护，严禁任何形式的岛上大规模开发；加强对象山花岙岛省级地质公园的保护，加快将海岛地质公园模式推广至檀头山岛、南田岛等岛屿；对宁波渔山列岛国家级海洋生态特别保护区、渔山列岛领海基点保护范围、象山韭山列岛国家级海洋自然保护区等一批禁止开发海域进行重点保护。

三是加强区域生态系统维护。加强对杭州湾国家湿地公园、镇海九龙湖省级湿地公园、余姚牟山湖湿地等湿地生态系统保护；积极构建绿色生态节点，串联绿色生态廊道，打造绿色空间网络，以山脉、水系、滩涂为依托，围绕林、海、岛、湿地等要素，修复和保护重点生态板块；谋划建设象山港国家海湾公园；建议以象山半岛为依托，统筹象山港湾、象山半岛东部黄金海岸、三门湾部分区域及毗邻岛屿，整体打造以知识经济为支撑的都市型生态湾区。

五、宁波建设长三角湾区中心城市的战略性举措

宁波建设长三角湾区中心城市，不仅仅是顺应当前大湾区建设的外部机遇，进一步加快区域发展的需要；更为重要的是，长三角湾区必然是一个世界级的大湾区，建设这样一个世界级湾区的中心城市，对于宁波加快打造“名城名都”，努力跻身全国大城市第一方队，无疑是一个重要的战略性机遇。为此，我们应当在战略层面，积极谋划推动若干有利于巩固和提升宁波战略地位的重大举措，借助长三角湾区发展，为宁波未来几十年区域发展奠定更加有利的战略地位。从战略层级看，主要有六大关键性举措。

（一）战略格局：深化沪甬全面合作，深度融入上海发展

深化沪甬合作，融入上海发展，是宁波湾区中心城市拓展战略空间、提升湾区开发效率和价值、强化对外开放功能的必然选择。宁波应以推动“沪杭甬大湾区”上升为国家战略为指向，多层次全方位接轨上海，形成更为紧密的沪甬合作关系。

一是全面升级沪甬合作工作机制。建立健全党政领导互访机制、部门区域主体交流互访机制、商会协会交流机制、信息动态收集机制和考核督评机制，制定沪甬全方位多层次合作的计划，推动沪甬之间产业对接、平台对接、资源对接、管理对接。

二是积极引入上海产业创新要素资源。依托宁波杭州湾新区创建“甬沪创新合作示范区”，通过发展“飞地经济”、共建园区等方式对接上海的高科技园区和产业园区，积极引入上海的品牌、管理、融资等重要资源。

三是整合海港资源。推动港口错位协同发展战略的落地，全面参与上海国际航运中心的建设与分工协作。

四是多渠道对接上海中心城市功能。以上海非核心城市功能疏解为契机，以双赢合作为指向，全面拓展城市功能合作领域。以共建研究院为切入点，升级沪甬高等教育合作，积极争取在甬设立分校；以专科医院为突破口，承接上海医疗中心功能的辐射服务；根据宁波产业基础，对接上海中高端制造功能若干环节的转移疏散；深化沪甬在贸易市场、仓储物流等领域的项目合作。

五是搭建更加广泛的沪甬合作平台。除“宁波周”外，积极探索“宁波行”等更多的合作途径，邀请上海的高等院校、科研机构、优势企业来甬考察，与宁波相关园区和企业开展深度对接与合作。

（二）战略地位：全力推进宁波—舟山行政管理一体化进程

全力推进宁波—舟山一体化发展进程，共同建设长三角湾区中心城市，是浙江

加快大湾区建设的重大战略举措。依托宁波舟山港一体化发展的基础，以“义甬舟开放大通道”建设为背景，以都市区一体化为切入口，在宁波—舟山一体化的行政管理体制上取得实质性的突破进展，共同建设我国新一轮对外开放综合试验新高地，与杭州都市区共同构成推动浙江新时代新发展的“双引擎”。这有利于宁波与舟山共同加快发展，有利于浙江省区域经济格局的优化，也有利于国家“一带一路”建设的推进，是提升宁波长三角南翼中心城市地位、建设国家级中心城市、为未来几十年发展奠定新的政策体制优势的关键性战略举措。宁波应当积极谋划、全力呼吁、审慎推进。

1. 宁波—舟山行政管理一体化已经具备扎实基础

一是具有深厚的历史渊源。宁波与舟山地域毗邻、人文相亲、方音相通、港湾相连、经济相融，历史上共同构成“东出大洋、西连江淮、转运南北、港通天下”的“海丝”起点，并且长期同在一个行政区域内共同发展。

二是具备扎实的现实基础。撇开行政区划因素，宁波与舟山在现实发展中，战略定位相近、政策资源相通、经济互补良好、交通互联互通，服务功能一致，推进一体化发展有利于资源共享、功能叠加、优势互补，进一步放大组合效应，用足用好国家政策，加快重大改革试点。

三是蕴含深远的战略价值。宁波—舟山都市区内，密集了舟山群岛新区、江海联运中心、自贸区、跨境电商试验区、保险创新试验区、梅山新区、浙东南创新示范区、“一带一路”综合试验区等一系列新一轮国家改革开放的功能平台，海关特殊监管功能最全，主要开放型经济指标最强，开放功能的增长潜力最大。已经与220多个国家和地区建立了投资贸易关系，与45个“一带一路”沿线国家建立了合作关系，累计批准境外企业2000家，在新一轮对外开放中走在全国前列。推进宁波—舟山在行政管理体制一体化发展，既有利于宁波—舟山在更好承担“一带一路”倡议支点城市和长江经济带龙头龙眼的基础上，合力建设国家中心城市，承担浙江新时代新发展的“双引擎”功能；也有利于浙江省在主动落实国家“一带一路”和长江经济带战略、推进陆海统筹与内外双向大开放的过程中，不断推进我国对外开放的政策创新试点，积极推动建设我国新一轮改革开放综合试验新高地。

四是包含重大的改革意义。未来几十年，新型城市化仍是推动我国改革发展的主要动力之一，探索更加紧密的区域一体化发展的新型制度安排和实践路径，是重大的改革课题。推进宁波—舟山都市区一体化发展，在区域一体化发展实践中，探索更加合理有力的体制安排，是浙江省在新的历史方位上加快新型城市化继续勇立潮头的重大课题；是在体制内谋划实质性政策优势，为宁波—舟山未来几十年发展奠定体制优势进而更好发挥“浙江一翼”的区位和禀赋优势的重大课题；也是与上海这一长三角区域一体化发展的中心城市，更好实现功能互补、错位发展的重大课题；是一个内涵丰富的重大改革课题。

五是具备一定的认识基础。早在2003年浙江省都市区发展规划研究中，就曾经提出以宁波市六区加上定海、岱山，8个区共同建设宁波都市区的规划设想。2016年袁家军省长在亲自主持并多次听取“义甬舟开放大通道”建设规划方案的过程中，也确定了“宁波都市区开放发展和一体化发展行动方案”，该方案明确宁波都市区一体化发展包含宁波、舟山全域，提出了具体的一体化发展项目和任务分工，并强调要强化宁波、舟山“发展共同体”意识。方案已于2017年5月发布。

2. 加快推进一体化工作的启动

一是由省政府牵头成立调研小组，对深化宁波—舟山一体化发展进程开展专题调研，对其总体思路、战略重点、主要举措、推进路径等问题提出具体设想和政策建议。为宁波—舟山这一“发展共同体”的长远发展，为浙江省的长远发展，谋求新的体制优势和发展载体。

二是在调研基础上，由浙江省级层面成立宁波—舟山一体化领导小组办公室，在保留现有体制及政策优势基础上，实质性地推进宁波—舟山行政管理体制一体化进程。

（三）战略态势：全面加快湾区城区化进程

加快湾区城区化进程，推进湾区产城融合发展，强化湾区统筹发展能力，形成宁波全域向湾发展的战略态势，这是加快宁波建设长三角湾区中心城市的体制基础。当前，长三角五大都市圈中，上海市2016年7月崇明撤县设区，实现全域城区化；南京市2013年实现全域城区化；杭州已实现临安撤市设区，城区规模达到8000平方千米；合肥市将都市圈扩容作为十三五工作重点，正加紧推进肥东、肥西、长丰的撤县设区工作。宁波未设区的区域主要集中在沿湾区域，应当加紧步伐，迎头赶上。

一是责成相关部门尽快启动宁波全域城区化规划方案，积极沟通省、部相关单位，了解最新政策，加强前期对接，做好工作准备。

二是优先启动象山撤县建区，争取2018年启动，加快象山建设宁波现代化滨海城区的进程，促进象山湾整体保护开发，推进象山半岛东部开敞性湾区的功能性开发。

三是通盘考虑余慈地区统筹发展、宁波都市区北部副中心建设、杭州湾新区产城融合发展等因素，启动余姚、慈溪、宁海等相关区划调整的方案及政策的前期研究。

（四）战略支撑：打造两大旗舰型功能平台

功能性平台是支撑区域发展战略的重要基石，宁波拥有众多省级以上开发平台，但与国内主要城市的发展现状相比、与湾区中心城市的战略要求相比，目前急需打造规模更大、能级更高的旗舰型功能平台。

1. 全力争设自由贸易港

立足服务国家全面开放新格局，进一步强化对外开放的口岸功能和综合贸易功能是宁波建设长三角湾区中心城市不可或缺的核心支撑。宁波建设自由贸易港，应以探索建立对外开放新体制为目标，着力构建“高度自由、内外衔接”的制度体系；以壮大自身实力、引领国际潮流为目标，着力培育具有区域特色的专能化的国际经济辐射带动功能；以宁波舟山港一体化发展为立足点，逐步建立“覆盖全域、辐射周边”的开放格局。具体从三个层面系统推进：一是立足一体化的宁波舟山港，发挥海关特殊监管、港口（含空港）综合运输、离岛资源丰富等综合优势，加快形成在港航综合服务、投资贸易便利、国际物流集散、战略性资源类大宗商品全价值链交易等领域专能化特色优势明显的核心功能区；二是立足宁波（舟山）都市区重点功能平台，强化并发挥制造产业配套齐全、城市综合服务功能支撑、金融保险服务先行、要素流动制度新颖、社区治理国际化的城市综合优势，加快形成开放领域层次更高、宜商宜居环境更优、新经济策源带动能力更强、经济全球化融入更深的综合改革配套区；三是立足宁波全域，放眼自由贸易港政策未来升级趋势，积极推动国家自由贸易港政策的外部溢出效应，加快形成若干既配套服务又承接带动的自由贸易港拓展联动区。

2. 整合推进适应新时代综合创新趋势的城市综合性创新（服务）大平台建设

以创建浙东南国家自主创新示范区为契机，以整合构建大东部科创新区为主要抓手，统筹中心城区东部片区的国家高新区（新材料科技城）、东部新城、东钱湖旅游度假区、高教园区等功能区块及其毗邻区域，在保留完善现有管理体制的基础上，设立综合协调领导小组，通过规划统筹、项目准入、落地协调、要素整合、机制创新等综合协调手段，加快各功能区块更加统筹的专业化运行发展，最大限度地整合发挥业已初步形成的创新中心、行政中心、金融中心、会展中心、文化中心、生态功能等集群优势和创新活力，形成科技创新、制度创新、管理创新、商业模式创新等相互支撑、融合发展的城市综合创新格局，举全市之力打造一个引领支撑区域系统创新的创新引擎和创新航母。

（五）战略活力：创新以企业为主体的市场化专业化城市开发模式

长三角湾区在经济总量、占全国GDP比重等方面，已经具备了世界级湾区的实力规模，最大的差距在开发效率。而提高发展效率的关键路径之一，在于创新现有的功能平台、城市区块、重大公建设施的开发运营模式。目前，上海以国有企业改革为主线，产生了以漕河泾为代表的国有企业产业园区运营商、上海张江高科等一批城市建设运营的上市公司。北京市围绕城市重大公共设施运营改革，出现了体育之窗、华熙国际等城市功能体的战略性综合运营商，并且已经复制推广到重庆、成都、海口等城市。各地也涌现出启迪控股、光谷联合、联东U谷、华夏幸福、恒生科技、网新长城等一批城市功能区块的专业化开发运营商。宁波必须更加大胆地推进试点探索，真正形成政府主导、企业为主体的具有宁波特色的城市功能开发运营模式，全力提高湾区中心城市的开发效率。

一是加快试点以企业为主体的城市功能区开发模式。借鉴上海、苏州等地经验，推动功能区实施政企分离，适当弱化功能区管委会行政职能，强化开发公司市场职能。功能区管委会（指挥部）主要履行国有资产监督、市场监管、政策执行监督及相关平台建设与服务，为功能区构建良好经营环境。强化开发公司法人职能，推动其以资产经营者身份独立经营决策并承担对应经营风险。

二是加快试点国有城市开发企业上市融资。整合组建一家统一的投融资开发平台作为若干功能区开发运营的综合服务商，并立足功能区发展需要，整合存量国有资产，将经营性资源和优质资产划拨进入统一的投融资开发平台，增加总资产规模，提高资产质量，推动其以上市为目标，借助资本的力量促进功能区实现良性可持续发展。

三是加快推进混合所有制企业开发运营功能区块的改革试点。重点引进本地龙头企业、甬商回归大企业、央企、具有相关领域战略前景的高成长新兴投资者等，参与城市功能区块 PPP 开发运营。充分发挥社会资本的技术与资金优势，引导社会资本参与城市功能区的土地整治、地产开发、商业建设、园区招商等环节和相关产业链的规划、设计、建设、运营、维护，通过公私合作或特许经营方式与园区开发公司开展合作，建立合适的产权结构，确立利益分配及公司治理结构，使民间资本在功能区重大经营决策、利益分配、资产处置上有话语权，减轻政府负债，推动功能区经济社会协调发展。

四是试点引入城市功能区块专业化运营商。积极探索“政府主导、社会参与、市场运作”的区块开发模式，在政府统一规划引导下，有序引入类似启迪控股、光谷联合、联东 U 谷等创新领域的专业化园区开发运营商，提高创新区块开发效率，提升功能区专业化建设成效和可持续发展能力。

五是试点引进城市重大公建设施的战略性开发运营商。在城市奥体中心、文创中心、重点休闲旅游区块等领域，引进掌握核心资源、具备综合开发、能够高效运营的战略性开发主体。

（六）战略基础：提升湾区中心城市的消费“场域功能”

随着后工业时代的到来，传统的以生产集聚能力为标志的城市空间优势正在发生变化，大城市的城市功能形态开始从生产导向型向消费导向型转变，“消费城市”正在成为大城市发展新的战略方向。世界金融危机以来美国大中城市的兴衰验证了这一判断，底特律、费城、圣路易斯等城市的消费产业远远落后于传统制造业和房地产业。在全球化、信息化冲击下，新兴产业无法培育，传统产业开始衰竭，高级人力群体率先向兴旺城市转移，意味着城市失去潜在的消费优势，城市增长动力枯竭，进入停滞增长。

宁波建设长三角湾区中心城市，必须重视城市软实力培育，在战略层面重视城市文化转型复兴，着力提升城市的消费场域功能和水平，增强城市对以高层次人力资本为主要标志的创新竞争要素的吸引集聚使用管理能力。

一是统筹推进人力资本集聚“母体建设”计划。进一步加快高水平高等教育发展，在沿湾区域筹建宁波高教东区，大力开展国际化高等教育合作；重视推动研发机构向国家实验室、研究院延伸，提高支撑研发人员成长的基地能力；重视对人力资本流动集聚的政策因素、经济因素、社会因素等的统筹规划，特别是着力改善人力资本流动集聚的社会因素。

二是加强城市消费场域功能建设。推动全域旅游向全域休闲消费目的地的转型发展；系统提升城市文化娱乐消费设施水平，提高全民文化素质层次，弘扬传统地域优秀文化，形成地域特色鲜明的城市文化娱乐消费形象；重视影视等时尚平台的搭建，推动历史街区、特色小镇、消费商圈的时尚化改造。

三是制定宁波文化复兴中长期规划。制定文化综合竞争力强市建设实施意见，推动历史文化名城的文化复兴；加强城市文化品牌的整体性统一设计，建立类似于纽约营销开发公司的非政府的整合性城市营销机构，开展常态化的城市整体营销；创建“宁波文帮”，吸引宁波籍文化名人共建家园文化；推动各类文化主题活动的空间集聚，打造城市“文化部落”空间；实施文化企业上市计划，培育本土文化创意龙头企业及专业化运营机构；探索创设文化产权交易市场平台。

表 8　　宁波建设长三角湾区中心城市工作框架一览表

六大目标	六大任务	六大战略举措
①国家全面开放先行区； ②国际制造创新集聚区； ③枢纽型要素配置中心； ④新型城市化综合试验区； ⑤开拓蓝色国土前沿基地； ⑥生态文明建设示范区	①建设内畅外联的高密度综合交通网； ②打造更具国际影响力的港航物流服务中心； ③构筑高能级开放合作平台； ④搭建高水平科创平台； ⑤打造智能经济发展的先行示范区； ⑥加强湾区自然资源生态保护	①深化沪甬全面合作，深度融入上海发展； ②全力推进宁波—舟山行政管理一体化进程； ③全面加快湾区城区化进程； ④打造两大旗舰型功能平台； ⑤创新以企业为主体的市场化专业化城市开发模式； ⑥提升湾区中心城市的消费“场域功能”

课题组成员 ◀ 林崇建　周少华　张　华　傅叶挺

强化宁波湾区统筹发展的建议

◎ 课题组

湾区是宁波独特的地理特征与核心的禀赋资源，沿湾区域密集了改革开放以来区域发展所积累的大港口、大产业、大平台、大生态等成果，是加快建设“名城名都”的战略性空间。随着浙江省十四次党代会提出推进“大湾区”建设以及“粤港澳大湾区”上升为国家战略，湾区已经成为促进城市协同、推动区域一体、提升国家开放能级的新的政策载体。进一步强化宁波湾区统筹发展，目的是系统提升宁波湾区的整体功能，巩固宁波湾区中心城市的地位，更好地助力浙江“大湾区”建设，并努力推动“大湾区”发展上升为国家战略。为此，要充分认识强化湾区统筹的重要意义，尽快启动湾区统筹发展专题研究，积极探索湾区统筹发展的体制机制创新，多层次推进宁波湾区中心城市地位作用的发挥。

一、充分认识湾区统筹发展的重要意义

宁波是长三角区域中湾区资源最丰富、湾区形态最完备、湾区经济较发达、湾区发展潜力最突出的中心城市。进一步强化宁波湾区的统筹发展，有利于放大禀赋优势，优化城市格局，壮大整体功能，推进“宁波湾区”以整体性格局参与更高层次的区域协同发展，赢得更加有利的国家政策与战略地位。

（一）放大禀赋优势

湾区是海湾及其相连港口、岛屿共同组成的地理区域，宁波湾区具有得天独厚的自然禀赋优势和改革开放多年积累的发展成果。浙江六大湾区宁波兼居其半，拥有全省 1/3 的大陆海岸线、1/3 的国家级平台、1/3 的外向型经济，是当之无愧的浙江乃至长三角的湾区重镇；宁波舟山港自古就有“西连江淮，东出大洋，转运南北，港通天下”的美誉，吞吐量连续 8 年世界第一，是名副其实的枢纽港口；宁波湾区内还有岛、涂、渔、景等丰富的海洋资源，是长三角不可多得的休闲胜地。

强化宁波湾区统筹，就是要坚持优势论，把大港口、大产业、大平台、大生态更加有机地整合起来，发挥组合效应，在日益激烈的区域竞合关系中，放大禀赋优

势，赢得发展先机。

（二）优化城市格局

湾区是滨海城市通过深度开发海岸带地理条件与生态资源而形成的独特城市空间，“环湾保护，拥湾发展”是当今滨海城市发展的共性趋势。“十三五”前期，青岛、大连、厦门、泉州、汕头等原来定性为国际港口城市的诸多地区，纷纷加快向湾区城市转型拓展。

强化宁波湾区统筹，就是要坚持规律论，顺应国内外湾区城市发展的客观趋势，加快沿湾区域的产城融合发展，拉开城市组团框架，推动宁波从港口城市向港湾都市拓展优化，展示“名城名都”“拥江揽湖滨海”的空间魅力。

（三）壮大整体功能

世界知名大湾区，一般是依托重要口岸或大都会的若干港口群、产业群和城镇群共同构成的区域经济功能体，并呈现出向知识经济为特征、引领新经济风向的都市型湾区发展的趋势。与突出的自然禀赋相比，宁波在放大资源优势的集聚配置城市能级上，内生创新动力与外源开放水平都和周边湾区上海、杭州等中心城市存在一定差距，市级层面对各个湾区的统筹能力不强；宁波已经初步形成了产业型湾区、港口型湾区、生态型湾区等丰富的湾区发展势态，但湾区之间仍然存在着功能重叠、无序竞争、割裂发展等问题。

强化宁波湾区统筹，就是要坚持协同论，统筹全市湾区资源的整体开发，强化湾区之间分工合作，形成产业协同、功能集聚、开放能力强、创新动力足、各自特色鲜明、整体优势明显的宁波湾区整体发展格局。

（四）推进区域合作

湾区是宁波加强与周边城市协同发展，提升中心城市地位，加快宁波都市区一体化发展的枢纽节点。杭州湾新区依托产业基础，共建“甬沪创新合作示范区”，是宁波对接融入上海都市圈的桥头堡；北仑梅山区域随着《义甬舟大通道宁波都市区开放发展一体化发展行动方案》的实施，将进一步加速深化与舟山“发展共同体”的合作；三门湾则是宁波加强与台州合作的重要节点。

强化宁波湾区统筹，就是要坚持重点论，积极承担环杭州湾经济区与甬台温产业带衔接功能、义甬舟大通道战略支点功能，优先发展湾区在都市区一体化中的枢纽功能项目，统筹全市资源，重点建设推进。

（五）提升战略地位

从 2003 年环杭州湾产业带规划，到 2009 年“大产业、大平台、大项目、大企业”发展战略，再到“大湾区”建设，湾区一直是浙江推进产业升级和区域经济一体化的重要政策平台，是宁波参与区域竞争合作的重要载体空间。同时，随着“粤港澳大湾区”的落地实施，加快推进“沪杭甬大湾区”的建议也成为智库热议的话题，“湾区”成为继“特区”“新区”之后，我国强力推进“一带一路”倡议、策源拉动全球新经济发展的又一开放新高地；湾区城市群的协同发展，也是继“城市群”“都市圈”之后，空间尺度更大的国家区域经济一体化的政策载体。

强化宁波湾区统筹，就是要坚持主体论，不仅是任务性、被动性、局部性的参与“大湾区”建设，而是更加充分发挥好主体性、整体性、特色性，强化统筹市域范围内湾区资源，以“宁波湾区”的整体态势参与更高层次的湾区开发，为宁波在全省、长三角区域乃至国家发展战略中寻求一个更有利的战略地位。

二、开展宁波湾区统筹发展战略研究

鉴于湾区统筹的重要意义，建议市规划局牵头，尽快开展宁波湾区统筹发展战略研究，纳入当前正在开展的“宁波 2049 城市发展战略”专题研究，并将研究的主要内容，贯彻到全市城市工作会议中。湾区相关的交通基础设施、重大平台布局、城镇发展规划等列为优先建设等级，尽快启动前期或预留空间。战略研究重点解决四方面主要问题。

（一）明确湾区发展重点及推进时序

从战略层面明确宁波湾区开发建设的关键区域、建设时序、交通联系、功能分工、产业布局等内容，并细化落实到相关专项规划中。系统梳理和剖析杭州湾、象山港、三门湾及象山东部沿海等市域各湾区的生态本底、区位条件、产业基础、腹地资源，准确把握其优劣势，并以此为依据，在市级层面通盘谋划，分别确定近、中、远期的重点发展区块及产业分工，强化中心城区与湾区、各县市与湾区、湾区之间的产业协同，形成错位发展、特色发展、梯度发展，共同构筑宁波湾区多元一体、协作向前的发展格局。

（二）优先强化中心城市与湾区以及湾区之间的交通联系

建议将环湾区域的交通基础设施系统化特别是轨道交通网建设列为优先等级，加快中心城区与湾区的城际铁路建设，优化拓展湾区间的通道联系，系统谋划推进湾区内部的交通优化问题。其中重点要抓紧完成宁波至余慈二期、宁波至慈溪市域铁路前期工作并争取及早动工，抓紧编制中心城区至梅山、象山、南部滨海新城的市域铁路规划，谋划研究南部滨海新城至象山、象山至梅山、梅山至杭州湾新区之间的快速交通通道，着手在杭州湾新区、梅山、南部滨海新城等内部开展有轨电车、单轨、空轨等多种形式轨道交通网研究。

（三）强化湾区产业功能与城市功能融合

建议将湾区重点平台作为市域城镇体系的重要组成部分，纳入宁波城市总体规划和都市区规划，合理控制和集聚湾区人口规模，优化其作为副中心或新城区的功能定位，并在宁波湾区统筹发展战略中，树立以人为本的发展理念，强化湾区产业功能与居住功能、人文功能的复合，完善基础设施配套，不断提升教育、医疗、文化等公共服务水平，积极满足高端人才的多方面需求，将湾区打造成宜居宜业的多功能港湾新城。

（四）统筹湾区生态保护与开发

全面细化湾区开发中的生态保护导则。按照不同湾区开敞度及环境承载力的实际情况，分湾区制定海域开发强度等控制性导则；统一滨海区域在小流域治理、入海（湾）口控制、环湾垃圾处理等方面生态保护细则，因地制宜推进不同湾区生态特色的挖掘和重塑。加强已开发滨海区域海洋环境整治力度，引导部分具备条件的岸线和腹地降低开发强度，调整优化产业结构，从传统高耗能、高污染产业向高技术含量、高附加值产业转型；强化象山港湾生态保护与开发统筹力度，细化市级层面对象山港湾统筹保护与开发的具体规划，并按统筹规划实质性推进市级层面对其具体项目的准入审批。

三、推进宁波湾区统筹发展的体制机制创新

积极推进体制机制创新，是解决区划分割、机制不一、功能重叠、竞争无序等现实矛盾，加快湾区统筹发展的根本保障，是推进湾区分工协作，发挥湾区整体发展效应的重要途径。建议市民政局、市经信委、市海洋渔业局等单位，重点推进四方面体制机制创新。

（一）加快行政区划调整

加快行政区划调整，推进全域城区化，是提升宁波湾区统筹能力的制度性基础。当前，宁波未纳入城区的地区均处于环湾区域，而长三角五大都市圈中，南京、上海已经实现全域城区化，杭州实现临安撤市设区后形成8000平方千米和585万人口的城区规模，合肥据悉正在上报肥东、肥西撤县建区方案。宁波加快全域城区化任务十分紧迫，对推动湾区统筹发展的意义也十分重大。为此建议：

一是责成相关部门尽快启动宁波全域城区化规划方案，积极沟通省、部相关单位，了解最新政策，加强前期对接，做好工作准备。

二是优先考虑并启动象山撤县建区，推动其建设宁波现代化滨海城区的进程，促进象山湾整体保护开发，推进象山半岛东部黄金海岸的功能性开发。

三是通盘考虑余慈地区统筹发展、宁波都市区北部副中心建设、杭州湾新区产城融合发展等因素，启动相关区划调整的方案及政策的前期研究。

（二）优化重大平台布局

重大平台是支撑湾区发展、集聚湾区功能的主要载体。通过体制机制创新，进一步优化重大平台在湾区的合理布局，是实现互利共赢，推进协同发展，强化宁波湾区统筹发展的重要途径。为此建议：

一是加大整合提升力度，推进平台集聚发展。积极推进《关于促进开发区改革和创新发展的若干意见》（国办发〔2017〕7 号）的探索实施。推动梅山保税港区、宁波保税区等海关特殊监管区整合优化提升，积极争取设立宁波综合保税区；以宁波湾区国家级开发区和发展水平高的省级开发区为主体，探索通过产业用地集中配置等手段，整合合并相邻的开发区，加快集聚发展；在适度保留原有管理机构、原有财政分配、原有统计口径的基础上，通过设置新的统一管理机构，加大产业发展、区域功能的统一规划发展。

二是推进平台功能扩散，优化空间合理布局。通过异地拓展、“一区多园”等途径，进一步优化重大功能平台在宁波湾区的整体合理布局，更好发挥平台对湾区整体发展的功能支撑作用。以象保合作区为试点，探索“飞地经济”发展新样板，在保税区已无拓展空间的情况下，应探索整体（包括工作班子）异地置换发展模式；深化“一区多园”建设，强化主体功能区对各分园的项目准入审批权限，按照“一园一产业”的原则，加大主体功能区对各分园项目推介支持力度；在新设的“异地置换功能园区”“分园”，探索以独立法人地位的经济实体作为管理主体，按市场原则协调利益分配机制，提高各方积极性。

（三）推动陆海统筹探索

推进陆海统筹，开发蓝色国土，是我国既定的海洋经济发展战略，当前，国家虽然已经设立多个海洋经济发展示范区，但总体上仍处于战略推进的初期阶段。推动陆海统筹，是宁波建设国家海洋经济示范城市的题中之意，也是宁波湾区在体制机制上先行先试的探索重点。为此建议：

一是编制市级陆海统筹发展规划。探索陆海两域规划的衔接，加强城市规划、土地利用规划、海洋功能区划等协调衔接的深度与广度；尽快设计海洋规划体系并充分考虑体系结构的合理性，做好海洋中长期规划与短期规划、宏观规划与具体规划，各类规划间的相互配合。

二是深化陆海统筹用海用地机制创新。按照集中集约的总体要求，科学控制滨海区域及海岛建设用地规模和开发强度，全面提高功能性开发及用地效率；继续加快推进海域资源市场化配置改革进程，深化完善海域使用权招拍挂制度；借鉴广东、江苏等地试点进展，积极争取相关省级海域管理权限下放。

三是推动陆海两域要素保障一体化建设。加强水利基础设施建设，推进沿海和海岛地区蓄水工程，建设一批海水淡化项目，提高水资源利用率；改善能源供应结构，加快新能源和再生能源开发，构建电网、气网、油网三大能源网络保障体系；加强信息基础设施建设，加快物联网成熟技术在港口、物流、航运等领域的联运应用推广。

（四）强化生态保护补偿

世界湾区在经历了临港工业型、港航服务型开发模式之后，正普遍向都市型生态湾区转型，生态良好、环境优美、生活舒适等非经济因素对资本、智本的吸引力正在上升。优美的生态环境已经成为湾区核心竞争力之一，是强化宁波湾区统筹发展的重中之重。为此建议：

一是拓展生态补偿范围。将湿地、海洋、海岛、河流水质、空气质量等纳入生态补偿领域，开展象山港、三门湾等重点生态功能区的补偿试点。

二是搭建生态补偿协商平台。在市级层面搭建跨区域协商平台，通过明确湾区生态保护总体要求、强化湾区生态专项考核督查、完善市级相关政策支持等途径，引导和促进开发地区、受益地区与生态保护地区之间，流域上游与下游之间，通过自愿协商建立横向补偿关系。

三是试点海岛集体新型生态补偿模式。按照“谁保护，谁得益”“谁改善、谁得益”的原则，建立以集体为责任主体的自然资源管护关系，并通过生态补偿的奖惩，调动基层的生态管护积极性和主动性，建立起一套责、权、利相统一的新型基层管护体系。

四、提升宁波湾区中心城市的地位作用

强化宁波湾区统筹发展的根本目的，是形成一个更加有机的整体来参与区域竞合，在不同层级的湾区协同发展中，努力提升宁波湾区中心城市的地位，发挥主体性、引领性的带动作用。建议市发改委牵头，从完善湾区战略功能体系、推动湾区“扩容升级”、加快都市区一体化发展、升级沪甬合作等四个层面，进一步提升宁波湾区中心城市的地位作用。

（一）完善湾区战略功能体系

从国家战略层面看，湾区是继“特区”“新区”之后，空间尺度更大的国家综合性创新高地。宁波应主动把握这一政策演进的趋势，从服务支撑国家战略的高度，完善湾区的战略性功能体系。在已经布局推进中国（宁波）“一带一路”建设综合试验区、“中国制造 2025”试点城市、国家海洋经济创新示范城市的基础上，下一步应着重谋划补强“新经济策源地”和“生态经济创新示范”两大战略功能。

一是谋划补强新经济策源地功能。以加快创建“浙东南国家自主创新示范区”

为契机，参照杭州科创大走廊、武汉东湖高新区、天津滨海新区等开发模式，适时谋划沿江沿湾“T”字形科创大走廊建设，加强未来新经济发展的空间统筹。建议，沿甬江一路向东，再向东南、西北方向沿湾扩展，将和丰创意广场、高新区、新材料科技城、北部高教园区、宁波开发区、保税区等产业功能区串联起来，整合打造一个全域性创新功能平台，形成资本、研发、孵化、成果转化、人才培养与配套服务于一体的科创长廊。

二是提升生态经济创新示范功能。依托生态要素吸引创新资源，培育新经济功能，是湾区未来发展趋势。建议以象山半岛为依托，统筹象山港湾、象山半岛东部黄金海岸、三门湾部分区域及毗邻岛屿，整体打造以知识经济为支撑的都市型生态湾区。坚持“让美丽的南部湾区世代相传”的核心理念，借鉴美国波兹曼开发模式，将休闲观光、分时度假、健康养生人群就地转化为创新创意创业人群，在强化都市功能、改善通勤条件的基础上，加强生态岸线、野生资源等生态资源的修复，重点布局高教基地、海洋开发、影视文化、体育休闲等新兴功能，努力提升“唯美浪漫的客居天堂”“引领创新的时尚湾区”“开拓蓝海的前沿基地”“枕山揽海的半岛花园”等新兴湾区功能，“在风景最美的湾区掀起新经济的风暴”，打造将生态资源转化为创新资源的“两山”理论实践的新样板。

（二）推动大湾区“扩容升级”

宁波湾区的禀赋条件不仅在浙江是最突出的，而且在长三角区域也是最优越的。湾区的空间尺度越大，越有利于凸显宁波湾区的禀赋优势，也越有利于提升宁波湾区中心城市的战略地位。因此，宁波应当主动地推进“大湾区”的“扩容升级”，积极推动“大湾区”上升为国家战略，为宁波区域发展谋求更大的战略空间。为此：

一是积极落实省领导“宁波要建设成为杭州湾经济区中心城市”的重要指示。第一，要在省级湾区规划及行动方案中，细化落实宁波湾区中心城市的定位。尽可能把宁波现有的城市功能定位落实到湾区中心城市定位中，重点强化“一带一路”综试区、智能经济示范区、国际先进制造业基地、区域高端资源配置中心、接轨上海都市区的桥头堡等区域性功能定位。第二，围绕上述定位，积极争取省级支持，推动上述功能的具体实施。特别是近期，在大产业项目方面，争取省级支持宁波建设智能装备研发生产基地、新材料科技研发生产基地、海洋高科技产业基地、绿色石化产业基地等大项目。第三，全力推进宁波作为湾区中心城市的大交通骨干项目。加快建设环杭州湾快速通道；加快规划建设甬台温高铁项目；积极推进沪甬、杭甬、甬舟等城际铁路的线位走向及开工建设；推进宁波通航机场及相关配套产业建设。

二是主动参与推动长三角大湾区上升为国家战略。宁波应通过主动举办研究、研讨、论坛等形式，积极邀请国内外权威专家，积极联络上海、苏州、南通等城市相关机构，通过智库层面的广泛参与，推进共识、提高认同、协调立场，共同推动“沪杭甬大湾区”上升为国家战略；并邀请国内外专家就宁波湾区中心城市的定位与发展战略开展深入探讨研究。

（三）加快都市区一体化进程

加快宁波都市区一体化发展进程，是做强宁波湾区中心城市地位的重要基础，也是加快落实省政府“宁波都市区开放发展和一体化发展行动方案”的客观需要。要紧紧围绕做大做强宁波湾区中心城市，提升集聚辐射功能，携手舟山、台州、绍兴等地，在创新体制机制、交通共联、合作平台共建等方面加大工作力度，加快形成宁波湾区发展同城效应。为此：

一是加大一体化体制机制改革的力度。在省级层面建立宁波都市区一体化工作小组，通盘协调一体化的落地推进；按照一体化重点领域的实际需要，在工作小组内设置各专项领域行动组，保障一体化重大工程项目推进；积极探索设立跨行政区域的市场主体，促进重大民生项目的共建共享。在保留现有体制及政策优势的基础上，积极探索推进宁波—舟山行政管理体制、发展共享机制的一体化进程。积极探索三门湾区域联合统筹开发机制的创新。

二是完善重大交通布局。在交通建设上，加快宁波市域轨道交通的规划与建设，并为周边城市轨道交通预留衔接空间。组建宁波都市区城际铁路投资有限公司，推进甬舟、甬台、甬绍（东）等城际铁路网建设，建立圈内城市一小时轨道交通网。

三是推进重点平台合作。创新三门湾、杭州湾等行政交界地区联合开发机制，重点推进六横义甬舟合作共建区、田湾岛甬台合作共建区，为跨区域湾区协同发展提供平台支撑；推动杭州湾新区、宁波高新区等重大功能平台在都市区内异地建设分园。

（四）升级沪甬合作

上海未来必将是长三角区域大湾区的核心与龙头。升级沪甬合作，是宁波湾区中心城市拓展战略空间、提升湾区开发效率和价值、强化对外开放功能的必然选择。宁波应以推动“沪杭甬大湾区”上升为国家战略为指向，多层次全方位接轨上海，形成更为紧密的沪甬合作关系。为此：

一是完善沪甬合作工作体制机制。建立健全党政领导互访机制、部门区域主体交流互访机制、商会协会交流机制、信息动态收集机制和考核督评机制，扩大沪甬之间产业对接、平台对接、资源对接、管理对接。

二是依托宁波杭州湾新区创建“甬沪创新合作示范区”，通过发展“飞地经济”、共建园区等方式对接上海的高科技园区和产业园区，积极引入上海的品牌、管理、融资等重要资源。

三是加快启动沪嘉甬（跨杭州湾）铁路建设，促进前期协调，明确线位方案，确保“十三五”期间项目开工。

四是整合海港资源。在“沪杭甬大湾区”的背景下，谋划建立浙沪层面的港口委员会，委员会定位于为上海、浙江的港口提供战略和制度层面的指导和服务，以宏观调控为主。在委员会的统筹指导下，明确上海港、宁波舟山港两大港口为枢纽港，其他港口为喂给港的角色分工，推动港口错位协同发展战略的落地。同时，宁波舟山港应积极参与大洋山开发的研究建设工作。

五是以上海非核心城市功能疏解为契机，以双赢合作为指向，全面拓展合作领域。以共建研究院为切入点，逐步升级沪甬高等教育合作，积极争取在甬设立分校；以专科医院为重点，承接上海医疗中心功能的辐射服务；根据宁波产业基础，对接上海中高端制造功能若干环节的转移疏散；深化沪甬在贸易市场、仓储物流等领域的项目合作。

六是扩大沪甬对接合作交流。除“宁波周”外，积极探索“宁波行”等更多的合作途径，邀请上海的高等院校、科研机构、优势企业来甬考察，与宁波相关园区和企业开展深度对接与合作。

课题组成员 林崇建 邱金岳 张 华 陈 浩 傅叶挺

国内外经验对宁波参与环杭州湾大湾区建设的启示

◎ 陈　浩

作为一种高端的经济形态，“湾区经济”正日益受到各界关注。车俊书记在浙江省第十四次党代会报告中提出要“谋划实施大湾区建设行动纲要，重点建设杭州湾经济区”。袁家军省长在参加宁波代表团审议中，也提出宁波要加快建设杭州湾经济区中心城市。2017 年 7 月，浙江省党政代表团赴上海考察访问时提出与上海共同谋划推进环杭州湾大湾区建设，受到上海市的全面积极响应。湾区战略成为浙江省推动区域协调发展和经济转型升级的重大举措。

纽约湾区、旧金山湾区、东京湾区作为世界三大知名湾区，其各自的发展理念、发展特色及共通的建设经验具有相当的借鉴价值。同时，国内的粤港澳大湾区目前正在加速整合中，其相关政策举措亦可为宁波湾区经济发展提供参考。

一、世界一流湾区基本特征

纵观纽约湾区、旧金山湾区、东京湾区这三大经济发达、人口密集、影响力辐射全球的知名湾区，除去产业发展各有侧重外（纽约湾区以金融业称雄，东京湾区长于港口物流和制造业，旧金山湾区则是科技创新的圣地），具备四大共同特征。

一是高效完备的交通网。由发达的轨道交通网连接而成的综合交通体系完善是湾区高效集聚人口、资金和产业的前提。东京都市圈拥有世界上最庞大且多样的轨道交通体系，由跨区域的新干线系统、连接首都与周边地区的通勤铁路以及东京都内部的地铁构成，都市圈范围内轨道交通站点超过 2300 个，总里程超过 2500 公里。旧金山湾区有湾区捷运系统、半岛通勤铁路等多种类型轨道网络，连接旧金山、奥克兰和圣何塞等主要城市和湾区内三大国际机场，且在沿途主要车站设置大型停车场。纽约都会区集中美国三分之二的轨道交通乘客，其中纽约地铁拥有 472 座车站，全年 24 小时不停歇营运，纽约市区与长岛、新泽西等周边区域以及肯尼迪国际机场也由通勤铁路及机场捷运相连接。

二是分工协作的城市群。湾区城市间采取差异化发展策略和产业布局，有助于加强分工协作，进而使湾区经济的集合效应最大化。旧金山湾区三大城市中，旧金山以旅游和金融业为主，圣何塞坐拥“硅谷”，高新技术产业发达，奥克兰装备制造和港口产业实力较强。东京湾各港口群间根据自身基础，形成各自发展重点，东京港主营内贸，横滨港专攻对外贸易，千叶港、川崎港负责石化和钢铁原材料输入，横须贺港侧重汽车及零部件进出口。纽约湾区中，纽约市区是金融和文化中心，长岛在科研和工程领域实力突出，新泽西州以制造业特别是制药业见长。

三是高度集聚的创新链。创新要素的高度集聚是湾区经济保持长久发展动力、持续提升发展层级的关键。东京湾区内集聚了丰田、三菱、索尼、东芝等众多具有技术研发功能的大企业研究所，以及东京大学、东京工业大学、庆应大学、早稻田大学等大批日本著名高等学府。旧金山湾区除拥有斯坦福、加州大学伯克利分校等知名高校外，还驻扎着几百家私人创投基金，全美超过45%的风险投资集中于此。纽约湾区拥有哥伦比亚大学、纽约大学、普林斯顿大学等诸多世界一流学府，还是贝尔实验室（电子通讯）、布鲁克海文国家实验室（核物理）、冷泉港实验室（生命科学）等世界最尖端研究机构所在地。

四是舒适宜居的生活圈。生活环境是否舒适宜居正成为吸引顶级人才落户的重要条件，三大湾区通过或自然或人文的手段，营造出别具吸引力而又相当宜居的生活环境。如，纽约湾区是世界文化艺术中心之一，百老汇大街、大都会博物馆、大都会歌剧院皆坐落于此，并汇聚150多个国家和地区的外籍居民，世界不同文化在此相互碰撞融合。旧金山湾区仍保留着丘陵岸线、海湾森林和广袤原野，优美的自然风貌成为吸引全球顶级人才落户的关键。东京湾区是日本乃至亚太地区的消费中心，工业化带来的湾区生态问题在经过长期治理后也得到显著改善。

二、粤港澳大湾区战略谋划

2017年7月1日，《深化粤港澳合作推进大湾区建设框架协议》（以下简称《协议》）在香港正式签署，粤港澳大湾区建设正式成为国家战略。

《协议》确定了实施范围，包括港澳两个特别行政区和广东九市（广州、深圳、珠海、东莞、惠州、佛山、中山、江门、肇庆），面积5.65万平方公里，常住人口接近6800万。

《协议》明确了合作目标，即强化广东作为全国改革开放先行区、经济发展重要引擎的作用，构建科技、产业创新中心和先进制造业、现代服务业基地；巩固和提升香港国际金融、航运、贸易三大中心地位，强化全球离岸人民币业务枢纽地位和国际资产管理中心功能，推动专业服务和创新及科技事业发展，建设亚太区国际法律及解决争议服务中心；推进澳门建设世界旅游休闲中心，打造中国与葡语国家商贸合作服务平台，建设以中华文化为主流、多元文化共存的交流合作基地，促进澳门经济适度多元可持续发展。努力将粤港澳大湾区建设成为更具活力的经济区、宜居宜业宜游的优质生活圈和内地与港澳深度合作的示范区，携手打造国际一流湾区和世界级城市群。

《协议》提出了合作重点，包括推进基础设施互联互通、提升市场一体化水平、打造国际科技创新中心、构建协同发展现代产业体系、共建宜居宜业宜游的优质生活圈、培育国际合作新优势、支持重大合作平台建设等七大领域。

《协议》在体制机制方面，提出编制《粤港澳大湾区城市群发展规划》，完善定期磋商会议机制，协调解决湾区发展中的重大问题和合作事项，建立推进发展日常工作机制，明确各方联络机构。

此外，广州南沙新区已经被确定为粤港澳合作重点合作平台。2017 年 4 月国家发改委印发的《2017 年国家级新区体制机制创新工作要点》中，明确广州南沙新区工作要点为深化粤港澳深度合作探索，推动建设粤港澳专业服务集聚区、港澳科技成果产业化平台和人才合作示范区。

三、宁波参与环杭州湾大湾区建设的基本思路

当前浙江省正在谋划实施大湾区建设，其中环杭州湾大湾区是重点。通过借鉴世界知名湾区发展历程及建设经验，可以梳理出几条宁波参与环杭州湾大湾区建设的基本思路。

一是明确四大建设原则。生态优先原则：湾区生态优势突出但基础薄弱，极易受到工业化、城市化发展影响，开发建设前需牢固树立保护优先理念，切忌陷入先开发后保护、边破坏边补救的窠臼。产业协作原则：在产业选择和布局上与上海、杭州等其他重点城市展开错位竞争，同时以自身优势产业参与湾区产业链协作，共同推动湾区发展。创新导向原则：发挥诺丁汉大学和麻省理工供应链创新学院的示范引领作用，积极引入国内外知名高校，推动孵化器、创新工坊等中介机构发展，鼓励科技金融和创业风投基金在宁波集聚，补齐创新体系中的短板。宜居宜业原则：要注重营造舒适优越的生活环境、宽松多元的文化氛围、快捷便利的公共服务、高端大气的城市品质，进而为高端人才的引进落户和长期发展奠定良好基础。

二是厘清三组外部关系。即与上海、与杭州、与舟山的关系。上海作为长三角龙头和世界级都市，辐射能力巨大，且沪甬间一衣带水，历史渊源深厚，但在当前环杭州湾沪、杭、甬三大中心城市中，沪杭、杭甬联系通道较多、来往较为便捷，沪甬仅有杭州湾大桥一条陆路通道直接相连，联系方式相对单薄，宁波应抓住此次湾区建设契机，建立起沪甬间更多跨海联系通道，打造更为密切的沪甬关系。杭州与宁波作为浙江省两大经济龙头，应由省里明确并立成为杭州湾经济区的中心。舟山与宁波之间则可以借助大湾区建设这一平台，从港口一体化开始推动产业协同、城市对接、公共服务统筹，进一步加快一体化进程。

三是明确内部先期建设板块。宁波整个市域范围皆属于环杭州湾大湾区，但考虑到湾区建设是项长期工程，以及发展基础、开发时序、资金投入、生态保护等诸多现实制约因素，先期从余慈地区入手，具体开发平台以杭州湾新区为主体，余姚中意宁波生态园和慈溪滨海经济开发区为两翼，提升各自产业层级，完善基础设施配套，促进沿岸地区融合对接。

四是加快完善轨道交通网络。运量大、票价低、班次多、车速快的轨道交通最适宜作为湾区内部交通网骨干。湾区建设，交通先行，近期应加快推进多种形式的轨道交通建设，打通沪嘉甬跨海铁路这一杭州湾区铁路三角的最后一边（沪杭、杭甬间已有高铁），推动完善宁波市区范围内地铁网络，抓紧完成宁波至余慈二期、宁波至慈溪市域铁路前期工作，在余慈及杭州湾新区各组团之间着手启动有轨电车、通勤铁路、单轨等多种形式轨道交通网研究。

附表　　环杭州湾大湾区与国内外知名湾区基本情况对比

名称	区域范围	面积（平方公里）	人口	GDP（亿美元）	人均 GDP（美元）	GDP 占全国比重
纽约湾区（纽约都会区）	纽约州、新泽西州、宾夕法尼亚州的 25 个县	1.74 万	2020 万	1.60 万	7.9 万	8.9%
东京湾区（东京都市圈）	东京都、埼玉县、神奈川县、千叶县	1.35 万	3631 万	1.55 万	4.3 万	33%
旧金山湾区	旧金山湾区周边 9 县	1.79 万	768 万	0.76 万	9.9 万	4.2%
粤港澳大湾区	香港、澳门和广东省 9 个地级市	5.65 万	6797 万	1.38 万	2.04 万	12%
环杭州湾大湾区	上海、嘉兴、杭州、绍兴、宁波、舟山	4.6 万	5202 万	0.86 万	1.64 万	7.4%

注：旧金山湾区、纽约都会区数据为 2015 年数据，其余为 2016 年数据。纽约、旧金山数据来源为维基百科，东京圈数据来源为日本统计局网站，国内数据来源为各城市统计公报。

宁波应高度关注并积极推动“沪杭甬大湾区”战略谋划

◎ 课题组

在经济新常态、开放新格局下，我国区域发展格局不断创新变化，继城市群、都市圈后，“大湾区”已成为重构国内经济地理版图的政策“热词”，为相关城市带来了新的发展空间与战略机遇。最近，有专家提出“沪杭甬大湾区”的战略构想，这一提法，在契合浙江省委、省政府“大湾区建设”构想的同时，更有利于宁波的区域发展，值得宁波高度关注并积极推动。

一、背景：“大湾区”战略的兴起和“沪杭甬大湾区”构想的提出

浙江省委、省政府高度重视湾区建设。车俊书记在浙江省第十四次党代会报告中提出要“谋划实施大湾区建设行动纲要，重点建设杭州湾经济区”。袁家军省长在参加宁波代表团审议中，也提出宁波要加快建设杭州湾经济区中心城市。2017 年 7 月，浙江省党政代表团赴上海考察访问时提出与上海共同谋划推进环杭州湾大湾区建设，受到上海市的全面积极响应。湾区建设成为浙江省推动区域协调发展和经济转型升级的重大战略创新。

珠三角已成功将“粤港澳大湾区”建设上升为国家战略。2017 年 7 月 1 日香港回归二十周年之际，国家发改委与粤港澳三地政府正式签署《深化粤港澳合作推进大湾区建设框架协议》，宣告粤港澳大湾区合作的顶层制度框架初步搭建并正式启动。

学界关于“沪杭甬大湾区”的构想。当前不少学者敏锐意识到这一区域发展政策新动向。如上海交通大学教授陈宪提出，应将“沪杭甬大湾区”发展规划提上议事日程，发挥组合优势，共建中国引领全球经济增长的区域科创中心和新经济策源地、集聚地。中央政策研究室原副主任郑新立，也在中国航海日论坛上提出，加快打通上海、洋山、岱山、舟山、宁波交通联系，保障“沪杭甬大湾区”建设。

我们认为，“沪杭甬大湾区”的提法，较之“环杭州湾大湾区”的提法，在学理上，更符合地理经济学的一般规律；在政策上，脱胎于 20 世纪 90 年代长三角建

设世界第6大城市群的提法，渊源更深；在格局上，更加匹配“粤港澳大湾区”的规模能级；在实效上，更有利于拓展宁波在湾区经济中的战略地位。因此，宁波应当高度关注、积极研究、深挖内涵、加以推动。

二、意义：推动建设“沪杭甬大湾区”对宁波的积极作用

相比于“环杭州湾大湾区”，“沪杭甬大湾区”战略设想直接在名称中点明宁波作为湾区三大中心城市之一，凸显了宁波地位、宁波形象、宁波优势，一旦转化为现实战略并上升至国家层面，将会对宁波未来发展产生显著的正面推动作用。

建设“沪杭甬大湾区”有助于凸显宁波的湾区中心城市地位，更好参与全球要素资源配置。大湾区是代表中国配置全球要素资源、带动世界经济增长、创造全新发展模式的引领区。“沪杭甬大湾区”综合条件优越，完全有理由在粤港澳大湾区之后，成为中国又一个站在全球城镇体系顶端的区域。凭借“沪杭甬大湾区”这一高端平台和湾区三大中心城市之一的响亮名头，宁波将显著提升对全球顶尖资源的吸引能力、配置能力，并依托湾区组合效应，集聚一批以宁波一城之力难以获取的重大项目、精英人才、创新要素，加快推进自身转型发展，打造亚太地区重要门户城市。

建设“沪杭甬大湾区”有助于加深沪甬城际联系，均衡湾区发展格局。“沪杭甬大湾区”构想凸显了以上海、杭州、宁波为三大支点，在湾区内形成沪杭、沪甬、杭甬三条发展带的湾区空间格局。但当前发展实际中，沪杭、杭甬联系通道较多，来往较为便捷。沪甬地缘相近、人文相亲、经济相融，却仅有杭州湾大桥一条陆路通道直接相连，联系方式相对单薄。因此作为实践“沪杭甬大湾区”战略构想的客观要求，作为湾区中的两大支点，沪甬间必然需要建立起更多跨海联系通道，从而进一步密切彼此联系，打造形成沪甬经济走廊，以沪、杭、甬三足鼎立之势，构建更加均衡的区域发展格局和中心城市关系。

建设“沪杭甬大湾区”有助于唱好杭甬“双城记”，加速宁波都市区整合提升。相对于“环杭州湾大湾区”，“沪杭甬大湾区”战略构想更加明确了宁波作为浙江省两大中心之一、与杭州并列的城市地位，极大利好宁波巩固和提升在高端装备、新材料、港航物流、智能经济等领域的优势地位，挖掘更多特色产业、优势资源、增长平台，与杭州展开错位竞争和分工协作，唱好杭甬“双城记”，并在大湾区战略框架下，强化与台州、舟山等周边城市的全面整合，加快推进甬舟一体化和宁波都市圈同城化，加速完善浙江省一体两翼格局，推进全省经济整体、均衡、协调发展。

三、应对：宁波应积极跟进、主动发声

目前“沪杭甬大湾区”建设设想，尚停留在学界研究和概念推广层面，鉴于

“沪杭甬大湾区”对于宁波发展的重大作用，建议市委、市政府及相关部门先期开展以下几项工作。

一是邀请专家，共同发声。主动邀请郑新立、郑永年等在湾区发展中有国际影响的国内外知名专家，就“沪杭甬大湾区”建设这一主题积极发声，并发动社会各界参与研讨，在政府机关、研究机构以及社会大众中产生广泛影响，以推动上下形成共识。可考虑与上海市及省里相关地市共同举办或轮流举办主题研讨会，提高这一战略设想在区域内的认同度，在沪浙及各城市之间尽早达成一致立场，以便争取早日将其上升至国家战略。

二是提升规划，留足空间。宁波目前正在开展新一轮城市总体规划编制及2049发展战略研究，建议在其中旗帜鲜明的提出“沪杭甬大湾区”建设构想，并应用国际一流湾区的开发建设理念，提升现有规划研究层级。在当前及今后发改、交通、国土等相关部门的专项规划编制中，也应及早谋划，上升至大湾区开发建设层级，以便做好空间、通道特别是沪甬舟之间联系的前期工作。

三是明确区块，持续推进。宁波整个市域范围皆属于“沪杭甬大湾区”范畴，但考虑到湾区建设是项长期工程，以及发展基础、开发时序、资金投入、生态保护等诸多现实制约因素，建议在空间格局上做好整体谋划和平台布局。大致上，先期重点项目可以杭州湾新区为主、中期重点项目可以梅山新区为主、长远发展应考虑象山湾区及南部滨海区为战略储备空间并布局先导性项目。

四是谋划项目，先期推动。近期加快推进多种形式的轨道交通建设，抓紧推进沪嘉甬跨海铁路建设，着手研究沪甬城际铁路和杭州湾第二通道，抓紧完成宁波至余慈二期、至慈溪、至象山、至宁海的市域铁路前期工作，在余慈及杭州湾新区各组团之间着手启动有轨电车、通勤铁路、单轨等多种形式轨道交通网研究。

课题组成员 邱金岳 张 华 陈 浩

宁波都市圈共建创新体系的现实基础与协作机制

◎ 课题组

2016年6月国务院出台的《长江三角洲城市群发展规划》提出，要推进包括宁波都市圈在内的五大都市圈建设，加快实现都市圈同城化发展。面对珠三角、京津冀及长三角其他都市圈加速整合的态势，面对新一轮科技和产业革命已露端倪的现实，同处宁波都市圈的甬台舟三地亟须构建一个联系紧密、资源共享、分工协作的创新体系，作为突破行政边界阻碍、推动都市圈一体化发展的重要手段；作为把握产业革命机遇、加快实现创新驱动的必要前提。进一步完善都市圈创新合作的领导机制、日常联络沟通机制、创新要素流动与共享机制、创新链与产业链协作机制、知识产权联合保护机制，共享创新资源、共建创新平台、共育创新主体、共编创新发展规划，从而推进宁波都市圈建设更上一个新台阶。同时，宁波作为宁波都市圈的核心区，亟须通过区域共建，打造一个具有国际影响、位列国内一流的创新体系，弥补城市竞争力短板，为宁波尽快跻身国内大城市第一方阵奠定基础。

一、摸清底数，准确了解现状基础

宁波、台州、舟山（以下简称甬台舟）三地日常联系密切，且经济社会发展均已达到一定高度，在产业合作、政策环境、创新要素等方面具备共建创新体系的良好基础。

（一）产业合作基础雄厚

甬台舟三地作为宁波都市圈的成员，地缘相邻、人文相亲、经济相融，产业链上下关联度高，长期以来有着密切合作关系，三个城市经济发展有一定相似性，又有较强互补性，具有进一步深入创新合作的客观条件。宁波有国际大港资源和开放型经济优势；舟山的港口岸线、旅游资源丰富；台州汽车摩托车、医药、塑料、家电等产业集群特色明显，具备共建都市圈创新体系的产业基础。

（二）政策环境逐步完善

甬台舟三地均高度重视创新政策环境的营造，近年来均推出相当有力度的政策举措。宁波出台《关于培育发展众创空间促进大众创新创业的实施意见（试行）》《宁波市建设国家科技成果转移转化示范区实施方案》《关于进一步强化科技创新推进国家创新型城市建设的意见》等政策文件，对众创空间发展、科技成果转移转化、高端创新要素集聚等方面给予支持；台州制定实施《关于加快民营经济创新发展的意见》，提出要大力推进民营企业创新转型，并发布《台州市科技创新“115”行动计划》，提出要争创一个国家级高新区，建设一座台州科技城，实施创新服务五大行动；舟山推出《关于进一步推进浙江舟山群岛新区科技创新发展的若干意见》，对科技创新服务平台建设、研发平台建设、孵化平台建设、科技大市场建设等方面给予政策扶持等。

（三）创新要素不断丰富

作为科技创新的战略资源主体，甬台舟三地对高端人才的引进和培育高度重视。截至2016年底，宁波全市拥有国家“千人计划”75人、省“千人计划”198人、享受国务院政府特殊津贴专家312人，565人入选省151人才培养工程，“海外工程师”累计1487人，省级以上博士后科研工作（流动）站累计达125家；台州拥有国家“千人计划”28人、省“千人计划”77人、享受国务院政府特殊津贴专家54人，省级有突出贡献中青年专家10人，省151人才工程第二层次以上人员41人；舟山有国家“千人计划”4人、省“千人计划”28人，累计引进紧缺高端人才212人。同时高端创新主体的规模也不断壮大。截至2016年底，宁波共有省级企业研究院47家、省级高新技术研发中心344家，累计培育科技部国际科技合作基地8家、众创空间53家；台州拥有省级企业研究院65家，其中省级重点企业研究院15个、省级重点实验室4个，省级高新技术研发中心304家，共建成众创空间21个；舟山拥有高新技术企业66家，省级创新型试点、示范企业13家，省级科技型企业464家，省级高新技术研发中心44家。

二、拓宽视野，有效借鉴各地经验

目前在国内部分先行地区，区域创新合作已成为一股风潮，沪嘉杭、深莞惠、合肥都市圈等均进行了卓有成效的探索且取得一定经验，值得甬台舟三地借鉴。

（一）共组合作平台

沪嘉杭三地提出共建“G60科创走廊”，共同出资发起成立政策性公益基金——“科创走廊合作基金”，联手相关机构和平台成立G60科创银行；深莞惠提出建立“珠三角国家大科学中心”，共同推进中国（东莞）散裂中子源、中国（深圳）基因库、国家超级计算机深圳中心、中国科学院（惠州）加速器驱动嬗变系统研究装置和中国科学院（惠州）强流离子加速器装置等重大科学工程建设等。

（二）共享科技和人才资源

沪嘉杭三地建立大型科学仪器、重点实验室等创新硬件和科技服务资源的统一共享平台；合肥都市圈拓宽人才交流渠道，互派科技（管理）人员对口交流学习，鼓励科技人员异地开展科技咨询、合作研究、项目共同开发等活动，并创建人才需求共享机制，推动人才需求实现联合发布、优秀人才信息实现互通共享，共同举办“合肥都市圈七市人才招聘会”等。

（三）共建合作交流机制

沪嘉杭三地共同研究制定统一的“G60 科创走廊”战略规划，加强沟通交流、信息共享；合肥都市圈七市科技主管部门间建立联络制度，确定专门机构负责合作具体事务，定期互相走访交流；深莞惠三市与河源、汕尾签订共建区域创新体系合作协议，积极建立和完善协同创新平台共享共建机制、创新资源开发共享机制、创新成果相互转化机制、创新服务对接机制、创新人才联合培养机制和珠三角国家自主创新示范区建设互动机制等。

三、有的放矢，着力把握主要问题

甬台舟三地有着良好的创新合作基础，目前在三地企业之间也存在密切的互动协作关系。但总体而言，缺乏自上而下的有效机制和顶层设计来构建一个运行有序的都市圈创新体系。

（一）协同创新领导机制尚未健全

政府层面领导协调机制的缺失是目前影响甬台舟都市圈创新合作的主要瓶颈。目前，甬台舟城市之间创新合作较多体现在企业和民间层面上，政府间缺少自上而下的协同机制。行政区划的分割和协同机制的缺失导致城市间各自为政，各地的科技发展和创新鼓励政策协调难度较大，难以挖掘三地的创新比较优势，难以开展成体系、成规模、有效率的创新合作，进而影响各自的产业升级和跨越式发展。

（二）重复建设和资源争夺现象突出

目前，各地政府均将创新转型视为城市经济持久发展的必由之路，将创新资源的获取视为创新发展的关键元素。甬台舟三地亦是如此，出台的科技发展和人才引进政策较为接近，建设实施的产业平台和创新载体定位多有重叠，三地间存在显而易见的产业竞争、高端人才竞争、优惠政策竞争等问题，致使区域创新要素配置效率不高，创新资源短缺与浪费并存，严重阻碍了跨地区创新合作。

（三）缺少高能级的创新合作平台

目前，区域创新合作开展较好的地区均建立了相当层级的创新合作平台，并以相关合作平台为载体，全方位推动创新合作。甬台舟三地同为宁波都市圈成员，其整体创新能力与科研机构云集的南京都市圈、创新氛围浓厚的杭州都市圈相比还有一定差距，比之合肥都市圈也缺乏中科大这样国家级的科研平台，因此更需要投入各自优势资源，合力共建高能级的创新合作平台，发挥出“1 +1 +1 >3”的效果，方能提升整体创新能力，在更广区域、更大范围的创新竞争中抢占先机。

四、强化对接，逐步完善协作机制

开展顶层设计，建立自上而下的都市圈创新合作领导机制，并充实完善各项具体工作机制，以形成整体、有效、统一的合作体系。

（一）建立推进都市圈创新合作的领导机制

在共建都市圈创新体系、加快推进都市圈协同发展的过程中，完善顶层设计、建立自上而下的领导机制是至关重要的第一步。可结合宁波都市圈总体合作机制的逐步建立，将共建都市圈创新体系作为都市圈合作的重要内容，在三地主要领导例行召开的联席会议中，纳入区域创新合作的重大议题，并在总体合作机制下，设立专门的都市圈创新合作机构，将达成的具体合作协议予以落实。

（二）建立日常联络沟通机制

借鉴合肥都市圈的相关经验，在都市圈领导机制的协调下，以三地科技主管部门为牵头单位，以都市圈创新合作机构为载体，建立日常联络沟通机制，加强工作联络，互通信息有无，学习借鉴有益经验做法，落实领导机制达成的合作协议，并会商解决共建都市圈创新体系中的一系列具体问题，共同推进都市圈创新体系建设。

（三）健全创新要素流动与共享机制

促进创新要素的自由流动和共享是建设都市圈创新体系的重要组成部分。建立都市圈创新要素流动机制，推进财政扶持的众创空间、科技孵化器等创新服务平台的业绩互认，鼓励创客团队、初创企业结合自身发展目标和各地产业基础，享受异地创新服务，对创新服务平台异地服务的具体实绩在考核中予以认可。创建人才需求共享机制，协调各自人才政策，联合发布区域紧缺的人才需求通告，允许优秀人才异地开展科技咨询、合作研究、共同研发等活动，建立人才信息交流平台，避免人才资源的恶性竞争。

（四）完善创新链与产业链协作机制

加快完善科研成果产业化机制，实现创新链与产业链的对接。针对宁波都市圈中小企业众多、技术创新需求旺盛的现状，由都市圈创新合作机构牵线搭桥，联系圈内外相关科研院所，根据企业所需开展技术服务、项目咨询。针对都市圈三地部分产业重叠、面临技术问题较为相似的情况，鼓励和支持圈内高等院校、科研机构与企业围绕区域产业发展中的重大关键、共性技术开展跨区域联合攻关，加速科技成果转化，从而服务都市圈经济发展。

（五）建立知识产权联合保护机制

增进知识产权工作领域的合作，共同实施以企业为主体的知识产权战略，把建立健全创新激励和知识产权保护机制作为增强企业自主创新能力的重点，将拥有自主知识产权纳入科技计划和项目管理的全过程。在三地主管部门间建立联合执法机制，加强知识产权联合执法，完善执法网络，规范执法行为，切实保护企业和科技人员的自主创新成果。加强知识产权宣传、培训和服务，提高全社会自主创新意识，提高企业行业管理和运用知识产权的能力。

五、整合资源，全面拓展共建领域

加强资源整合、创新共建方式，以高效利用甬台舟三地现有的创新资源禀赋，推动宁波都市圈整体创新能力加速迈上更高台阶。

（一）共享创新资源

鼓励三地高水平的高等院校、科研院所去其他两地开设分支机构，推动都市圈内大型科研仪器、重点实验室、科技信息机构、科技经济基础数据等科技资源的开放与共享。推动圈内的众创空间、科技孵化器等创新服务平台加强互动交流，提高创新服务水平，鼓励高水平的创新服务机构跨地区开展创业创新服务。开展人才资源的互通有无，鼓励相关地区的技术人才对圈内亟须和紧缺地区开展科技服务、技术咨询，最大程度发挥人才功效。

（二）共建创新平台

借鉴深莞惠共建“珠三角国家大科学中心”经验，在相关条件具备的情况下，甬台舟三地联合向国家有关部委争取高能级、国家级的科研平台落户，以促进整体创新能力跨越式提升。根据都市圈经济社会发展所需，联合共建科技信息网、大型公共仪器服务平台、标准数据库、专利数据库和专家库等，完善区域基础创新体系。针对产业升级目标和广大企业技术需求，科学规划、合理布局、联合共建一批研究院、工程技术中心、研发中心、重点实验室等创新平台。

（三）共育创新主体

对圈内高等院校、科研院所的优秀技术人才，允许其在保持编制身份的同时，在圈内其他区域开展科研攻关或创办科技企业。鼓励圈内高等院校、科研院所的相关科研成果寻找圈内合适平台进行孵化或开展中试，推动科技成果的异地转化，相关工作成绩实现互认。支持广大中小型科技企业与高等院校、科研院所合作建立科研生产联合体，快速提高企业创新能力。共同组建宁波都市圈创新基金、创新银行，扶持都市圈初创企业发展。

（四）共编创新发展规划

为明确宁波都市圈创新体系未来发展方向，由宁波市牵头，联合台州、舟山共同制定宁波都市圈创新体系建设规划，统筹谋划区域科技创新体系建设，针对各自产业特点和共性需求，提出联合共建的具体领域，筹划共建都市圈创新体系所涉及的重大项目、重大工程、重大载体，进一步完善相关合作机制和政策保障。

课题组成员 何兴法 农贵新 韦风涛 宋宇宇 陈 浩（统稿）

港航服务业发展经验借鉴及宁波突破重点研究

◎ 童明荣

通常讲的港航服务业是港口、航运业务的拓展，是服务于港口、航运的服务业，一般来说具体包括围绕货物的装卸、仓储、运输、加工、包装等物流服务，围绕船员的娱乐、交通、购物、餐饮、旅游等服务，围绕船舶的燃油、供给、维修、清理、船检等服务，围绕商品的交易、集散、存储、交割、支付、转运、交易等贸易服务，以及围绕航运的代理、金融、信息、咨询、法律、会展、海事等服务。

推动港航服务业提升发展是顺应宁波港口演变发展趋势的客观需要。纵观世界港口发展历史，大致经历了三个时代：第一代港口，主要是海运货物的装卸和仓储；第二代港口，增加了工业、商业活动，使港口成为具有使货物增值效应的服务中心；第三代港口，适应国际经济、贸易、航运和物流发展的要求，逐步打造港航服务中心。历经几十年的发展，当前宁波—舟山港已经进入了第三代港口发展阶段，必须把加快发展港航服务业作为提升港口综合服务能力，推动港口转型升级的重要举措。

推动港航服务业提升发展是遵循宁波港城关系演变发展规律的必然要求。考察国内外港口城市港城互动关系演进历程，港城互动关系一般可以分为四个阶段：港城初始联系阶段、港口驱动城市阶段、港城互为驱动阶段、城市自我发展阶段。从宁波来看，目前港城关系正从第三个阶段向第四个阶段演进，港口与城市关系有渐行渐远的态势，必须把加快发展港航服务业作为强化港城联动的重要纽带，促进临港产业、外向型经济的发展，充分发挥港口对城市的引擎带动和支撑作用。

推动港航服务业提升发展是加快建设“名城名都”的重要举措。宁波—舟山港已经是名副其实的世界第一大港，但是与国际强港相比，与建设国际港口名城、打造东方文明之都的要求相比，港航服务业和港口综合服务能力是一个较为明显的“短板”。根据2016年新华—波罗的海国际航运中心发展指数报告，宁波—舟山港未能进入全球国际航运中心的前10位（上海居第6），主要原因是港航服务业不够发达、港口服务能力不够强。只有推动港航服务业提升发展，提升港口的产业带动效应，由港强带动港口经济强，才能把港口这个宁波最大的特色和优势发挥得更好。

一、国内外相关港口城市发展港航服务业的经验启示

（一）经验

1. 伦敦的航运交易和航运金融服务全球领先

伦敦是举世公认的国际航运服务中心，靠的不是集装箱和货物吞吐量，而是发达的港航服务业。有资料表明，全球20%的船级管理机构常驻伦敦，世界50%的油轮租船业务、40%的散货船业务、18%的船舶融资和20%的船运保险总额都集中在伦敦。落户伦敦的“波罗的海航运交易所”是全球唯一实行自我监管的航运交易所，发布的航运价格指数被世界各国所接受，堪称全球航运界的“大脑”。伦敦还拥有世界上最完备的航运融资、海上保险、海事仲裁等服务体系。据统计，2015年伦敦航运融资放贷总额约320亿英镑，航运保费收入约50亿英镑，航运交易金融约为400亿美元，二手船舶交易额200亿美元，航运经纪公司400家，国际航运组织48家，海事仲裁3800余件，案值约5亿美元。

2. 新加坡成功打造全球船舶供应服务中心

新加坡把发展船舶供应服务作为港航服务业的重中之重，每年吸引了大量的国际船舶到港靠泊、补给。新加坡大约有80多家船用油供应商，世界排名前列的Shell、Exon Mobil、BP等石油公司均把新加坡作为石油提炼和仓储基地，自有船队供应商、代理商、经纪人、油库互为关联，形成一个完善的服务网络，甚至停靠宁波—舟山港的货轮专门前往新加坡加油。2016年，新加坡为国际航行船舶供应船用油4085万吨。除了价格优势，其快捷高效、专业、一体化的服务体系也是重要因素，比如食品、水、蔬菜等船舶补给服务，维修、废弃物回收、清洁、熏仓等船舶维修清洗服务，娱乐、购物、餐饮、旅游、住宿等船员后勤服务。

3. 鹿特丹港的增值物流服务功能高效完善

鹿特丹港是世界上最大的港口之一，其港航服务最大的特色是储、运、装、销一条龙、专业化、高效率。鹿特丹按照供应链物流管理的理念，组建了由货运码头、物流服务企业、物流园区、腹地等构成的物流运作网络，通过保税仓库和货物配给中心（物流中心）对货物进行储运以及再加工，提高货物的附加值并在最短时间内准确将大量货物配送到欧洲客户手中。鹿特丹港物流服务专业化程度高，拥有一批高水平的专业物流服务区，这些物流中心均有与码头间的专用运输通道，提供物流运作的必要设备，采用最先进的信息技术和物流技术，提供包装、加工、组装等增值服务，保证物流服务的专业化程度。

4. 纽约积极发展大宗商品交易成为大宗商品定价中心

依托纽约港大规模原油、粮食、金属等吞吐规模，纽约积极发展大宗商品交易

平台。目前，纽约商品交易所凭借着对石油、金属、黄金、粮食等国际大宗商品的现货、期货市场的双重优势，长期掌控着全球能源、农产品和原材料等大宗商品的定价权。纽约在发展大宗商品交易过程中，选择市场化程度比较高、产业链比较长、品质比较单一、标准化工作比较成熟的几种商品集中发展，比如纽约商业交易所的原油价格是定价基准，现货发展到一定程度时逐步向大宗商品期货交易方向发展，远期进一步探索开展现货期货贸易，同时还大力发展金融和物流服务作支撑，培育引进一批大宗商品运输、储存、加工、配送等物流企业，健全商品物权融资、商品风险管理、保税区商品交易融资、国际寄存等金融服务。

5. 香港全力打造国际航运金融服务高地

香港是亚太地区以中转为主的航运中心，同时也是亚太地区重要的国际航运金融服务中心。香港充分发挥其自由港的便利条件，且有其独特开放的金融政策支持，在船舶融资及航运业资金结算领域占据了重要的一席之地，并已发展成为国际上著名的航运资金结算中心，目前香港外汇市场日均交易量占全球6%左右，银行外汇结存量约占世界总量的7%，衍生工具成交量占全球的5%左右。香港航运金融服务体系十分完善，引进培育了包括大量知名的银行、保险公司和中介机构，集聚了从信贷、船舶融资、租赁、保险到期货等其他金融衍生服务，形成一个规模巨大、体系完善的航运金融产业集群。

6. 上海努力打造高端航运服务型国际航运中心

近些年来，上海按照国际航运中心建设的目标要求大力发展高端港航服务业，金融保险等高端港航物流服务业处于国内领先地位，并带动航运咨询、航运交易等服务领域快速发展。至2016年底，经营国际海上运输及其辅助业的外商驻沪代表机构达到约250家，全球九大船级社在上海开设了分支机构，20多家国内外知名航运经纪公司在上海注册运营，波罗的海国际航运公会上海中心、波罗的海交易所上海代表处、世界海事大学上海中心、上海亚洲船级社中心、中国船舶动态监控中心、中国船舶油污损害理赔事务中心、上海国际航空仲裁院等一批国际性、国家级航运功能性机构先后入驻。海事仲裁机构业务规模进一步扩大，共受理仲裁案件1076件，受理案件争议标的案值达63亿元。上海航运交易所成为全国集装箱班轮运价备案中心、中国船舶交易信息中心，并先后发布集装箱、沿海煤炭、进口干散货、进口油轮等运价指数。上海有多家银行设立了航运金融事业部，航运融资业务规模居全国前列，有49家财产保险公司经营航运保险直保业务，3家再保险公司从事航运相关再保业务。

（二）启示

综观世界先进港口发展港航服务业的做法经验，可以得到以下几条启示。

一是大势所趋。提升港航服务业是港口功能不断转型、港城关系不断演变形势下，国际强港发展的重要趋势和共同选择。国际著名港口发展到一定阶段，不再一味追求吞吐量的持续增加，而是“不约而同”选择大力发展港航服务功能，尤其是大力发展高端港航服务业，从而充分发挥港口对区域经济的带动作用。

二是重点突破。各地发展现代航运服务业通常从自身优势产业“起家”，如伦敦以船舶经纪、船舶融资、海上保险、证券交易等金融保险业务以及航运信息服务作为其发展核心；新加坡则以保税油供应为核心，大力发展船舶、船员供应服务产业链；鹿特丹则借助发达的临港工业以及物流服务网络，与现代航运服务形成了互动发展的良性循环。实践表明，发展现代航运服务业要因地制宜、顺势而为，根据港口基础优势，找准突破口，打造特色，有序推进。

三是集聚发展。实践证明，产业集聚有助于上、下游企业都降低航运服务的成本（如船舶融资、保险产品购买）和交易费用（如船舶交易），使航运相关服务的成本显著降低；而集聚区内企业为提高协作效率，对产业链分工细化，有助于推动企业群劳动生产率的提高；集聚区内有大量拥有各种专门技能的人才，这种优势可使企业在短时间内以较低的费用找到合适的岗位人才，降低用人成本。同时，集聚形成航运、保险、金融等产业集群，有助于提升产业地位及对当地社会经济发展的贡献程度，提升政府的重视程度。

四是政府支持。在现代航运服务业发展初期，政府在土地、税收、财政、金融等方面的支持起到了关键性作用，许多体制机制问题也需要政府允许先行先试，鼓励创新。伦敦的波罗的海交易所、劳合社等航运服务公共机构都是在政府推动下成立的；新加坡发展船舶供应服务固然因为有地理位置的天然优势，但在发展初期，与政府的科学规划、政策支持也有很大的关系；香港政府在船舶注册登记、航运企业税收、船舶交易制度、航运金融保险业务交易费用等方面出台多项优惠政策和鼓励政策，并积极督促落实和关注后续进展。

二、宁波推动港航服务业提升发展的突破重点

总体来看，宁波属于“大港小航”，港航服务业发展还处于低度均衡状态，企业规模总体偏小，市场集聚度也较低，高端航运服务体系不健全，建议从已有条件最充分、最容易突破的行业着手，我们研究选择了四个方面的突破口，这四个方面是有相互关联、相互促进的作用的。在实际工作中可以从前两个方向为重点，后两个方向为支撑来进行推进。

（一）以国家保险创新综合试验区建设为契机，大力发展航运金融服务

宁波是国家金融体制改革试点城市，跨境贸易人民币结算试点城市，也是全国首个国家保险创新综合试验区，在发展航运金融方面具有很好的条件和基础。中国

银行、宁波银行、华夏银行等金融机构与航运服务合作日益紧密，中国人保、中国太保、天安保险、阳光保险等宁波分公司开展海事保险业务。在船舶融资方面，引进中国船级社浙江分社、浙江省华融金融租赁等公司开展融资租赁业务。支付服务方面，中国银行与宁波航交所合作推出国内首个美元航运费在线支付系统，与世贸通合作开发首个第三方平台监管账户系统。航运保险方面，国内首家航运专业保险法人机构东海航运保险股份有限公司落户宁波。

下一步，要着力从三个方面加快发展航运金融，力争打造浙江省金融服务业创新发展示范区与国际航运资本配置集聚地。一是加快引进培育港航金融企业，支持宁波国际金融中心的境内外金融机构及东海银行等，加强与港航物流服务相关企业开展银企对接和合作，支持保险企业在本市开展航运保险业务，推动航运保险定价中心、再保险中心和保险资金运用中心等功能型保险机构建设，加强航运保险经纪人队伍培育，设立中国江海联运保险协会，支持成立航运保险协会、船东互保协会、中国江海联运保险协会，吸引国内外船东互保协会在宁波设立分支机构。二是创新航运金融服务，鼓励航运金融产品和服务创新，借鉴国外先进的港航、海事基金等模式，积极探索多种航运融资方式，为航运、物流以及船舶制造业提供融资服务，培育港口产业基金、海洋发展银行、港航投资公司等机构创新发展金融保险服务，鼓励发展多种航运金融工具，打造航运金融衍生产品，放宽外资金融机构经营准入，支持符合条件的外资银行在两地开展金融业务。三是完善金融保险服务制度，探索在梅山保税港区发展离岸金融，完善现代化的国际结算和支付系统，逐步建成国际性大宗货物交易、结算、定价中心，建立中小港航企业诚信和评级制度，建立航运经济发展基金，设立针对本市航运企业的临时转贷基金，专门为航运业提供融资担保。

（二）以大体量港口物流为基础，大力发展高端港航物流

借助大港口优势，宁波的港航物流发展也十分迅速。截至 2016 年底，全市共有船舶管理企业 23 家，国内船代和货代 99 家、国际船代 52 家、国际货代 1500 余家，无船承运人 494 家，船舶港口服务企业 54 家，运力规模居浙江首位，约占全国沿海总运力的十分之一。2017 年上半年，全市航运企业共完成水路货运量 1.01 亿吨，货物周转量 1052 亿吨公里，同比分别增长 21.9% 和 16.7%，宁波本地航运企业主营业务收入同比增长 36.8%。但总体来看，宁波港航物流业也存在明显的短板，比如附加值较低，全球性、全国性的交易类平台和企业不足，服务层级不高等。

下一步，要着力发展新兴高端港航物流业态，推动港航物流业转型升级，支撑宁波从要素的流转中心向资源的配置中心转变。一是大力发展供应链物流，引进一批跨国物流企业区域总部、专业化物流供应链服务商和物流园区运营商，推动四方

物流、万联港等供应链企业发展壮大，支持中远海运、中交集团等大型央企以及跨国航运物流企业拓展在甬业务，打造基于物流的集控制、信息、结算、专业服务于一体的全球供应链管理中心。二是做强大宗商品物流，围绕宁波大宗商品交易中心发展，统筹规划建设一批国家战略物资储运基地，完善配套设施，提高中转储运能力，依托国内外知名贸易流通商，推进建设一批大宗商品交割仓，提升中远期交易市场功能，加强宁波大宗商品交易市场建设，做大做强电解铜、液体化工、塑料等标志性商品，培育做优能源天然气、铁矿石等产品，探索发展煤炭、天然气、铁矿石等区域性大宗能源类商品交易市场群，建成全国有影响力的多商品定价和交易中心，探索设立期货交易所。三是加快发展冷链物流，依托已基本建成的宁波港冷链物流中心项目、太古冷链物流项目、梅山保税港区蓝雪冷链、中拉贸易物流基地、屹隆国际物流基地等冷链物流项目建设，加快具有更高技术和资金要求的冷链物流发展，保证食品安全、减少流通损耗，扩大进出口冷链物流份额，适时推进春晓食品项目，培育进口商品、海产品的冷链集散中心，加快推进象山国际水产保税冷链物流基地、宁海金龙浦冷链物流、国际远洋渔业冷链物流加工园区、润恒冷链物流等冷链物流项目建设，完善恒温仓库、冷藏仓库、普通库等冷链储藏功能。四是加快发展保税物流，依托各类保税区域发展，完善保税贸易及展示、商品交易、国际采购配送、保税仓储等综合功能，推动国际配送、国际中转业务发展，充分利用便捷高效的运输网络和直通关功能，推进各特殊监管区业务联动发展，促进完善进出口分拨、配送功能向腹地拓展。

（三）以保税油供应为突破，大力发展船舶船员供应服务

每年有大约 10 万艘船舶在宁波—舟山港停泊，创造了巨大的船舶船员市场需求。当前宁波的船舶船员供应服务已有一定基础，比如船舶交易方面，市场年交易额突破 15 亿元，经营范围涵盖船舶代理买卖、市场投资经营、船舶进出口代理等服务内容，并逐步建立完善了船舶拍卖机制，成为航运企业交流买船卖船的“无形集市”，同时在船员娱乐、文化、旅游、餐饮、住宿等产业方面也有一定的基础。

国内外港口城市实践表明，保税油供应服务能够带来淡水供应、生活补给、船员置换、设备维修、物流备件等航运辅助服务，并带动海运金融、船舶经纪、海事保险、法律服务等相关服务业，是船舶船员供应服务业发展的核心，下一步建议宁波以此为突破口，加快打造国际船舶船员供应服务中心。一是尽快突破保税油供应服务，积极向上争取共享舟山保税加油许可权下放政策，鼓励有条件的企业申请船用保税油供应经营资质，扩大供应品种，吸引有资质的船用保税油供应企业在宁波设立分支机构，加快开展保税燃料油加注业务，完善油品储运基础设施，扩大储运规模，优化服务水平，打造国际保税燃料油和天然气储存、混兑、供应中心。二是

积极打造国际船员服务基地，加快在梅山建设国际海员（船舶）综合服务基地，为国际海员提供休闲度假、旅游疗养、文化交流和轮训培训服务，为宁波舟山港及周边国际航线的集装箱班轮、油轮、散杂货船提供资源要素支持，形成以“国际海员消费、休闲、疗养和培训为主，船用物资补给供应为辅”的“多功能、多载体”综合服务体。三是努力打造国际船舶服务基地，以船舶设计、船舶检验及检修、船用保税油、外轮供应等为重点，优化船舶服务，加快建设成为国际船舶服务枢纽，争取建立国家江海运输船舶设计研究中心，引进中船重工等大型央企和相关科研机构在宁波设立分院（所），加快浙江船级社运营，引进长江经济带船舶检验中心建设，积极承担江海联运等船舶和海上设施及相关产品入级与法定检验业务，创新船舶检验局与船级社合作办法，允许船级社为国内航线船舶提供服务，发展高端船舶和海工装备改装业务，快修船基地建设，提升船舶修理能力，使宁波具备修理各种大型船舶的能力，对外国船公司具有船舶修理的吸引力，并力争成为东北亚地区国际船舶修理重要基地之一。

（四）以航运信息为特色，大力发展航运中介服务

在航运中介服务方面，宁波的航运信息服务、法律仲裁服务等都有较好的基础。宁波推进了口岸大通关公共服务平台等政府服务类平台建设，中介服务机构从无到有，积极培育宁波航交所，成立运行全国首家中小航运企业联合会。宁波港航物流暨无船承运人协会、宁波国际航运仲裁院将挂牌运作。在人才教育培训方面，引进了河海大学、对外经贸大学、大连海事大学等优质教育资源，宁波大学梅山海洋科教园 2016 年初开建，美国麻省理工学院物流创新学院也已落户，航运服务人才市场完成交易额 0.7 亿。

一要突出发展航运信息服务，加强宁波航运交易所与波罗的海航运交易所等的战略合作，扩大“海上丝路”指数品牌影响力，促进航运市场要素集聚，拓展港航市场监测和风险预警功能，发布沿海干散货、航运人才薪酬、船舶价格等系列指数，建成以电子商务为特色的国家发改委航运交易电子商务综合服务平台。提升港航经济系列指数质量，进一步编制发布运价指数、航运景气指数、江海联运指数、海铁联运指数等，谋划研发港口发展指数，建设国际航运信息服务平台。二要强化咨询评估服务，支持培育、引进国内外海事仲裁、航运法务、航运税务、船舶设计、水运工程设计咨询、港航设施安全等级和评定等港航专业服务机构，为江海联运港航相关产业提供技术咨询，支持培育、引进具备码头、水运、仓储等资质的第三方安全评估、等级评定和安全管理咨询机构，扩大安全评价资质范围，为长江经济带港航企业提供安全评估服务。争取设立中国海事仲裁委员会分会，组建海事仲裁专家团。三要培育壮大航运人才培训交易服务市场，积极开拓新业态的船员市场培训业务，重点发展 LNG 船员适任培训项目，创新船员评估认证体系，建立统一可行且与

国外无缝对接的评估标准，开展国际船员的技能培训业务，积极推进船员培训业务开展，探索“公共基础与特色定制”相结合的业务培训模式，打造一流的航运人才教育培训市场。

三、加快推进宁波港航服务业提升发展的保障措施

（一）加强组织领导保障

全市上下要积极适应、主动作为，把港航服务业提升发展放在重要议事日程上，成立宁波市港航服务业发展领导小组，由市领导担任组长，各相关部门、区域及口岸单位、重点港航服务企业为成员单位，领导小组办公室设在市发改委，研究制定宁波港航服务业发展中长期规划和年度计划，统筹领导港航服务业提升发展工作，定期组织召开领导小组会议，推进落实各项工作的开展。成立由物流、金融、贸易、交通、法律、信息等领域专家组成的专家委员会，指导和研究协调建设中的关键性问题，如政策争取和突破等。对航运交易、大宗商品交易平台、保税油业务以及航运金融等主攻方向，明确主管牵头部门，细化工作任务，由牵头部门负责制定相关发展战略、规划、布局和项目实施。制定出台科学合理的考核指标体系，对各有关部门、有关地区的工作进行考核，加强监督，确保相关规划、计划落实到位。

（二）强化空间集聚保障

围绕宁波东部新城中心商务区，依托航运中心一期、航运中心二期、东南物流大厦、中国船级社浙江分社大楼、汇银国际等楼宇，继续丰富完善宁波航运服务中心口岸大通关公共服务平台、“航运大超市”的功能，打造东部新城国际航运服务集聚区。加快梅山物流产业集聚区建设，依托梅山保税港区政策优势和港口条件，重点发挥国际中转、国际采购配送、保税贸易，建设培育汽车平行进口、石化产品、先进装备、贵重材料、名贵植物、食品等进口商品交易平台，初步形成高附加值产品国际供应链管理中心，着力构建适应国际中转、国际采购、国际配送、国际转口贸易业务要求的国际供应链服务体系。加快在梅山规划建设宁波国际海员（船舶）综合服务基地，以船用保税油、外轮供应、船员上岸服务等为重点，完善国际海员休闲度假、旅游疗养、文化交流和轮训培训服务，以及船舶登记、修理、检验检测等服务，形成以“国际海员消费、休闲、疗养和培训为主，船用物资补给供应为辅”的“多功能、多载体”综合服务体。加快建设东部新城航运金融服务集聚区，依托梅山金融小镇建设和宁波港的深水港、大宗货源转运优势，引导国内外金融、保险、融资、中介等服务机构落户宁波，引进国际著名供应商、物流企业、口岸监管机构，鼓励市场主体大胆开展海洋金融业态创新，发展航运融资、信托、担保、

投资、资金管理、商业保理、信用评级等服务业务，打造“海洋金融小镇”。吸引供油企业在梅山保税港区、宁波保税区、宁波经济技术开发区集聚，在北仑港区、大榭港区、穿山港区、梅山港区等主要港区辟设保税油供应码头和保税油库，吸引专业供油商、船舶燃油供应业务的经纪人、代理行、贸易商、燃油期货商、信息服务商以及运油驳船公司等落户，打造保税油供应集聚区。加快推进建设航运社区，由政府提供服务、搭建平台，以产业特色楼宇为项目建设载体，完善创客空间、停车位、电梯、食堂、无线网络、洗衣柜、e 邮柜、公共自行车位等软硬件配套，打造以航运物流从业人员为主，集日常办公、商务洽谈、娱乐休闲等功能于一体的航运社区，策划并组织开展一系列风格统一、内容丰富的航运文化主题沙龙。

（三）强化政策体制保障

宁波发展服务业，需要国家、省里在项目布局、综合体制、政策创新、产业发展等方面的大力支持。争取国家已经赋予上海、舟山的部分政策能扩大至宁波，同时要根据发展特色，对一些国家政策不设限、自己可以先做起来的事情，要积极创新、加快实施。积极争取建设以梅山保税港区为重点的国际航运综合试验区，争取共享国家赋予上海、舟山发展现代航运服务业的特殊政策，如开展航运税制改革对航运企业实施优惠税制、把宁波港列入实施船舶特案免税登记制度的船籍港、保税加油许可权下放政策等，积极争取复制上海“两个中心”建设国际船舶登记、中资“方便旗”船舶税收优惠、沿海捎带、启运港退税、跨境人民币结算、融资租赁业务、大宗商品中远期交易等政策。争取将宁波列入国家邮轮试点城市，开展公海无目的港邮轮航线试点。借力长江经济带区域通关一体化改革，推行“联合查验、一次放行”等通关新模式，推进口岸管理相关部门建立和完善“信息互换、监管互认、执法互助”合作机制，推进海关“全关通”与检验检疫“直通放行”的深度融合，以梅山为试点口岸，扩大进口货物直通放行试点企业和商品范围，加强与腹地城市、内陆港的通关合作，实现口岸服务的高效对接和进出口货物无障碍流动。

（四）强化要素资源保障

设立现代航运服务业产业发展基金、大宗商品交易平台建设扶持资金。支持航运服务企业、大宗商品贸易流通企业等开展金融创新，包括探索金融机构参与现货交易、提供更为灵活的贷款等。鼓励民间资本参与大宗商品交易平台建设，支持有条件的企业通过发行股票、债券募集资金，鼓励金融机构积极开办“仓单质押”贷款、应收账款质押贷款、出口退税票据抵押贷款等业务，鼓励小额担保贷款公司业务向港航服务业相关企业倾斜等。充分利用“泛 3315 计划”，培育与引进相结合，大力引进港口服务领域的高端复合型、专业型精英高级人才，加强宁波大学梅山海洋科教园、麻省理工学院物流创新学院、河海大学研究生院等院校及其相关重点学科、硕博士点建设，加快培养航运经纪、船舶设计、船舶检修等领域优秀人才，积极鼓励在甬高校开设相关专业课程，培养基础性专业人才。围绕港航服务业提升发展，做好城市规划、用地规划、用海规划、产业规划、交通规划、港航规划的编制修订和衔接工作，保障重点项目顺利推进。航运服务集聚区内建设港口物流、航运服务、金融保险等项目用地优先纳入近期建设规划年度实施计划、年度土地供应计划，土地出让金在符合规定的情况下给予分期缴交优惠。

甬台舟共建江海联运服务中心的探讨

◎ 课题组

2016年6月出台的《长江三角洲城市群发展规划》明确宁波都市圈包括宁波、台州、舟山三地，并提出要加快推进包括宁波都市圈在内的五大都市圈同城化进程。宁波都市圈建设的深入、甬台舟同城化的推进离不开多层次、多维度、多种类型合作机制的搭建，其中共建重大合作平台是突破行政壁垒、加快都市圈同城化步伐的有效手段和重要路径。2016年4月，舟山江海联运服务中心经国务院批复正式设立，根据总体方案，舟山江海联运服务中心实施范围包括舟山群岛新区全域和宁波部分区域，其功能定位是：国际一流的江海联运综合枢纽港、国家重要的大宗商品储运加工交易基地、国际一流的江海联运航运服务基地和我国港口一体化改革发展示范区。因此，将江海联运服务中心作为甬台舟三地共建的合作平台，对于整合内部港口资源、丰富都市圈合作内容、巩固宁波舟山港综合枢纽地位都具有重大意义。

一、甬台舟共建江海联运服务中心的必要性

（一）服务国家发展战略、建设国际一流综合枢纽港口的需要

当前“一带一路”建设的推进、长江经济带的开发开放正如火如荼，全国上下都在为这两大国家战略的实施撸起袖子加油干，拥有得天独厚的港口资源，同时位于长江入海口的宁波都市圈必然肩负促进两大国家战略对接的重大使命。同时，江海联运服务中心的构建也对宁波舟山港的长期持续发展大有裨益，配合其他多式联运手段，将强化自身作为世界一流枢纽港的地位。

（二）聚焦先进产业发展，推动区域经济结构加快升级的需要

改革开放三十多年来，甬台舟地区的经济发展水平突飞猛进，产业结构也不断优化，但面对传统动能日益不足的新常态，亟须改变传统制造业比重较大、现代服务业发展不足的现状。而江海联运服务中心的构建，会有效刺激江海联运船舶的开发设计与建造、港口联盟信息网络的搭建、统一货运技术标准的制定、航运物流信息的综合利用等一系列现实需求，推动海工装备、航运金融、大数据分析、电子商

务、法律咨询等新兴产业实现跨越式增长，进而改变整个区域的产业结构。

（三）整合内部资源要素，强化都市圈一体化合作平台的需要

与长三角其他四大都市圈相比，宁波都市圈的最大长板在于坐拥一座世界级的知名大港——宁波舟山港，这是地处内陆的其他都市圈难以比拟的优势。当前，合肥都市圈、杭州都市圈、南京都市圈均创建了一定形式的协作机制，而宁波都市圈的三个城市之间尚缺乏重量级、实质性的合作平台。如能以宁波都市圈为依托，甬台舟共建江海联运服务中心，将有效推动三地港口资源的充分利用和统筹开发，并为宁波都市圈同城化的深入构建一个良好的平台基础。

二、甬台舟共建江海联运服务中心的可行性

（一）先天资源禀赋优越

甬台舟所在的浙东沿海坐拥中国大陆海岸线的中心位置，也位于世界通航最繁忙的内河航道——长江黄金水道的入海口，绝佳的地理位置决定了甬台舟地区发展江海联运服务具有得天独厚的先天条件。同时，甬台舟地区也是我国深水岸线资源最丰富的地区。宁波港的进港航道水深在18.2米以上，25万吨级以下船舶可以自由进出，25万至30万吨级超大型船舶可以候潮进港；舟山港拥有水深15米以上的岸线200.7公里，水深20米以上的岸线103.7公里，穿越港区的国际航道能通行30万吨级以上的巨轮；台州规划港口岸线156.48公里，其中可建万吨级以上的港口岸线长达91公里。

（二）港口综合实力突出

宁波舟山港目前在世界主要港口中货物吞吐量排名第一，集装箱吞吐量排名第三。2016年，宁波舟山港货物吞吐量成功破九，成为全球首个“9亿吨”大港；集装箱吞吐量突破2156万标箱，同比增长4.5%，增幅居全球前五大集装箱港口首位。与此同时，内贸中转网络及内贸中转平台建设也在逐步完善，2016年内贸箱业务实现了快速发展，年度箱量同比增长超10%。此外，多式联运稳步开展，2016年集装箱海铁联运实现了增幅超46%的迅猛发展，首次迈上了“25万箱”台阶。

（三）合作机制初步形成

在城市主体之间，浙江省四大都市区之一的宁波都市区涵盖宁波、舟山两市，并于2017年年初编制完成《宁波都市区开放发展和一体化发展行动方案》。台州党政代表团7月访问宁波之时，双方签订《战略合作框架协议》，将共同打造更高能级的开放新门户、更加繁荣的宁波都市圈、更强实力的制造业高地、更有活力的创新体系、更具优势的湾区经济。在港口合作之间，宁波港与舟山港已经实质合并，

并将在浙江省海港集团框架下，与台州港进行整合。

三、甬台舟共建江海联运服务中心的对策建议

基于甬台舟共建江海联运服务中心具有相当的必要性和可行性，建议从以下五方面入手，进一步推动和完善江海联运服务中心的共建。

（一）完善组织领导协调机制

可结合宁波都市圈总体合作机制的逐步建立，将共建江海联运服务中心作为推进都市圈合作和都市区一体化的重要内容，在三地主要领导例行召开的联席会议中，纳入相关重大议题，并在都市圈领导机制的协调下，以三地发改部门为牵头单位，建立日常协调沟通机制，会商解决综合服务保障、集疏运体系对接、基础设施互联互通、人才合作培养等方面问题，共同推进江海联运服务中心的具体建设。

（二）共建综合服务保障平台

目前舟山江海联运公共信息平台已经建立，但功能仅覆盖船舶位置、载货量、货物类型以及舟山海域水情等基本信息查询，且局限于舟山港出港进江船舶。建议以当前舟山江海联运公共信息平台为基础，三地共同参与，查询范围覆盖三地进江船舶及靠泊三地的长江出海船舶，功能拓展至信息交换、电商交易、政务服务等三大领域，包括实现大宗散货和杂货业务数据交换能力，在交换基础上做航运物流交易，加强与港航、口岸单位等政务信息系统等有效衔接，提高江海联运日常政务管理服务效率，打造集“港、船、货”于一体的江海联运公共信息平台。

（三）加强基础设施互联互通

加快建成甬金铁路，打通西南方向通道，加速推动沪嘉甬铁路、甬台温高速铁路建设，打通南北方向沿海大通道，积极推进杭甬高速复线、甬台温高速复线、甬金高速扩容提升工程，强化陆路运输功能。建设宁波舟山港主通道、六横公路大桥、甬舟铁路、宁波穿山港铁路支线等项目，完善都市区内部交通网络。加快深水公共航道和内河航道的建设，谋划实施杭甬运河三期工程。完善舟山—宁波—上海—南京及至长江沿线油品、天然气管道建设，推进大榭—岚山复线、舟山至温台成品油管道及天然气管道建设。

（四）扶持产业体系完善发展

采取分类培育、重点扶持的模式，加强引导涉港涉海类现代服务业发展，有意识地培育服务江海联运的龙头机构和特色企业，建成供应、信息、船代、金融等主要门类重点发展的企业集群，完善江海联运服务产业链。支持重点企业通过兼并、重组、收购、控股等方式，组建大型企业集团，积极推动龙头企业集群化发展。加

大金融业务政策开放力度，鼓励金融机构研究制定针对中小航运企业实施的扶持计划，帮助江海联运中小航运企业解决融资难题。支持金融机构开展融资租赁业务创新，拓展多种航运融资方式和管道，引导航运保险公司入驻，加快发展江海联运保险业务，推动甬台舟三地的航运保险公司发展。

（五）开展专业人才合作培养

加大力度引进国内外海事仲裁、船舶设计、水运工程设计咨询等港航专业服务机构，为江海联运相关产业提供技术支持。以麻省理工宁波（中国）供应链创新学院为范例，加大力度引进国际一流的供应链管理、航运保险、航运金融等学院和学科，培养港航物流相关领域高端和紧缺人才，满足江海联运服务中心长期持续发展的需要。通过依托浙江大学海洋学院、宁波大学、浙江海洋大学等区域内海运学院和学科，与长江流域主要港口城市相关海事院校等结成航海教育培训联盟，共同培养适合江海联运服务的船员和国际海员。

课题组成员 何兴法 农贵新 陈 浩 韦风涛 宋宇宇

“一带一路”

关于宁波舟山港与中东欧四港投资合作的思考

◎ 邱金岳　吴红艳

开展港口的对外交流合作、推进港口的互联互通，是宁波参与“一带一路”建设、打造“一带一路”综合试验区的重要内容和主要突破口。为此，宁波市委、市政府积极推动宁波舟山港与中东欧四港包括投资、建设、运营等方面的合作。这一背景下，总结归纳我国对外港口投资合作的模式、路径和趋势，将为进一步推动和深化宁波舟山港与中东欧四港合作提供有益借鉴。本文结合宁波舟山港实际，提出与中东欧四港开展投资合作需要“三个借力和三个注重”的思路对策，即借力国家层面的支持推动、政府间组织的沟通促进和战略投资者的资金经验，注重港口的网络化布局、稳妥有序推进合作和合作风险的研判应对。

一、当前我国对外港口投资合作的主要模式和路径

近年来，我国企业积极“走出去”，通过投资建设、参股收购、竞标经营权等方式，密集开展对外港口投资、建设、运营合作，取得了很好成效。据统计，目前我国企业已参与了13个国家共20个港口的经营，半数以上为“一带一路”倡议提出后开展的，合作模式有投资建港、参股收购、租借经营等（详见表1）。

表1　我国参与国外港口经营合作模式

合作模式	典型案例	合作路径
投资建港模式	2002年，中国和巴基斯坦两国达成协议，中方提供资金修建巴基斯坦瓜达尔港。2013年2月，中国海外港口控股有限公司获得瓜达尔港及其9.23平方公里自贸区40年的开发权和经营权	国家间签订合作协议—企业进行港口投资建设—企业获得港口运营权
	2008年，中国以贷款形式援建斯里兰卡汉班托塔港，2017年1月该港建成，招商局集团获得该港80%的股份，租期99年；2011年招商局集团获得斯里兰卡科伦坡南港国际集装箱码头为期35年的主导投资、建设、经营权，2014年4月该港建成并正式运营	

续表

合作模式	典型案例	合作路径
参股收购模式	2010年，上海港集团收购马士基集团在比利时泽布吕赫码头公司25%的股份，成为该码头公司第二大股东	企业全球化战略布局驱动—企业全球港口投资—企业获得港口运营权
	2012年，招商局集团收购TML公司50%的股份，获得TML拥有的多哥洛美集装箱码头项目35年的经营权；2013年，收购吉布提港口23.5%的股份，项目经营年限为99年	
	2016年，中远集团收购希腊比雷埃夫斯港务局67%的股权；2017年6月，收购西班牙诺阿图姆港口控股公司51%的股份	
	2016年10月，青岛港通过收购股份与马士基等合作方共同投资开发建设意大利瓦多利古雷港码头项目，2018年初将完成码头建设并投入运营	
租借经营模式	2015年3月，上海港集团通过竞标方式获得以色列海法新港自2021年起25年的码头经营权，负责该码头堆场设施建设、机械设备配置和日常经营管理	

二、当前我国对外港口投资合作的趋势特点

（一）从投资主体看，以实力雄厚的央企集团为主，地方港务集团也日渐增多

当前，我国参与对外港口投资合作的主体主要是招商局集团、中远集团等大型央企。但近年来随着港口之间竞争日趋激烈，地方港务集团的对外投资合作也日渐增多，如上海港、青岛港已有三起成功收购外港股份和经营权的案例，河北港口集团首个境外投资项目——印尼占碑钢铁工业园综合性国际港口项目也进入全面实质性推进阶段。

（二）从合作对象看，大多为海上丝绸之路上具有重要战略位置的港口

央企集团作为“一带一路”倡议的重要实践者，其投资收购更多的是从国家利益角度出发，因此选择的投资收购对象往往是海上丝绸之路上具有重要战略意义的港口。地方港务集团的投资合作则更多从其自身全球化经营战略出发选择合作对象。

（三）从投资内容看，范围不断丰富拓展

我国对外港口投资合作内容范围不断拓展，从港口建设、配套设施延伸到港口物流园区、临港产业园区建设；从港口投资建设延伸到港口经营管理，包括信息交流、人才培养、安保事务、环境保护、航线开发与设计等业务事项的合作，有的项目还由港口合作衍生出了与港口城市或港口所在国家之间的相关合作，如产业分布和转移、金融运作、价值链延伸、制度政策的改进和创新等。最为典型的是招商局集团推出的PPC（Port - Park - City，即前港—中区—后城）一体化开发模式，通过

港口先行、产业园区跟进、城市功能配套开发，打造以港口为核心的全链条商贸生态体系，在推进当地区域实现航、港、产、城联动发展的同时，也实现了以港口投资合作带动我国产业园、物流、海工、金融等业务走出去，形成“雁型出海”阵势。

（四）从投资途径看，大多需要国家层面的合作推动

港口及其配套设施属于一国重要的基础设施，在建设运营中引入外资，发挥首要作用的往往是政治、社会因素而不是经济因素。从中外港口投资合作实践来看，大多需要依赖国家层面的推动。地方港口在开展海外投资合作时，也往往选择与央企集团合作，间接地依靠国家层面推动，如青岛港2016年通过与中远集团合作入股意大利瓦多利古雷港。随着“一带一路”建设推进和中国与中东欧国家“16+1”合作机制的成熟完善，国家层面已经设立了国际海事组织亚洲技术合作中心、中国—中东欧交通部长会议、中国—马来西亚港口联盟等政府组织和国际组织来推动相关协定和合作的落实推动。同时，国家层面还组建了丝路基金、中国—中东欧基金等，为“一带一路”沿线国家基础设施建设提供融资支持。因此，今后对外港口投资合作将更多地纳入和借助国家的顶层设计开展。

（五）从投资实践看，合作风险不容忽视

对外港口投资合作面临着政治风险、经济风险、劳工风险、贸易壁垒等诸多风险，同时也存在着文化差异、管理模式差异等问题。从我国企业对外港口投资合作的实践来看，一些合作项目因为所在国政权更替、民众反对、劳工纠纷等，经历了多次反复，有的项目甚至在建设多年后仍最终不得不退出，造成巨大损失。

三、宁波舟山港与中东欧四港开展港口投资合作的有利条件

顺应“一带一路”背景下我国大力开展对外港口投资合作的趋势，宁波市委、市政府抓住与中东欧国家合作不断深化的有利时机，提出与罗马尼亚康斯坦萨港、斯洛文尼亚科佩尔港、克罗地亚里耶卡港、波兰格但斯克港等四个港口（以下简称中东欧四港）在已经开通航线及定期航班的基础上，进一步深化在港口和临港物流园区等投资建设运营领域的合作，全力打造新海丝之路，这既契合“一带一路”建设重点方向，也符合双方经济和港口发展的实际需要，因此具有重要的现实意义。综合起来看，双方开展港口投资合作拥有以下有利条件。

（一）良好的政治环境

当前，中国与中东欧国家的开放合作正在进入成熟期，“16+1”合作机制日益完善，重大项目不断推进，宁波舟山港与中东欧四港深化合作拥有前所未有的良好政治环境和稳定的政策预期。此外，2015年11月，李克强总理在第四次中国—中

东欧国家领导人会晤中，提出亚得里亚海、波罗的海和黑海“三海港区合作”的倡议，中东欧四港是上述三海的重要港口，宁波舟山港与中东欧四港通过港口投资合作打造新海丝之路，完全符合国家战略的部署要求。

（二）广阔的市场前景

当前，宁波与中东欧国家经贸往来增长迅速，带来了巨大的航运物流需求。2016 年，宁波舟山港与中东欧四港共完成进出口集装箱 21 万标箱，同比增长 117.3%；2017 年前五个月，已完成 9.8 万标箱，同比又增长 26.5%，是宁波舟山港同期集装箱增速的两倍。预计随着“一带一路”建设的推进以及宁波与中东欧国家经贸合作的持续深化，航运物流业将继续保持高速增长，因此双方港口投资合作市场前景广阔。

（三）较强的合作意愿

宁波舟山港具有资金、技术、管理优势，围绕建设国际强港的目标，下一步将积极“走出去”开展对外港口合作投资。“一带一路”沿线港口是其投资的重点。中东欧四港作为中东欧国家的主要海上通道和欧洲的重要门户，拥有优良的地理位置和港口条件，但港口基础设施和配套设施却相对落后，亟须引入资金进行改造提升。双方港口深化合作，可以实现优势互补、资源整合，符合各自切实的利益需求。在 2017 年 7 月“中国航海日”论坛期间组织召开的宁波舟山港与中东欧四港合作专题会议上，双方都表现出了强烈的合作意愿，表示将协力打造新海丝之路、共享合作互利成果，并就五港之间建立友好合作关系和长效合作机制，在管理培训、信息技术、航线开发、海铁联运、口岸合作、港口投资等方面进行全方位的交流和合作达成了初步意向。

（四）有利的合作契机

一方面，当前我国对外港口投资合作主要集中于“一带一路”沿线具有重要战略位置的港口，对中东欧港口的投资基本处于空白，宁波舟山港与中东欧四港的投资合作正好可以完善我国在“一带一路”沿线港口的布局，和央企已经投资控股的港口形成协同发展之势，同时，也可以避免与央企对国外港口的投资合作形成内部竞争。另一方面，当前宁波正全力创建“一带一路”综合试验区，积极打造具有国际影响力的港口经济圈和制造业创新中心、经贸合作交流中心、港航物流服务中心等，宁波舟山港和中东欧四港投资合作建立新的通往欧洲的物流通道，正契合了宁波发展战略和目标要求。

四、宁波舟山港与中东欧四港投资合作的思路与对策

鉴于宁波舟山港与中东欧四港投资合作拥有良好的基础条件，同时，考虑到对

外港口投资合作本身的复杂性和风险性，以及宁波舟山港缺乏对外港口投资合作的渠道和经验等现实，建议宁波舟山港与中东欧四港的投资合作，要做到“三个借力和三个注重”。

（一）借力国家层面的支持推动

把宁波舟山港和中东欧四港在港口及相关基础设施的投资建设、运营管理等方面的合作，作为宁波建设“一带一路”综合试验区和港口经济圈的重大项目和切入口，加快推进项目洽谈，尽早达成投资合作意向。同时，加强与有关部委的沟通，争取将其纳入中国与中东欧“16＋1”合作框架来推动，或者争取成为“三海港区合作”的典范项目，主动寻求双方国家的支持，借助国家的顶层设计来促进项目合作的达成和实施。

（二）借力政府间组织的沟通促进

建立与中国—中东欧交通部长会议、中国—中东欧物流合作联合会、中国—中东欧海运合作秘书处等组织和机制的联系机制，借助上述组织的桥梁纽带作用，及时了解掌握港口航运业的最新动态信息，沟通传递合作意向，宣传合作意义和前景，为宁波舟山港和中东欧四港的深化合作提供有利条件。

（三）借力战略投资者的资金经验

要积极引入战略投资者共同进行投资开发，弥补自身投资渠道和经验的不足，同时有效分担投资风险。例如，与招商局集团等央企合作，或者积极争取获得丝路基金、中国—中东欧基金的资金支持，共同开展对中东欧四港的股权投资和项目开发；发挥宁波的外贸和产业优势，引入上下游产业链投资者，在港口附近建设物流基地、保税仓库和工业园区等；引入航运企业投资者，加强港航联动，实施“码头＋物流园区”和“储备＋加工＋运输”的一体化开发等。

（四）注重港口的网络化布局

当前，世界各大港口纷纷实施国际化战略，通过投资合作提升港口全球化、网络化布局能力，以适应国际贸易及物流全球化趋势，增强竞争力。因此要加强宁波舟山港全球化投资运营布局研究和规划，把与中东欧四港的合作放在全球化战略整体中来考量，通过资源整合、货源共享、信息交流，以及推动其与现有央企投资合作的外港协同发展，为完善港口全球化、网络化布局奠定扎实基础，从而提升全球投资运营的整体效益。

（五）注重稳妥有序推进合作

要根据中东欧四港的具体情况，因地制宜制定投资合作方案，稳妥有序地推进合资合作。前期主要考虑与中东欧四港组建港口联盟，加强信息交流共享，形成相对稳定和紧密的合作机制，促进协同发展；发挥宁波舟山港在港口管理和技术方面的优势，与中东欧四港在管理运营方面开展合作等等。在上述基础上，进一步推进港口基础设施建设和运营管理合作，如发挥宁波对外承包工程方面的优势，由宁波港牵头、联合全市对外承包工程的主要企业组建联合体，积极通过竞标等形式承建中东欧四港的相关基础设施建设，或者通过参股并购方式获得港口经营权。

（六）注重合作风险的研判应对

积极借鉴其他对外港口投资合作项目的经验教训，在项目开展前，加强调研论证，研判合作中可能出现的各类风险，并做好应对预案。在合作中，除了追求合作项目的经济共赢外，还要注重加强与项目所在国的人文交流、技术合作以及积极承担企业的社会责任等，为项目的顺利开展营造良好的政治社会环境。此外，与具有成熟海外投资合作经验的战略合作伙伴组团开展对外港口投资，或者参与其海外投资项目，也是规避风险的有效途径。

重要节点城市推进"一带一路"建设的主要举措及宁波借鉴

◎ 何介强

2017 年 9 月，浙江省政府批复同意设立宁波"一带一路"建设综合试验区，下一步如何运用综合优势，主动作为，更好地融入和服务"一带一路"建设，成为当前需要思考和解决的重要问题。近年来，福州、泉州、南宁、西安、喀什等国内"一带一路"重要节点城市结合自身优势和区域实际，推出了一系列创新性的政策举措，值得宁波建设"一带一路"综合试验区学习借鉴。

一、重要节点城市推进"一带一路"建设的主要举措

（一）准确定位"一带一路"城市功能

随着"一带一路"建设的深入推进，各地都明确了战略目标和发展思路。比如，福州以新区、自贸试验区为载体和依托，打造"21 世纪海上丝绸之路"战略枢纽城市；泉州全面提升与沿线国家和地区之间的投资贸易自由化便利化水平，建设"21 世纪海上丝绸之路"先行区；南宁积极打造中国面向东盟开放合作的区域性国际城市和"一带一路"有机衔接的重要门户城市；西安着力推进创新驱动发展，高标准建设丝路科创中心，把高新区建成"一带一路"创新之都；喀什重点谋篇布局"五口八国"大枢纽，建成丝绸之路经济带核心区的结合点、增长极和区域中心。

（二）全力打造海陆空立体丝路大通道

各地把港口、铁路、高速公路、航空等基础设施建设作为互联互通的基础，构建海陆空"三位一体"国际交通物流通道。比如，福州大力建设"海上福州"，创建东南沿海海上通道，重点发展邮轮产业，打造"中国邮轮旅游发展试验区"；泉州全面实施泉州港复兴计划，着力培育海上国际贸易新航线，打造"21 世纪海上丝绸之路"国际枢纽港；南宁重点推进建设通往中西部地区的北上通道和通往中南半岛国家的南下通道，实现东盟国家主要城市航线全覆盖；西安开通中欧班列"长安

号”，目的地从哈萨克斯坦的阿拉木图逐步拓展到华沙、汉堡、莫斯科、布达佩斯等地，打通通往欧洲的国际物流大通道；喀什积极推进中巴、中塔、中吉铁路建设，开通与内地发达省市和欧洲城市直航航线，着力打造“空中丝绸之路”。

（三）全方位搭建经贸合作网络

各地依托自贸区、保税区、产业合作园等各种平台，加大经贸合作力度。比如，福州重点加强与台湾、东盟的经贸合作，签订互为中转口岸协议，成立了全国首家“中国东盟海产品交易所”，积极申报“中国东盟海洋合作中心”；泉州积极搭建综合保税区、晋江陆地港、“泉州购”跨境电商平台等多个经贸平台，以“产业＋联盟＋公司”的模式推动民企“走出去”；南宁加强与西南、中南地区的产业合作，以“一区多园”模式，在五象新区、高新区等地建设多个产业合作园区，积极推进南宁—崇左经济带、南宁—新加坡经济走廊建设；西安建设中俄丝路创新园，并与中亚多个城市共建“中亚·长安产业园”“国家级欧亚经济综合园区”等开放型经济园区；喀什依托经济开发区设立“中国—中亚—西亚（喀什）自由贸易区”，举办喀什·中亚南亚商品交易会等国际性展会，并在周边国家举办境外商品展览会，加强同周边国家的经贸合作。

（四）努力构建金融创新体系

各地积极成立地方版“丝路基金”，创新金融模式和服务方式，为企业提供多元化金融服务。比如，福州市政府和国开行福建分行、中非发展基金共同设立总规模100亿元人民币的海上丝绸之路基金，主要投向互联互通、海洋经济、农业物流等领域；泉州市政府联合银行、企业等设立“海陆丝绸之路工商企业发展基金”“兴业—海丝文化旅游基金”“中银—泉州丝路基金”等多种基金，引导企业全面参与“一带一路”建设；南宁建立面向东盟的货币清算、结算等相关业务中心，以及面向东盟的大宗商品现货和期货交易中心、股权交易中心，打造多元化资本市场；西安依托浐灞生态区，创新金融制度和业务模式，重点发展互联网金融、绿色金融、离岸金融，打造离岸金融中心、金融业综合后台服务基地、金融外包服务和培训中心；喀什在金融贸易区集中建设产交所、股交所和证交所等金融市场，为企业融资提供广阔渠道。

（五）积极打造人文旅游合作交流新平台

各地以博览会、艺术节等国际活动为载体，加强与沿线国家和地区多层次、多领域的人文合作。福州充分发挥华侨华人的力量，搭建侨台“乡亲桥”，积极筹建“华侨历史博物馆”，举办中国（福州）郑和开洋节，促进与郑和航海沿线国家和地区的友好城市交流；泉州高水平举办海上丝绸之路国际艺术节，与海丝沿线国家和地区签订《泉州倡议书》，成立“21世纪海上丝绸之路”城市联盟，通过整合海丝重点文保单位和非遗、闽南文化生态保护区，打造了一批海丝旅游示范基地；南宁打造国际级的中国—东盟博览会，并相继成立中国—东盟文化交流培训中心、中国—东盟教育培训中心等国际交流平台，促进与东盟各方面的人文交流；西安发起成立“丝绸之路博物馆友好联盟”，以“丝路国际电影节”、“西安国际音乐节”、华夏旅游综合体为主要载体，打造“一带一路”文化聚集地和引领地；喀什以旅游带动与沿线国家和地区的人文交流，积极推进丝绸之路文化和民族风情国际旅游目的地建设，通过建设香妃故园、喀什丝绸之路文化产业园等重大民族文化旅游项目，打响“丝路风情、醉美喀什”旅游品牌。

二、宁波建设“一带一路”综合试验区的若干建议

目前，“一带一路”建设正进入承前启后的关键期和重要窗口机遇期。宁波作为记载古丝绸之路历史的“活化石”和“一带一路”的支点城市，建议结合实际，抢抓机遇，学习借鉴国内一些重要节点城市推进“一带一路”建设的好的经验和做法，在互联互通、经贸合作、资金融通、开放合作、人文交流等领域寻找突破口，积极打造“一带一路”港航物流中心、投资贸易便利化先行区、产业科技合作引领区、金融保险服务示范区、人文交流门户区，争做“一带一路”建设排头兵，建成“一带一路”倡议枢纽城市。

（一）加快互联互通

互联互通是“一带一路”建设的先导性工程，是合作发展的基础。近年来，宁波不断加大基础设施投入力度，着力推动陆上、海上、天上、网上“四位一体”的互联互通，但是仍存在港口特色不明显、国际通道能力有限、空中枢纽地位不突出、信息化程度有待提升等问题。建议全面推进“海上宁波”建设，加快海铁联运、江海联运等多式联运体系建设，争取设立国家多式联运综合试验区，打造我国最大的大宗散货战略储备基地、重要港口物流基地和大宗商品交易基地；统筹发展邮轮产业，加快建设邮轮码头“前港—中区—后城”模式，吸引国际大型邮轮停靠，打造海上丝绸之路旅游圈；尽早开行宁波中欧班列，打通国际铁路物流大通道；积极开辟国际新航线，加密国际干线航班，着力打开中南亚、欧洲及北美贸易通道；加快构建海上丝路指数体系，建设海上丝路航运大数据中心，推进港口、航运信息交换，实现信息共享，开辟货物通关快捷渠道，提高港口信息化程度。

（二）促进经贸流通

经贸合作是“一带一路”建设的重要内容和主要抓手。目前，宁波已与223个国家和地区建立了投资贸易关系，越来越多的民营企业正沿着“一带一路”走出去，开展跨境投资合作，但是仍存在民营经济大而不强，对外合作模式单一、投资

贸易不够顺畅等问题。建议大力推动民营企业组团“走出去”，在沿线国家和地区设立经贸合作区、工业合作园区、商品城和营销中心，努力培育形成一批有影响力的民营跨国公司；创新经贸合作模式，帮助企业解决政治、法律、标准等投资难题，防范投资风险，通过“两国双园”模式建立产业合作园区、国际创新园，探索税收利益分享、土地指标交易、环保指标分担等合作模式；进一步提高投资贸易自由化便利化程度，积极争取贸易便利化政策，加快国际贸易“单一窗口”建设，优化口岸通关综合流程，畅通口岸进出口货物的信息流、单证流、货物流和资金流。

（三）创新金融服务

金融服务是“一带一路”建设的重要支撑。近年来，宁波以建设国家保险创新综合试验区为契机，不断创新金融保险服务，但是仍存在企业融资渠道不够丰富、优势资源没有充分发挥、金融创新力度有待进一步提升等问题。建议积极争取国家“丝路基金”支持，设立宁波“一带一路”发展基金，用于引导企业参与“一带一路”建设；依托梅山海洋金融小镇，打造“一带一路”海洋金融创新示范区；探索建立“一带一路”航运保险合作基金，推进跨境保险，着力打造“一带一路”保险创新示范基地；鼓励金融机构开展跨境贷款、境外发债、跨境双向股权投资等创新业务，为“走出去”企业提供资金支持和金融服务。

（四）强化开放合作

开放合作是加快“一带一路”建设的有效途径。近年来，宁波不断扩大对外开放，积极搭建中东欧博览会等国际开放平台，提升城市、港口、海洋等各方面对外开放层次和能级，但是仍存在开放平台级别不够高、影响力不够大、开放程度不够深等问题。建议借鉴南宁中国—东盟合作机制，将中东欧博览会打造成为中国与中东欧国家合作对话的国际级交流平台，争取国家支持建立宁波中东欧博览局，争创中国—中东欧国家投资贸易示范区；加快义甬舟开放大通道建设，加强同舟山群岛新区、义乌国际陆港城市以及周边城市的战略合作，打造开放创新、高端高质、合作共享的区域经济开放走廊；加强海洋开放合作，做大做强海洋产业，积极申请中国—东盟海上合作基金及项目，举办“一带一路”海洋文化节，将其打造为独具宁波海洋特色的有较大影响力的区域名片和海洋文化品牌。

（五）加深人文交流

人文交流是促进与沿线国家和地区间交往的重要桥梁与纽带。宁波作为海丝“活化石”，有着丰富的历史文化遗存，在科学、教育、文化、卫生、民间交往等各领域与沿线国家和地区广泛开展合作交流，人文往来越来越紧密，但是仍存在城市宣传力度不够大、知名度不够高、“宁波帮”作用发挥有所弱化等问题。建议在中国港口博物馆的基础上，谋划筹建中国海上丝绸之路博物馆，宣传、展示海上丝绸之路文化精神，提升宁波城市文化形象；加强对宁波海丝历史文化遗存的保护和利用，打响海丝“活化石”的城市品牌，率先探索建设“一带一路”“活化石”城市联盟机制；加大海丝申遗工作宣传力度，提高宁波的国际知名度和美誉度；擦亮“宁波帮”金字招牌，通过宁波周、交易会、博览会、联谊会等形式，积极组织、引导宁波帮回乡开展经贸、科技、教育、文化、旅游等多方面的合作交流。

关于及早开行中欧班列（宁波—中东欧）的建议

◎冯　路

2016年10月，国家推进“一带一路”建设工作领导小组办公室印发了《中欧班列建设发展规划（2016—2020）》（以下简称《规划》），全面部署了未来5年中欧班列建设发展任务。目前，重庆、成都、武汉、义乌等国内城市领跑中欧班列建设。为推动宁波开行中欧班列、打造中欧班列沿海集结中心，2016年以来，宁波市政府发展研究中心、市交通委等单位开展了前期研究，市委主要领导和市政府分管副市长批示要求相关部门作进一步论证，适时召开专题会议研究制定具体方案。总体上看，宁波开行中欧班列正处于政策机遇期、合作窗口期和竞争倒逼期“三期叠加”的关键阶段，建议进一步深化研究，加紧开行中欧班列（宁波—中东欧，以下简称为“中东欧班列”），构筑“亚太—宁波—欧洲”的开放大通道，争取战略主动。

一、开行中东欧班列对“名城名都”建设具有重要意义

“名城名都”建设需要全方向、综合性大通道支撑。中欧班列不仅是物流通道，更是宁波深化与中东欧乃至欧洲城市、企业和市场双向合作的新渠道、新平台，将有力带动城市开放能级和国际知名度。

中东欧班列是门户功能的新支撑，是宁波巩固“一带一路”枢纽城市地位、高水平建设“一带一路”综试区的迫切需要。开行班列将打通宁波至欧洲的陆路直连通道，实现“一带”与“一路”在空间上的无缝连接，并承担中国台湾、日本、韩国等亚太地区通往欧洲的集结中心，从而建立以宁波为枢纽、串联亚太和欧洲诸多城市的立体物流大通道，更好发挥宁波开放、港航、制造等组合优势，进一步确立并巩固亚太门户、“一带一路”枢纽城市地位。

中东欧班列是区域合作的新纽带，是宁波创建中国—中东欧国家投资贸易综试区、提升中国—中东欧国家合作中心城市地位的必要条件。区域合作中心城市的功

能发挥，有赖于高质量通道建设。在苏州、重庆、义乌等城市均已开通中欧班列①的竞争形势下，宁波迫切需要补齐与中东欧城市间的陆路通道短板，推动创建投资贸易综试区，提升合作中心城市地位。

中东欧班列是产业升级的新动能，是深化国际产业合作、培育新经济业态的重要平台。先发城市的中欧班列有力促进了开行城市的国际贸易，如义乌2017年一季度对沿线国家的出口同比增长42.75%；拉动了招商引资，如法国知名体育品牌迪卡侬随班列入驻武汉；带动新经济业态的快速发展，如重庆百亿级咖啡贸易和深加工产业、武汉国际木材自贸试验区产业园建设等。对于宁波面广量大的成熟货代企业，班列还可成为其“走出去”的新型平台。

值得指出的是，宁波若不尽早开行中东欧班列，则容易产生诸多负面影响。一是错失中欧班列建设机遇。根据《规划》，相关部门将在2020年前后启动中欧班列的整合工作。届时，宁波若尚未开行、班次不稳定或者货量不大，就容易丧失加入中欧铁路大通道的主动权。二是在中国—中东欧国家合作体系中的优势弱化。没有中东欧班列，不仅会大幅度削弱宁波角逐中国—中东欧国家合作中心城市的关键竞争力②，而且还会阻碍中国—中东欧国家投资贸易博览会等既有合作平台的能级提升。三是枢纽地位的下降。一方面铁路口岸建设丧失重要依托，宁波在全国铁路网中地位持续下滑的态势难以扭转，并诱发产业转移③等问题；另一方面，港口的集结功能会受到影响，在大连、厦门等地中欧班列已成为东北亚、台湾地区集装箱来往欧洲重要通道的现实条件下，宁波—舟山港集装箱跨境转运等资质可发挥的空间已经非常有限。四是优质资源的闲置。如铁路货运北站，周边的预留发展空间正逐渐被非铁路项目占用，再耽搁1~2年，恐无发展空间。

二、开行中东欧班列具有较好的现实基础与市场环境

宁波开行中东欧班列在国家支持、硬件条件、市场需求等方面基础较好，外部环境也趋于有利。

---

① 目前已有苏州—华沙、重庆—罗兹、成都（厦门）—罗兹、武汉—波兰—法国里昂、郑州—波兰—德国汉堡、义乌—波兰—西班牙马德里等固定班列，武汉—捷克帕尔杜比采（富士康）、武汉—波兰戈茹夫（冠捷）的企业定制班列，以及义乌—拉脱维亚里加、义乌—捷克布拉格等临时班列。

② 建设中东欧班列是中国—中东欧领导人会晤的重要内容，如“2014中国—中东欧国家合作贝尔格莱德合作纲要”提出，继续推进中欧国际铁路集装箱班列建设，将其作为中欧深化互利合作、建设亚欧大通道和大市场的重点项目；“2015中国—中东欧国家合作苏州纲要”提出，欢迎中国和波兰开通定期快速铁路货运中转班列，鼓励和支持中国和其他中东欧国家开通类似班列；“2016中国—中东欧国家合作里加纲要”提出，支持促进亚欧之间运输通道建设，推进中欧班列发展建设，促进货物双向流动。

③ 例如，厦门未开行中欧班列时，出现过电子信息制造企业集中向重庆、成都等中欧班列开行城市转移的现象。之后，厦门虽开行了班列，但转移的企业已难以拉回。

第一，工作有基础。宁波是中国—中东欧国家合作的先行区，也是《规划》明确的沿海重要港口节点，已多次承办中东欧博览会、中东欧部长会议等重要活动，与中东欧国家合作有良好的工作基础。

第二，硬件有优势。新货运北站是华东地区最大的铁路货运枢纽，近期设计运行能力为 815 万吨/年。当前，北站的运能空闲较大，对开行中欧班列有较高期盼。此外，宁波舟山港的基础设施和政策优势也能为中东欧班列建设提供有力支持。

第三，市场有需求。调研显示，许多企业热切期盼宁波开行中欧班列。在没有本地补贴的情况下，已有货代企业组织本地商品搭乘其他城市的中欧班列。如西铁供应链管理有限公司（铁大大）2013 年组织了本地货源 400 标箱搭乘中欧班列，2017 年有望超过 1200 标箱，增幅超过 200%。

第四，外部环境趋于有利。与前两年相比，班列开行费用、城市补贴竞争、返程货源组织等难题已明显好转。一是班列开行费用逐年降低。目前，中欧班列全程运费在 6000 美元/标箱左右，已较开行之初下降 20% 以上。随着多国协议的签署，多次换轨换车、部分国家收费不规范等难题破解提速，班列开行费用有望迎来更大幅度的下降。二是与海运错位竞争的优势逐渐凸显。尽管中东欧班列在价格上要高于海运，但是在运输时间和准点率上远优于后者。特别是对于中东欧内陆城市，班列可以有效减少转运时间和费用等成本，市场竞争优势更加突出（见表 1）。三是城市补贴竞争趋于理性。国内中欧班列建设已经从各地政府无序建设的起步期，进入到国家总体布局、系统性设计运营网络的成熟期。在国家相关要求下，大多数城市已较大幅度下调班列补贴，城市间“揽货竞争”趋于理性，晚开行城市的财政压力大大减轻。此外，重庆、武汉、义乌等先发城市还向宁波抛来了“橄榄枝”，希望与宁波共建中欧班列、共享政策补贴，有助于宁波降低试错风险和补贴支出。如厦门，通过与成都的合作，将中欧班列财政补贴额控制在 2500 万元/年左右。四是返程物流组织逐渐破题。2017 年一季度，中欧班列回程班列 198 列，同比增长 187%，如“郑新欧”“义新欧”“长安号”“汉新欧”和“渝新欧”等班列的返程货物满载率均超过 90%。对于中东欧班列而言，沿线国家丰富的农副产品和工业制品都是返程班列的理想货源选择。

表 1　　宁波—中东欧两种运输方式的比较

<table>
<tr><th colspan="2"></th><th>时间</th><th>准点率</th><th>费用</th></tr>
<tr><td colspan="2">中东欧班列</td><td>11 天以内</td><td>接近 100%</td><td>目前 6000 美元/标箱左右，仍有下降空间</td></tr>
<tr><td rowspan="2">海运</td><td>海运</td><td>30～45 天</td><td>接近 100%</td><td>2000 美元/标箱左右</td></tr>
<tr><td>陆路转运</td><td>与距离相关</td><td>出港时间不稳定</td><td>陆路运输费用为国内的 2～3 倍</td></tr>
</table>

三、开行中东欧班列的若干建议

综上，宁波开行中东欧班列意义重大且恰逢其时。建议加紧研究谋划，争取国家支持推进城市合作，力争早日开行。

第一，争取国家部委的大力支持。主动对接国家推进“一带一路”建设工作领导小组办公室、发改委、商务部、交通部、铁总等国家部委和机构，力争三大突破。一是力争中东欧班列开行得到领导小组办公室、铁总的大力支持，特别是国内段30%的运价下浮。二是力争中东欧班列、中国—中东欧国家投资贸易博览会等得到国家发改委、商务部等的大力支持，成为国家重点项目，特别是博览会永久落户宁波和邀请国家领导人见证中东欧班列的开行。三是力争宁波成为国家确认的中国—中东欧国家合作中心城市，努力打造中欧班列、与中东欧四港的港口联盟、中国—中东欧国家投资贸易博览会和中东欧国别产业园四张“王牌”。

第二，实施以企业需求为核心的分步开行策略。第一步，开行中东欧班列，打通宁波至欧洲的陆路贸易通道。从当前货量看，宁波到大多数中东欧城市不具备直达条件。可通过与义乌、合肥、重庆等城市的合作，借力其相对成熟的组织模式和补贴政策，谋划低成本的“甬X新欧”，中停捷克、波兰等1~3座中东欧城市。第二步，围绕重点产业、重点企业和重点合作项目，与本土企业合建定制直达班列，争取“安智贸”项目支持。第三步，根据实际情况再决定是否开行固定班次的直达班列。

第三，实施以产业培育为导向的财政补贴策略。一是借鉴重庆对本地电脑企业参照海运价格进行专项补贴的有益做法，对重点产业进行重点补贴。二是以“做大货物，做强企业”为目标，对货物和综合运营商形成一套可持续发展的扶持补贴政策。三是更好发挥外贸扶持资金引导作用，对货代企业实施“以奖代补”的激励政策，扶持本地龙头货代企业培育总部经济和“走出去”。

第四，实施以战略合作为目标的城市开拓策略。一方面推进与班列开行地区的友好城市建设；另一方面，把班列建设与产业链深度合作、国别产业园建设、企业海外仓建设结合起来。建议按照宁波现有的国别贸易量、贸易结构和投资关系①，以捷克、波兰等国家和城市为重点，借鉴中马“两国双园”模式，推动本土龙头企业在捷克建设中国（宁波）产业园，创新两地园区间的合作机制。

---

① 2016年，宁波市对中东欧16国进出口23.65亿美元，其中，波兰、捷克两国占比49.6%。截至2017年4月，宁波市实际在中东欧16国投资（中方）15261万美元，其中，波兰、捷克两国占比90.8%。

宁波作为海丝古港“活化石”的六维形象总结

◎冯　路

2017 年 5 月 14 日，习近平主席在“一带一路”国际合作高峰论坛开幕式上发表主旨演讲时提到，宁波等古港是记载海上丝绸之路历史的“活化石”。笔者通过文献整理，从港航通道、商帮贡献、国际贸易、国际交往、文化起源、宗教传播等六个维度，尝试对宁波作为海丝古港“活化石”的历史遗存和现代文明进行“感官”总结。建议市里组织力量，进一步加强对宁波“一带一路”历史的研究，并筹建“中国海上丝绸之路博物馆”，以博物馆为中心来串珠成链、集线成面，充分展现宁波作为海丝古港“活化石”的厚重形象。

一、港航通道“活化石”

主题	载体	主要内涵
码头	三江口南岸和义路、江厦街一带	唐—清石码头遗址
	江北客运轮船码头	清码头遗址。1862 年，美商旗昌轮船公司开辟沪甬航线，其后又有 13 家轮船公司建立船码头，形成了 1 公里左右的港岸。1874 年，招商局又建造了靠泊能力约 1000 吨级的栈桥式铁木结构趸船码头，后又扩建为停靠 3000 吨级的码头
航道	（清）渔山灯塔（象山）	始建于 1895 年，是中国东南沿海重要的导航标志，时称“远东第一大灯塔”。现存灯塔为 1985 年利用原铸铁塔身重建
	（清）小白礁Ⅰ号	沉没于清道光年间，一方面，打捞起大量的文物物件，典型的如青瓷器、梅园石板（四明山石之一），以及西班牙银币以及日本、越南年号钱币等。另一方面，经多位国内权威古船研究专家分析，“小白礁Ⅰ号”沉船既具有水密隔舱、舷料捻缝、铁钉连接船板等典型的中国古代造船工艺特征，也保留了一些国外的造船传统，如以密集肋骨为横向支撑、双层结构的船壳板内夹植物纤维状防水层（国内首次发现）等，可以说是中外造船技术相互融合难得的实物例证，具有十分重要的历史、科学和研究价值
	（宋）压赛堰遗址	运河遗产，体现宁波江海之间的水上交换系统

续表

主题	载体	主要内涵
船和船厂	（宋）官办船厂遗址 （宋）渔捕码头遗址 战船街	宋代就在宁波设有规模庞大的官办船厂①（在今和义路与姚江之间的战船街上），造船数量多且能造巨型海船，北宋时期就建造了两艘"神舟"海船②。渔捕码头在宋明州城东北（渔捕）门外，战船街边，码头遗址西北标有"老船厂"，或即是宋代以来的造船厂③
	和义路唐代龙舟、海运码头北宋沉船、和义路南宋沉船、慈溪潮塘江元代沉船、象山涂茨明代沉船	唐代到明代期间，如蛋船、三不像船等特殊形制的运输船，多为宁波制造和出发，被统称为"宁波船"
海关	（宋）来远亭（江厦公园）	宋代贡舶务遗址。北宋淳化元年（990）于明州定海置贡舶务，不久迁明州府城。南宋光宗（1190～1194）、宁宗（1195～1200）时，撤杭、温、秀、江阴四务，只留庆元一处，作为对日本和高丽贸易的主要港口。旧时，一切外来舶货在来远亭经检核办理有关手续后，方可入市舶务门，然后再运至市舶务内的市舶库贮藏
	（明）四明驿（柳汀街陆殿桥堍，现为佛教居士林址）	明代市舶司遗址。明洪武三年（1370）设明州、泉州、广州市舶司。定明州主管对日勘合贸易。四明驿是日本勘合贸易船赴京进贡的起程站和其返国补充水源的基地
	（清）巡视海道署遗址	明嘉靖年间，因浙东发生"争贡之变"，闭关封海更严，市舶司的功能日渐衰退，清初改称市舶司为"巡视海道署"
	（清）浙海常关遗址碑	为清代浙海常关/旧关的纪念碑。清康熙二十四年（1685），清政府在广东、福建、浙江、江苏4个贸易口岸设置了4个海关，以管理来往商船，负责征收赋税。浙江海关，验关的关口就设在江东的包家道头（现江东北路的中国人民银行、金光中心等一带，因旧城改造拆除，庆安会馆有模型展出），史称浙海关，后来叫浙海常关，海关署则设在鼓楼边董庙西侧

① （宋）徐兢撰：《宣和奉使高丽图经》卷34"神舟"。

② 〔美〕马士著，张汇文等以译：《中华帝国对外关系史》第1卷，上海书店2000年版，第46页。另注：宋代出使国外使臣乘坐的大型坐船称为神舟，使团中随行官员的座船称为客舟。

③ 浙江宁波文物考古研究所："浙江宁波南宋渔捕码头遗址发掘简报"，载于《南方文物》，2013年第3期。

续表

主题	载体	主要内涵
海关	（清）定海城榷关遗址	为清代浙海常关分关遗址。康熙三十七年（1698），浙江海关监督张圣诏奏设海关衙署于定海。部议覆允，并得康熙批准。于是在定海设浙海常关分关，定海城内建榷关公署，定海道头西侧建一座西式的颇为壮观的西洋楼（俗称“红毛馆”）。乾隆二十二年（1757）废浙海常关定海分关和“红毛馆”
	（近代）浙海关（外滩保护区内）	1861 年正式设立税务司制的浙海关，由总税务司委任英国人费士兼任管理；旧浙海关改成常关，征收国内贸易税
海防	临山卫和观海卫、定海卫和宁波卫、昌国卫遗址	明洪武年间起建的三大防区
	招宝山和金鸡山海防遗址	一左一右拱卫甬江出海口

二、商帮贡献“活化石”

主题	载体	主要内涵
商业活动	庆安会馆	始建于 1850 年，是宁波舶商的精神领地，是宁波最早的商家会所、议事厅
	钱业会馆	始建于民国十四年，是昔日宁波金融业聚会、交易的场所
	钱业会馆、药行街、药行庙、丰纱厂小洋楼等	代表着宁波帮主要经营行业，如帆船运输业、洋铜贸易业、钱庄业和民信业、鱼盐南北货贸易业、药业、糖业、成衣业等
社会捐赠和人物纪念	东恩中学、东恩小学（旧址）	宁波帮典型代表王宽诚，首开新中国成立后“宁波帮”捐助宁波教育的先河
	普迪学校、抹云楼（慈城镇）	宁波帮典型代表秦润卿，捐赠助学和弘扬藏书文化
	宁波大学、包玉刚故居（镇海庄市）	宁波帮典型代表包玉刚，捐赠助学，帮助宁波航运业发展，为香港回归和稳定做出积极贡献
	邵逸夫图书馆	宁波帮典型代表邵逸夫。邵逸夫在宁波共捐赠了 4000 多万元，助建 20 多个教育项目，如逸夫中学、逸夫小学、宁波大学邵逸夫图书馆、邵逸夫教学楼、逸夫书院奖学金等
	慈溪龙山虞氏故居	虞洽卿是宁波帮的典型代表
	宁波帮博物馆	内有对宁波帮起于唐宋、承于明清、转于民国、合于当代发展史的详细阐释

三、国际贸易“活化石”

主题	载体	主要内涵
历史遗迹	永丰库遗址	是进出宁波港口的货仓和集散地，确认了宁波为我国元代第二大对外贸易港口城市的地位
	庆安会馆（甬东天后宫）、安澜会馆	清道光时期兴建，分别在国内经营北方贸易和南方贸易，是国内城市独有的南、北号两会馆并立格局
	上林湖越窑	见证瓷器贸易千年历史。“陶瓷之路”北达高丽，东至日本，南经广州，再通向菲律宾、马来西亚、印度尼西亚等国，或向西南至越南、泰国、缅甸，经孟加拉湾，到印度、巴基斯坦，最终抵达波斯湾和地中海沿岸伊朗、埃及等
	双屿港	16～18世纪，葡萄牙人在此设置居留地，开办医院、教堂。1540～1541年间的双屿港已非常繁荣，有1座市政厅、2家医院、千余幢私人住宅，常住居民3000人，葡萄牙人1200人，还有数以万计的往来商旅。该处于嘉靖二十七年（1948）被明军摧毁
非物质文化遗存	骨木镶嵌、晒盐技艺、十里红妆婚俗等	代表着传统手工行业，如漆器、木雕、镶嵌家具、金银首饰、成衣、锡箔、海盐海产品加工等

四、国际交往“活化石”

主题	载体	主要内涵
国家邦交	（宋）高丽使馆（月湖菊花洲上）	宋徽宗政和七年（1117），宋政府在明州设立高丽使馆。宋政府规定：凡中国之贾高丽，与日本诸番之至中国者，惟庆元得受而遣焉①。宁波与高丽友好关系从此从未中断，《宋史》《明史》、历代《宁波府志》《明州系年录》《高丽史》（郑麟趾）、《东坡集》《渑水燕谈录》（王辟之）、《敬止集》（陈应芳）等著作均有涉及

① （宋）胡榘修，方万里、罗濬纂：《宝庆四明志》卷6“郡志”。

续表

主题	载体	主要内涵
人文交流	（宋）石刻园、保国寺	宁波的石刻造像艺术和四明山的花岗岩体深刻影响日本、高丽等国。南宋时，宁波营造师陈和卿及石匠伊行末等 7 人用四明山石建造了日本奈良东大寺及寺内两件国宝级文物，高 14.2 米的十三重石塔和一对高 2.5 米的石狮子，现在它们已成为世界文化遗产。奈良东大寺工程结束后，在日本关东、箱根、镰仓一带还形成了著名的伊派石匠集团“大藏派石工”
	大岚茶事碑（余姚大岚镇姚江源头瀑布岭茶区）	唐宋时期，宁波涌现出余姚瀑布仙茗、宁波白茶、宁海茶山茶等好茶，种茶、制茶、喝茶文化和技艺伴随着佛教交流东传入日本、高丽等国。如日本佛教天台宗创始人最澄从宁波入关，回去后开创了日本种茶历史，也开始了日本饮茶；日本临济宗创始人荣西二次入宋，回国后著有《吃茶养生记》，被尊为日本茶祖；日本曹洞宗创始人道元按唐代《百丈清规》和宋代《禅院清规》，制订出《永平清规》，让饮茶成为僧人的日常行为
	（近代）外滩保护区	目前保存下来较完整的近代建筑有 180 多幢，包括英国领事馆旧址（建于 1842 年）、巡捕房旧址（建于 1864 年）、浙海关旧址（建于 1865 年）、天主教堂（建于 1872 年）、耶稣圣教堂（建于 1898 年）、宁波邮政局（建于 1927 年）、通商银行旧址（建于 1930 年），以及严氏山庄、朱宅、老商铺“宏昌源号”（20 世纪 30 年代）等民宅
	周宅（海曙府桥街）、石库门建筑群（江北新马路）	宁波成为通商口岸后出现的中西合璧近代洋风建筑，外墙用青砖（或抹灰）砌成，红砖作门、窗、屋角等轮廓线边饰，正立面罗马石柱和拱券，可谓近代洋风民居之最

五、文化起源“活化石”

主题	载体	主要内涵
文献名邦	天一阁、五桂楼、伏跗室	宁波历来为浙东名城，素有文献之邦的美称，文脉源远流长，人才辈出，藏书享誉海内外。如天一阁，创建于嘉靖四十年至四十五年（1561～1566）之间，距今四百五十载，是我国现存最为古老的藏书楼，也是世界上现存最古老的藏书楼之一

续表

主题	载体	主要内涵
文献名邦	宋刻《资治通鉴》、清刻《宁波府志》《枪法准绳》《监本五经四书》《姚江书院志略》《天童寺志》《明州阿育王山志》等	宋代以来，宁波一直是中国重要的印书中心。如姚黄纸印制的宋刻《资治通鉴》二百九十四卷，卷末有“绍兴二年七月初一日两浙东路提举茶盐司公使库余姚县刊版”字样。此外，书籍特别是佛教书籍，成为宁波口岸出口的重要大宗物件，对东亚文化圈的形成起到重要作用
阳明心学	（清重建）王阳明故居（余姚）	明朝成化八年（公元1472年），著名思想家王阳明就诞生于故居内的瑞云楼，并在此度过了童年和少年时代。阳明心学在东北亚和东南亚极具影响
浙东学派	（明末清初）白云庄（海曙），代表著作《明儒学案》和《宋元学案》	曾经是黄宗羲的“甬上证人书院”，曾一度文人聚集，繁盛一时。“浙东学派”另一主要人物万斯同也在这里居住过
	黄宗羲墓（余姚）、万斯同墓（奉化）、全祖望墓（海曙）	黄宗羲、万斯同、全祖望为浙东学派的重要代表。黄宗羲为浙东学派创始人；万斯同承前启后，继承师业；全祖望集其大成。此后，继之者有章学诚、邵晋涵、徐时栋等诸贤，秉持“实学实行”“经世致用”“经世济民”优良传统，使浙东实学薪传不绝
河姆渡文化①	中日血缘：河姆渡遗址 河姆渡博物馆	周南泉先生依据中日两国发现的玉玦对比研究，认为河姆渡至良渚文化之间，有一支“江南人”曾从海路迁移到了日本
	水稻种植：河姆渡遗址 河姆渡博物馆	游修龄先生认为，日本的水稻品种可能由中国的长江口传到日本。而王心喜先生更是进一步断言：“水稻只能从江南地区由海路输入日本，除此别无他路。”
	稻作文化：河姆渡遗址 河姆渡博物馆	有日本学者指出，日本民族由铁制、骑马和稻作三大集团构成，其中稻作集团就是来自中国浙东。河姆渡稻作文化往北越海传到了朝鲜半岛与日本，往南传到东南亚的泰国、越南、缅甸等地
	干栏式建筑：河姆渡遗址 河姆渡博物馆	据专家考证，作为人类建筑史上的破天荒创举，河姆渡干栏式建筑往后曾影响到东南亚、日本乃至南太平洋、澳洲等地

① 这部分资料源自宁波市文化保护管理所网站，链接：http：//www.nbwb.net/wbs/info.aspx？Id＝36530。

六、宗教传播“活化石”

主题	载体	主要内涵
佛教	天童寺、育王寺、道元禅师入宋纪念碑（三江口）	宁波是东北亚千年来佛教文化的交流中心。中国佛教的第二个鼎盛期，天台宗作为与华严、禅宗同起的中国化佛教的三大宗派之一，大盛于天台山。宁波是去天台求法的必经之路，尤其是日本、高丽僧人和遣唐使（实际上大多也是僧人）常常就从宁波登陆。宋代，天台宗十六祖后，天台宗中心从天台山转移到四明山，并创立四明宝云寺，以及形成“禅院五山”，宁波占天童、育王两山。日本禅宗三大宗派，其中临济、曹洞两宗的创始人荣西（1189）、道元（1225）都于宋代得法于天童寺。后有多为天童寺高僧到日本大本山永平寺担任主持，也有日僧入主天童寺
	普陀山	中国佛教名山之一，观世音道场。佛教东传，入日本。阳明心学的兴起，也与儒佛融合密切相关
	保国寺	我国与东北亚建筑技术交流交往的重要平台，以及推动宁波寺院建筑技术和石刻造像艺术移植日本
	其他佛教场所	如鄞州的七塔禅寺，奉化的雪窦寺、岳林寺，宁海的寿宁寺，余姚的龙泉寺，北仑的灵峰禅寺等
妈祖神	庆安会馆（甬东天后宫）	是中国唯一一个宫馆合一的场所。宋徽宗册封妈祖为全国保护神，主要是源于其听到了一支船队从镇海口到高丽的神奇经历
	其他妈祖庙	如慈溪观城的天妃宫、慈溪胜山的娘娘庙、象山东门岛的天后宫等
伊斯兰教	（宋）波斯巷（二百旁边）	北宋政府为波斯商人聚居地设置了一个“波斯馆”，波斯巷因此而得名
	（宋始建、清重建）清真寺（月湖西岸后营巷）	浙东地区唯一的清真寺。始建于宋咸平年鉴（998～1003），是来甬经商的波斯商人所建。现重建的清真寺也已有 300 余年历史
天主教、基督教等	（近现代）天主教堂、耶稣圣教堂	天主教约于 1533 年左右已经传入宁波，清康熙四十一年（1702），法兰西传教士郭中传在灵桥门内（药行街位置）建造第一座天主堂，几经波折，如今为重建建筑。此外，还有外滩保护区内的天主教堂（建于 1872 年）等。宁波的基督教也历史悠久，现存历史建筑有 1897 年建成的基督圣教堂（原址江东东郊路 50 号建堂，后拆迁至中山东路 577 号）、1898 年建成的耶稣圣教堂（外滩保护区）等。这些建筑具有重要的历史、文化、艺术价值
其他	（清）镇明岭庙（镇明路上）	清嘉庆二十五年（1820）建，祀六邑城隍之神。不少朝鲜半岛的新罗人集居在此一带

宁波加快推动城市开放创新的对策建议

◎ 王明荣

习近平总书记在“一带一路”国际合作高峰论坛开幕式上提出，“宁波等古港口是古丝绸之路的‘活化石’”。宁波城市文明在开放中不断发展，而创新则是当前的发展主旋律，当前及今后一段时期，对于宁波来说，贯彻落实五大发展理念，在“一带一路”布局中走出宁波印迹，关键在于把握宁波创新型和开放性城市本质，在深化对外开放中融入全球创新网络，推动城市在开放创新中走出宁波独特的道路，再塑城市发展新动力。

一、开放创新的基本内涵

对于一个城市来说，开放创新就是适应全球创新技术加快更新和创新资源加速流动的趋势，以更高水平和更深层次的对外开放实现融入全球创新网络，共享创新资源，提升创新能力，成为国际创新格局中的重要节点性城市。要准确理解开放创新的基本内涵，还需要注意把握开放创新与开放式创新、自主创新以及区域协同创新之间的区别与联系。

（一）开放创新与开放式创新

开放创新是指以对外开放实现的创新资源优化配置和创新能力的提升，其主体往往是一个城市、区域或国家，具有跨境性、全球性的属性。开放式创新则是一种创新模式，由于受到人才流动性增强、技术产品的周期变短、创新速度的要求提高等因素的影响，企业是将传统封闭式的创新模式开放，引入外部的创新能力，以更快的速度、更低的成本，获得更多的收益与更强的竞争力。开放式创新的主体一般是企业，目前开放式创新已经成为创新的重要模式。开放创新与开放式创新在强调利用外部创新资源方面具有相似性，但是实施的主体不同，两者的性质也有所不同。

（二）开放创新与自主创新

开放创新强调的利用国外的技术，实现全球创新体系的融入。自主创新则更加注重自身基础创新、源头创新，掌握核心技术。习近平总书记对开放创新与自主创新的关系有过精辟的论述，他指出“在全球化、信息化、网络化深入发展的条件下，创新要素更具有开放性、流动性，不能关起门来搞创新。要坚持‘引进来’和‘走出去’相结合，积极融入全球创新网络，全面提高我国科技创新的国际合作水平”。同时，“要搞清楚哪些是可以引进但必须安全可控的，哪些是可以引进消化吸收再创新的，哪些是可以同别人合作开发的，哪些是必须依靠自己的力量自主创新的”。要在自主创新中进一步开放，要在开放创新中实现更高层次的自主创新，这就是我们要准确把握的开放创新与自主创新之间的关系。

（三）开放创新与区域协同创新

开放创新与区域协同创新有重合也有联系，关键在于对开放创新的理解和把握，如果将开放创新理解为对内和对外的开放，那么城市与城市之间、区域之间的协同创新也属于开放创新，如宁波与上海、杭州之间的协同发展，环杭州湾的创新带建设等。但是我们的开放创新更加强调的是与国际创新网络的联系，是包含了对外开放的创新要求。同时，国内与国外城市之间的协同创新，如深圳与美国密歇根州的两地共同推动合作创新中心建设，就属于开放创新的范畴。

二、宁波推动开放创新的重要意义

（一）宁波加快提升创新能力的必然选择

创新已经成为城市发展的主要驱动力，上海、深圳、杭州等城市已经进入创新发展的新轨道，形成各具特色的创新路径。如上海致力于打造具有全球影响力的科技创新中心，成为基于开放和连通度的国际创新高地；深圳则大力培育创新驱动力，在创客培养、新型研发机构以及创新型产业集聚等方面走在了前列。宁波产业链很强，企业创新能力也很强，但大多数的创新属于产品创新、应用创新和工艺创新，源头创新较弱。推动开放创新，特别是在“中国制造2025”、智能经济发展等领域，瞄准前沿科技创新国家，引进吸收先进技术和创新要素，有助于与宁波本土的企业创新形成优势叠加，形成宁波特有的创新动力。

（二）宁波提升对外开放水平的必然选择

宁波一直以来都是开放型经济的典型城市，对外开放是宁波城市的主要特质。宁波拥有10个国家级开发区，梅山新区也在积极申报国家级新区。2016年宁波口岸进出口贸易额达到11666亿元，自营进出口总额达到6262亿元，自营进出口总额和出口总额多年稳居全国副省级城市前3位。但是，随着时代的发展，城市之间对外开放水平的比较已经不再局限于对外贸易，而是扩展到创新要素的集聚、城市国际影响力的提升等方面，如杭州在G20峰会后，以信息经济创新发展为核心，加快推动城市国际化，集聚高端创新要素资源、增强城市的综合竞争力。2017年1月出台的《国务院办公厅关于促进开发区改革和创新发展的若干意见》中也明确提出，开发区要成为制造业、高新技术产业和生产性服务业的集聚发展平台，成为实施制造强国战略和创新驱动发展战略的重要载体，开放创新成为开发区新的重要使命。宁波要在推动对外开放中着力突出创新的要求，推动宁波从对外传统“贸易窗口”向“技术窗口”转变。

（三）宁波塑造独特发展优势的必然选择

宁波当前正处于特殊的历史机遇期，宁波的方位和坐标已经明确，方向和路径也已经清晰，就是要打造国际港口名城和东方文明之都，早日跻身全国大城市第一方队。当前的关键是要将开放创新作为今后宁波发展的核心动力，塑造新的发展优势。在应对周边特大城市、省会城市对宁波创新资源产生的虹吸效应方面，宁波必须坚持错位竞争、开放创新的发展思路，不能仅仅依靠大城市的溢出效应、协同发展，否则永远只能处于追赶的位置。要放眼全球，积极融入全球创新网络，尤其是在国家自主创新示范区、国家自由贸易试验区、国家级新区等重大政策体制创新试验区的争取建设中，更加突出开放创新的主题主线，成为宁波新的城市特质。

三、宁波加快推动开放创新的对策建议

宁波要确立开放创新的发展主线，实现创新与开放的螺旋式融合递进，关键是要实质推动开放创新的政策试点、平台建设、体制机制改革以及服务保障能力，成为全国开放创新的引领性城市。

（一）加快构筑开放创新的政策优势

一是要积极申报国家开放创新综合试验试点。有两条路径可供选择，一种是借鉴苏州工业园区模式，支持梅山新区或杭州湾新区申报国家开放创新综合试验区，打造开放创新的试验试点区域，提升开放创新能级，推动开发区的转型升级，并带动宁波市域整体的开放创新。另一种是依托宁波与中东欧的经贸合作优势，在争取投资贸易综合试点的基础上，叠加强化开放创新方面的试点，争取宁波与中东欧在技术研发、成果转化、高端人才流动、双向技术投资等领域的试点政策，提升宁波的开放创新能级和水平。

二是要强化宁波国际化教育的政策优势。深化宁波国家教育国际交流与合作综合改革试验区建设，加快推进教育国际化进程，依托中外合作大学、特色学院集聚全球创新资源要素。争取在来甬留学生创新创业、本土科研和人才国际化、共同建设国际合作研发机构，举办中外合作经营性教育培训机构，以及中外合作经营性职业技能培训机构等方面争取更大政策试点。积极推动职业教育对外开放，突出发展德国“双元制”职业教育体系，办好“中德合作班”，打造产业研发中心、产业链、

职业技能人才集聚的德国制造业创新模式，促进德国工业 4.0 与中国制造 2025 深度融合。

（二）加快构筑开放创新的平台载体优势

一是要创新推进建设中外合作产业园区。中外合作产业园是开放创新的重要承载平台，宁波已经建设了诺丁汉中英科技创新园、鄞州中德工业园、余姚中意宁波产业园等一批合作园区，对于尚未建设中外合作园的区县（市）要积极探索建设中外合作创新创业园区，将创新孵化平台与工业园区建设同步推进，支持企业主导型合作园区建设，提升园区企业技术准入门槛，注重对国外科技成长型中小企业和外资研发中心的引进。支持民间资本借助 PPP 模式以租用、独立运行、自建等方式建设境外科技园区。

二是要建设海外人才离岸创业创新基地。上海、深圳、武汉等城市都在积极推进海外人才离岸创业创新基地建设，作为深化开放创新的重要举措。宁波要积极争取获批海外人才离岸创业创新基地，打造成为具有引才引智、创业孵化、专业服务等功能的国际化综合性平台，在基地内探索实施有助于海外人才创业创新的试点政策，如在基地内可实行住所、经营场所分离登记，试行企业集群注册登记制度，外籍海外人才企业工商登记注册享受准入前“国民待遇”，实行负面清单管理模式，依托离岸基地探索全程电子化网上登记注册等。

三是要加快推动国际化众创空间建设。重点引导和鼓励集聚国际创新创业资源，开展国际创新创业服务，促进国际创业孵化合作交流，支持国际创新创业“引进来”、国内创新创业“走出去”，大力吸引微软、德勤等国际著名众创空间来宁波设立孵化器，积极鼓励众创空间和小微企业走出去，去海外创业、孵化。支持宁波诺丁汉大学设立国际化众创空间，加大对宁波企业参与建设国际化众创空间的资助扶持力度，同时对国际化众创空间在新增国际项目总量、占比量，孵化创业案例，国际化特色活动等方面开展考核，提升国际化众创空间建设的实效。

（三）加快构筑开放创新的体制机制优势

一是要推动海内外人才流动的体制创新。加快提升宁波人才开放力度，以高端创新人才的顺畅流动为突破口，提升海内外创新资源的集聚度。加快编制完善外国人来甬工作目录以及计点积分方案，为外国人才来甬提供便利，积极推动宁波成为外国专家过境 144 小时免签试点城市，以海外工程师、外专千人等集中来源国家为重点，成为 144 小时免签试点城市，实现宁波与上海、杭州口岸过境免签政策联动。争取授权宁波开展外国人来华绿卡审批，推动设立外国人永久居留服务窗口，便利审批程序、缩短审批期限。

二是要推动资金跨境流动的体制创新。资金跨境流动是实现开放创新重要保障，争取更多涉外金融改革在宁波先行先试。争取跨境人民币创新业务，如个人经常项下跨境人民币结算业务、股权投资基金人民币对外投资业务等。开展科技企业境外人民币借款和发行人民币债券试点，探索试点企业外债“比例自律管理”、跨国公司外汇资金集中运营管理，积极争取海外高层次人才创办科技型企业外汇管理制度创新试点，允许企业资本金一次性结汇，设立专门监管账户，保证企业的结汇资金用于生产经营。

三是要推动国际科研成果的转移转化体制创新。在宁波建设国家科技成果转移转化示范区中突出开放创新的要求，积极争取在国际高端科研成果的转移转化利用方面的政策突破。如允许符合条件的外资研发机构参与承担市科技计划项目，开展高附加值原创性研发和成果转化活动，大力引入一批国际技术转移组织和国际技术转移注册经理师，积极加入国际技术转移协作网络。

（四）加快构筑开放创新的服务保障优势

一是要构筑有利于开放创新的法治环境。从相关地区的开放创新实践来看，公开透明的政府环境以及健全完善的知识产权保护体系，对于全球创新要素资源集聚具有强大的吸引力。要加快营造国际化法治环境，在国际先进技术成果转移转化过程中注重保护核心技术，完善涉外知识产权保护体系，争取区域性知识产权纠纷处理中心和快速反应中心在宁波落地，为开放创新强化法治保障。

二是要构筑有利于开放创新的文化环境。突出东方文明之都的包容创新内涵，鼓励各类创新文化在宁波的融合共生，弘扬宁波的创新、开放的城市精神。依托国际港口文化节、中东欧博览会、人才科技周以及甬港合作论坛等活动平台，提升城市国际影响力。有针对性地鼓励宁波企业通过国际友城渠道配置海外创新资源，将国际友城的友好优势变成发展优势、创新优势。

三是要构筑有利于开放创新的公共服务环境。以开放创新推动城市治理体系和治理能力现代化，构建符合国际惯例和促进商业文明城市制度体系。探索与国际接轨的医疗制度，建立海外医疗保险结算平台，加强对国际社保制度的研究，推动建立与国际接轨、国家间互认的养老社保体系，探索补充养老金制度。加快国际学校建设，为海外创新人才子女提供优质教育资源。

国内自贸区主要创新举措及宁波加快复制借鉴的工作建议

◎ 课题组

复制和推广自贸区改革试点经验，既是国务院的明确要求和自贸区的价值所在，也是宁波扩大改革开放，打造“一带一路”和长江经济带战略支点，建设亚太开放门户的重要路径。2015 年宁波出台了对接上海自贸区的工作方案，先后复制了多项自贸区改革创新举措。近期，随着“1 +3 +7”自贸区体系的建立，在国务院已经向全国推广两批 54 项改革试点经验的基础上，各自贸区又探索形成了一些新的成熟经验，有的已经在自贸区所在省内推广。为有效借鉴先进经验，宁波市政府发展研究中心组织人员对国内自贸区改革创新的政策举措进行了初步梳理，提出了下一步复制自贸区经验的工作建议。

一、国内自贸区改革创新的主要政策举措

2013 年、2015 年和 2017 年，国务院分三批批准设立了上海等 11 个自由贸易试验区，形成了“1 +3 +7”自贸区体系。各自贸区成立以来，坚持先行先试，探索实施了一批改革创新举措。除了已经在全国复制推广的改革试点经验外，我们重点梳理了上海、广东、福建、天津等“1 +3”自贸区在各自省内已经复制推广以及近期实施的一些创新举措。根据可复制、可推广的程度，这些政策举措可大体分为四类。

（一）已经在全国复制推广的创新举措

按照“成熟一批，推广一批”的原则，国务院于 2014 年和 2016 年发布了《国务院关于推广中国（上海）自由贸易试验区可复制改革试点经验的通知》（国发〔2014〕65 号）和《国务院关于做好自由贸易试验区新一批改革试点经验复制推广工作的通知》（国发〔2016〕63 号），分两批向全国推广了 54 项成熟经验做法（表 1）。

表 1　已经向全国复制推广的自贸区创新举措

序号	改革事项	负责部门	推广范围	时限
1	外商投资广告企业项目备案制	工商总局	全国	2015 年 6 月 30 日前
2	涉税事项网上审批备案	税务总局		
3	税务登记号码网上自动赋码			
4	网上自主办税			
5	纳税信用管理的网上信用评级			
6	组织机构代码实时赋码	质检总局		
7	企业标准备案管理制度创新			
8	取消生产许可证委托加工备案			
9	全球维修产业检验检疫监管			
10	中转货物产地来源证管理			
11	检验检疫通关无纸化			
12	第三方检验结果采信			
13	出入境生物材料制品风险管理			
14	个人其他经常项下人民币结算业务	人民银行		
15	外商投资企业外汇资本金意愿结汇	外汇局		
16	银行办理大宗商品衍生品柜台交易涉及的结售汇业务			
17	直接投资项下外汇登记及变更登记下放银行办理			
18	允许融资租赁公司兼营与主营业务有关的商业保理业务	商务部		
19	允许设立外商投资资信调查公司			
20	允许设立股份制外资投资性公司			
21	融资租赁公司设立子公司不设最低注册资本限制			
22	允许内外资企业从事游戏游艺设备生产和销售，经文化部门内容审核后面向国内市场销售	文化部		
23	从投资者条件、企业设立程序、业务规则、监督管理、违规处罚等方面明确扩大开放行业具体监管要求，完善专业监管制度	各行业监管部门	在全国借鉴推广	结合扩大开放情况

续表

序号	改革事项	负责部门	推广范围	时限
24	期货保税交割海关监管制度	海关总署	海关特殊监管区域	2015 年 6 月 30 日前
25	境内外维修海关监管制度			
26	融资租赁海关监管制度			
27	进口货物预检验	质检总局		
28	分线监督管理制度			
29	动植物及其产品检疫审批负面清单管理			
30	企业设立实行“单一窗口”	各省（区、市）人民政府	在全国借鉴推广	2～3 年内（2015 年起）
31	社会信用体系			
32	信息共享和综合执法制度			
33	企业年度报告公示和经营异常名录制度			
34	社会力量参与市场监督制度			
35	完善专业监管制度			结合扩大开放情况
36	负面清单以外领域外商投资企业设立及变更审批改革	商务部	全国	2016 年 11 月 30 日前
37	依托电子口岸公共平台建设国际贸易单一窗口，推进单一窗口免费申报机制	海关总署		
38	国际海关经认证的经营者（AEO）互认制度			
39	出境加工监管			
40	企业协调员制度			
41	引入中介机构开展保税核查、核销和企业稽查			
42	海关企业进出口信用信息公示制度			
43	税控发票领用网上申请	税务总局		
44	企业简易注销	工商总局		
45	原产地签证管理改革创新	质检总局 海关总署		
46	国际航行船舶检疫监管新模式	质检总局		
47	免除低风险动植物检疫证书清单制度			

续表

序号	改革事项	负责部门	推广范围	时限
48	入境维修产品监管新模式	商务部 海关总署 质检总局 环境保护部	全国海关特殊监管区域	2016 年 11 月 30 日前
49	一次备案，多次使用	海关总署		
50	委内加工监管			
51	仓储货物按状态分类监管			
52	大宗商品现货保税交易			
53	保税展示交易货物分线监管、预检验和登记核销管理模式	质检总局		
54	海关特殊监管区域间保税货物流转监管模式	海关总署	实行通关一体化的海关特殊监管区域	

（二）尚未全国推广但可直接复制的创新举措

约有 15 项，主要是各自贸区近期实施的、不涉及国家层面法律法规调整突破和无需各部委批准的创新做法（表 2）。这些举措虽然尚未在全国推广，但进行复制不存在制度性障碍，并且大多已在自贸区所在省内进行推广。此外，宁波获批保险创新综合试验区后，保监会已经明确，自贸区保险领域的所有改革试点均可以复制。

表 2　　可直接复制的自贸区创新举措

改革领域	改革事项	主要内容	复制范围
推动投资开放	1. 优化新经济的行业分类和经营范围登记	在全国首创推出《上海新兴行业分类和经营范围指导目录》，及时梳理《国民经济行业分类》中没有包含的新兴行业经营范围表述和行业分类，统一新兴行业企业登记标准，解决人工智能科技、标准化服务、大数据服务等新兴行业的“身份认证”问题；按照“非禁即入”的原则，优化经营范围登记	上海
	2. 扩大外籍人员子女学校的设立区域和招生范围	将招生范围扩大至在广东工作的海外华侨和归国留学人才的子女	广东

续表

改革领域	改革事项	主要内容	复制范围
加快贸易便利	3. 互联网 + 易通关	依托互联网技术，将原来需要企业到海关现场办理的通关事项逐步迁到“线上”，实现报关、归类审价、查验、缴税、企业备案、行政审批、加工贸易、邮递物品、制卡等 9 大业务在线办理，打造“线上海关”	广东
	4. 加工贸易行业分类监管	创新完善海关加工贸易业务管理模式，以企业、行业作为管理单元，区分行业特点、商品属性、各监管环节要求，实施有针对性的、与企业实际相符的、差别化的管理	
	5. “一二三四”跨境电子商务检验检疫监管体系	即“一个业务监管平台：智检口岸平台；两个集中：集中申报 + 集中检验；三个清单：负面清单、高风险清单、一般风险清单；四项措施：事前备案、事中监测、事后追溯、第三方采信”，实现了跨境电子商务监管和全球质量溯源	
	6. 国际航行船舶卫生检疫 5S 智能监管体系	依托 AIS（船舶自动识别系统）、VS（视频监控系统）、OS（船舶检疫监管系统）、MS（移动监管系统）、STM（智能体温监测）五位一体的船舶检疫监管系统，实现智能监管	
	7. 旅客携带物“人—机—犬—仪”四位一体查验新模式	以检疫官为主，以 X 光机、检疫犬和携带物红外热成像探测仪为辅，通过人查、机扫、犬嗅、仪探相配合，提高水果、肉制品、种子种苗、冻品等违禁物品查获率，实现通关效率和旅客舒适度双提升	
	8. 已放行出口货物“先装船后改配”	对海关已经放行的出口货物，在船代企业非工作时间段无法及时发送改船报文的情况下，可通过码头的信息管理系统实施“先装船后改配”业务模式，由码头根据物流实际情况先予装船，第二天船代企业在工作时间补发改船报文，海关对应办理相关手续，实现码头出口已放行货物可实施全天候 24 小时改装船作业	
	9. “先进区、后报关”模式	境外货物入自贸区环节，试点企业可以凭进境货物的舱单等信息先向海关简要申报，并办理口岸提货和货物进区手续，再在规定时限内向海关办理进境货物正式申报手续的作业模式	福建
	10. 进口废物原料并批检测模式	检验检疫部门在确保抽样代表性和实验数据完整性的前提下，对进口废 PET 饮料瓶（砖）实施“多批次样品合成 1 批次样品”进行检测	
	11. 船舶进口岸和船载危险品同步申报、同步审批	海事部门将原需先后提交的国际航行船舶进口岸、船载危险品入境申请，改为“一次同步申报，一岗并联审批”	
	12. 成立张江跨境科创中心	张江企业货物到达空港后可经快速通道，直接监管运输至张江跨境科创中心进行分拨理货，企业可在张江跨境科创中心内一站式完成各类通关手续，以满足生物医药、集成电路类进口货物以及企业研发用材料对通关时限、货物查验、存放条件的特殊要求，搭建跨境研发的“绿色通道”	

续表

改革领域	改革事项	主要内容	复制范围
深化金融创新	13. 保险市场准入备案机制	航运保险营运中心、再保险公司等保险机构设立分支机构的管理由审批改为备案，保险支公司高管人员任职资格管理由审批改为备案	
	14. 保险业务创新	推动保险资金跨境双向投融资试点，支持保险资金参与各类国际交易市场，以保单质押贷款债权作为基础资产创新开展证券化业务；推出科技保险（首台（套）保险、关键研发设备保险、创业保障保险）、知识产权保险（知识产权运营保险、全球知识产权复合险）、跨境电商保险、文化演艺保险等新型产品服务；推动与香港、澳门和台湾地区的保险产品互认、资金互通、市场互联、人才互动；开展跨境人民币再保险和全球保单分入业务	
改善监管服务	15. 三全工程	①企业市场准入“全网通办”。为企业提供政府审批服务“网上全程一次办成、网上申报只跑一次”。②个人社区事务“全区通办”。170 项个人社区事务，全面实现从户籍地办理模式向就近办理的“全区通办”模式转变。③政府政务信息“全域共享”。政务信息“跨领域、跨层级、跨部门”的“全域共享”	上海

备注：*需省级教育行政部门审批或者调整省级层面的法律法规。

（三）尚未全国推广但可努力争取试点的自贸区创新举措

约有 7 项，主要是各自贸区近期实施的、需经国家部委批准的试点性创新举措（表 3）。

表 3　可努力争取相关试点的自贸区创新举措

改革领域	改革事项	主要内容	试点地区
推动投资开放	1. 外籍人才申请永久居留	根据公安部支持上海科创中心建设出入境政策“新十条”，对符合认定标准的外籍高层次人才，经上海张江国家自主创新示范区或上海自贸试验区管委会推荐，可直接申请在华永久居留	上海
	2. 中英航运人才“双认证”试点	交通运输部职业资格中心与全球唯一被认可的航运职业标准机构——英国皇家特许船舶经纪学会在上海自贸区开展联合认定的高端航运人才培训“双认证”模式	
加快贸易便利	3. “进口食品检验前置”监管模式	进口商可以在产品装运前自愿委托境外有资质的检验机构，按照我国食品安全标准要求对拟出口到我国的食品进行检测。货物到港后，进口商向驻自贸区检验检疫机构提交境外检验机构出具的检测报告，经审核和查验符合要求的实施快速验放	广东
	4. 进口非特殊用途化妆品备案管理	2017 年 1 月中旬，国家食药监总局、质检总局联合发布公告，2017 年 3 月 1 日起至 2018 年 12 月 21 日，凡从上海市浦东新区口岸进口，且境内责任人注册地在上海浦东新区的首次进口非特殊用途化妆品，由现行审批管理调整为备案管理	上海

续表

改革领域	改革事项	主要内容	试点地区
加快贸易便利	5. 动植物进出口许可就近审批	国家林业局、国家濒管办先后在 2014 年 5 月、2015 年 6 月下发公告，上海自贸区注册企业进口相关陆生野生动物或其产品，以及出口相关动物活体及其产品，都由上海林业部门代为实施许可	上海
深化金融创新	6. 银行机构和高管准入简化	在沪中资商业银行、外资法人银行和外国银行分行在自贸区内新设、变更、终止分行及以下（不含分行）分支机构的，实行事后报告制。银行机构高管人员在同质同类银行间调动的，实行事后报告制；在非同质同类银行机构间调动的，取消任职资格考试	“1 + 3” 自贸区
改善监管服务	7. 工业产品生产许可证“一企一证”	2017 年 2 月，国家质检总局批复同意在上海自贸区推行工业产品生产许可省级发证“一企一证”制度，探索取消企业审查中产品检验环节，推进获证企业到期延续直接发证等改革试点工作	上海

（四）尚未全国推广但需要密切关注的创新举措

主要有两类 12 项：一类是各自贸区近期实施的、涉及国家层面法律法规调整突破的，另一类是各自贸区下一步即将实施的举措（表 4）。这些创新举措目前尚不具备复制条件，但却代表了相关领域改革趋势方向，并且在试点成熟后即有望全国推广。例如，2017 年 6 月 5 日，国务院下发了《自由贸易试验区外商投资准入特别管理措施（负面清单）（2017 年版）》，减少了 10 个条目、27 项管理措施；又如，上海自贸区根据国务院 2017 年 3 月 30 日下发的《全面深化中国（上海）自由贸易试验区改革开放方案》，确定了 98 项细化改革任务，其中，2017 年将重点推进“证照分离”改革试点、高标准建设国际贸易“单一窗口”、制定上海自由贸易港区建设方案、完善自由贸易账户服务功能、创新服务“一带一路”建设的桥头堡推进机制等 24 项工作。

表 4　需要密切关注的自贸区创新举措

改革领域	改革事项	主要内容	备注
推动投资开放	1. 允许独资举办非学历中等和高等职业技能培训机构		涉及国家层面法律法规调整
	2. 国际船舶登记外方出资额不受限制	据最新发布的船舶登记办法，船舶在自由贸易试验区进行国际登记不受“中方投资人出资额不得低于百分之五十”的股比限制。此外，交通运输部已经发布规定，允许外国验船公司经认可，在逐步开放的范围内对自由贸易区登记的中国籍国际航行船舶实施入级检验	

续表

改革领域	改革事项	主要内容	备注
推动投资开放	3. 深入开展市场准入负面清单制度试点	落实《自由贸易试验区外商投资准入特别管理措施（负面清单）（2017 年版）》	涉及国家层面法律法规调整
		制定《〈市场准入负面清单草案（试点版）〉涉及的区级行政审批事项目录》，并根据行政审批改革情况进行动态调整；探索市场准入负面清单管理下市场主体经营范围改革，实行法人资格与经营资格分离改革	
	4. 全面推进“证照分离”改革试点	扩大改革覆盖面，尽可能把经济领域的市场准入审批事项以及其他非市场准入领域的审批事项一并纳入改革范畴；优化改革方式，从原来的五种方式（取消、备案、告知承诺、提高透明度、强化准入），根据企业的需求和感受度，转为取消、备案、告知承诺三种方式	
	5. 制定上海自由贸易港区建设方案		
加快贸易便利	6. 高标准建设国际贸易“单一窗口”	全面覆盖口岸业务功能。将跨境电商公共服务平台与单一窗口平台贯通，全面纳入各类口岸与贸易的许可和资质证明手续办理；全面实现监管信息共享和促进实现“三互”（“信息互换、监管互认、执法互助”），推进“一站式”作业和报关报检“并联”作业，实现企业法人与信用、入境人员旅客、船舶与航空器实际抵离港动态以及相关执法结果等信息共享，推进各类货物申报信息、特殊区域货物调拨等信息共享，实现进出口商品质量安全信息可追溯	上海自贸区部分领域下一步改革重点
		推进区域单一窗口建设。推进与其他省市单一窗口的互联互通，推进口岸与属地之间申报、通关环节的信息协同；推进与区域性港航物流平台对接，对接长江流域船舶动态信息和主要港口作业信息平台、对接铁路货物载运信息平台、对接空港“卡车航班”载运信息平台，推动各式运输载货清单（舱单）信息和运输工具动态信息交换共享；推进与国际上的单一窗口互联互通，推动企业商务、物流领域应用，以及船舶电子离港证、舱单、原产地证、AEO 认证等试点项目的国际合作，建立与亚太示范电子口岸网络建设相互协同和相互融合的推进机制，推进与“一带一路”沿线以及世界主要贸易伙伴国家之间的信息互换与服务共享	
		进一步优化扩展口岸服务功能。建立“通关＋物流”货物跟踪查询应用，对接港区物流动态查询平台、空运物流监管信息系统和查验辅助系统，将物流状态信息反馈到单一窗口。扩展支付、融资等功能应用，对接口岸税费支付系统，以及口岸相关商业收费系统，在单一窗口建立收费账单，并能够直接办理支付和查询；推动服务贸易相关的外汇结算、出口退税等业务办理；推动口岸与贸易领域的担保、抵押、保险等有关业务办理，支持商业银行等金融机构开展基于货物流、信息流、资金流等相匹配的金融服务模式创新与新型业务拓展。推动企业身份统一认证；提高供应链各参与方系统间的互操作性，将单一窗口集成的数据全面关联到企业申报应用；实现空运监管业务在一个平台进行数据处理和交换	

续表

改革领域	改革事项	主要内容	备注
加快贸易便利	7. 提高通关效率	优化通关流程。借助单一窗口建设，推进口岸管理部门加强“三互”，优化进口、出口和中转的通关流程，将传统的“线下”和“串联式”通关流程变为“线上”和“并联式”	上海自贸区部分领域下一步改革重点
		公布放行时间。参考世界海关组织等机构的定义和方法，探索计算和公布货物平均放行时间，通过单一窗口深化上海口岸放行时间数据采集工作，为企业提供可预期公开透明的通关环境	
		推进全程无纸化。在部分通关环节无纸化基础上，推进口岸通关和物流作业全程无纸化。加快推进实施原产地预裁定制度、原产地自主声明制度等	
	8. 深化货物状态分类监管制度	探索将货物状态分类监管试点从仓储企业、一般贸易企业扩大到生产加工企业	
深化金融创新	9. 深化金融监管创新	重点探索研究金融监管体制和制度创新，加快建立金融创新和综合监管服务平台，加强跨部门、跨行业、跨市场金融业务监管协调和信息共享	
	10. 发挥科技金融的助力作用	用好现有 FT 账户、人民币资金池、外汇集中运营管理等金融创新试点，加强投贷联动试点、科技创新板建设，推动金融创新服务科创企业全生命周期发展	
	11. 发展离岸保险业务	出台离岸保险税收及支持政策，鼓励离岸保险制度落地实施	
改善监管服务	12. 提升境外投资服务联盟平台功能	推动国内制造业与境外融资租赁相结合	

二、加快复制自贸区改革创新举措的工作建议

一是高度重视，加快部署复制任务。深刻认识复制自贸区创新经验的重要性和紧迫性，将其作为“大脚板走一线、小分队破难题”的关键性任务来抓，统筹谋划、全面推进。学习对象上，根据自贸区发展形势，把“专注学上海自贸区”拓展成为“紧盯‘1+3’自贸区、紧跟浙江自贸区、密切关注辽宁、湖北、重庆等其他自贸区”。方法路径上，强调“主动对接、率先复制、创新借鉴”。主动对接是前提，要找准定位，主动作为，积极挖掘与各自贸区合作潜力、拓展合作领域、创新合作模式，最大限度承接自贸区溢出效应，最大限度实现借力发展。率先复制是保障，要紧密跟踪和准确把握改革趋势，主动创造条件，先人一步复制自贸区改革创

新做法，最大限度减少政策制度落差，最大限度掌握发展先机。创新借鉴是关键，要立足宁波实际，在复制的基础上大胆自主创新，最大限度发挥地方特色优势，最大限度争取国家有力支持。

二是完善机制，强化工作责任落实。在2015年制定的《宁波市对接上海自由贸易试验区工作方案》基础上，进一步优化领导体制，充实领导小组队伍和5个专业工作组力量，并建立顾问团制度，邀请国家部委、自贸区、高校和科研机构相关专家加入；探索建立定期考核和动态评估机制，对各地、各部门复制对接自贸区情况进行督查指导和评估考核，进一步明确责任、强化落实；建立内外合作交流机制，对外要与各自贸区建立相对固定的沟通交流机制，第一时间掌握各自贸区改革创新举措和动向；对内要建立展示各部门、各区县对接工作成效的内参交流机制，加强经验交流与推广。

三是认真研判，分类复制有益做法。自贸区的创新是个持续增量过程，且不同的创新举措依赖不同的前置条件和市场支撑，因此，复制借鉴工作要注重策略，认真研判、因地制宜、分类复制。对于第一类自贸区创新举措，要加强督查，全面抓好落实。对于第二类自贸区创新举措，可结合改革开放实际需要，予以直接复制或者创新借鉴。对于第三类创新举措，要主动做好对接，依托现有的国家级改革试点载体，积极争取率先进行复制。如，依托本市创建“一带一路”综试区，积极争取复制自贸区人员出入境便利化措施；依托“宁波跨境电子商务综合试验区”“中国—中东欧贸易便利化国检试验区”建设，争取复制自贸区贸易便利化措施，等等。对于第四类自贸区创新举措，要持续关注、认真研判、加快跟进，力争在部分领域实现“弯道超车”。

课题组成员 邱金岳 何兴法 吴红艳 冯 路

实体经济

重塑甬商精神：奏响创新引领最强音

◎ 傅叶挺　张　华

甬商是展示宁波地域发展文明特色的标志性群体，是实践宁波改革开放跨越发展的主力军。在实施“名城名都”战略的新征程中，重塑甬商精神，焕发创新活力，再造甬商价值，使其在创新经济发展、创造社会财富、提升文化层次、优化地方治理等方面，发挥更加全面的主体活力作用，具有十分重要的意义。就此，宁波市政府发展研究中心组织了专家座谈会，大家一致认为，应以重塑甬商精神为抓手，利用好甬商精神这个宝贵财富，加快创新引领新动能快速成长。现将专家主要观点整理摘编如下，供决策参考。

一、提升新价值

甬商是经济创新发展的灵魂，是推动社会进步的重要力量，也是延续文化文明的传承者。邱金岳（宁波市政府发展研究中心原副主任）认为，新时代甬商精神的核心是以创新的方式驱动经济社会的发展，并将这种精神应用到社会治理、文化发展等各个领域，建设企业家社会，促进经济社会的持续发展。宁波浓厚的商业文明和强烈的经商意识，铸就了改革开放以来宁波民营经济的蓬勃发展。但是，在新经济条件下，宁波企业家重制度创新轻科技创新、重创造性模仿轻原始创新、重商业模式创新轻产品创新等问题，已成为不少高成长企业难以突破科技创新，打破传统经营逻辑的障碍。他建议，当前应把握“两个力”重塑甬商精神内涵，助推企业家社会的形成。

一是注入一脉甬商文化源头的新活力。新经济条件下，甬商精神迫切需要重新找到自身的文化源头，适应新时代的要求。王阳明及其心学讲究个体方法论，强调个人价值、激发个性，形成了以人为本的价值观念及伦理体系，是创新创业及新经济的精神源头。甬商传承和发扬这种无中生有、有破有立、心动即行的创新精神，必将顺应新经济的发展逻辑及要求。

二是发挥一股政府科学决策机制中的影响力。政府应积极引导企业家组织成立企业家智库，将企业家智库纳入政府科学决策机制中，建立充分发挥企业家智库作用的工作制度。出台相关制度化文件，为企业家智库开展工作、参与决策咨询提供保障。

二、打造新主体

改革开放释放了企业家的套利①空间，使得资源配置效率逐步提高，从而推动经济的高速增长。目前，中国经济的套利空间越来越小，仅靠套利活动驱动的资源配置效率的改进，已无法维持经济的高速增长。未来经济的持续增长主要依靠企业家的创新，而创新的希望，正在那些没有套利经历的新生代企业家身上。朱建安（浙江大学家族企业研究所副所长）认为，政府更应该关注甬商精神的升级，从套利经济转型到熊彼特的创新经济；重塑甬商精神的主体在于新生代企业家；要警惕“子承父业”企业家的代际能力递减现象。为此，他着重建议：明确新生代企业家为重塑甬商精神的主力军。宁波经济的未来离不开新生代企业家的担当，新生代企业家成为“创新一代”是转型发展与创新发展的关键。新生代出资人协会、新生代联谊会、青年商会等组织应当强化经济“俱乐部”功能，同时，积极打造新生代企业家合作新平台，服务新生代企业家快速成长，并加强新生代企业家与政府的良性互动。

三、培育新群体

企业家是创新的组织者，是创新要素资源的配置者，是人才经济②中的决定性力量。王明荣（宁波市人民政府发展研究中心人才所副所长）认为，要高度重视企业家精神在创新发展中的重要作用。习近平总书记在第七次、第十一次中央财经领导小组会议上两次强调，要发挥企业家在推动经济发展中的重要作用。要推动企业家积极投身创新事业，依法保护企业家的财产权和创新收益，消除他们的后顾之忧，激发他们的创新激情；发挥企业家精神在商业模式创新、市场创新和管理创新中的关键作用；营造有利于企业家精神迸发的市场环境。青年创客人才是重塑甬商精神的新生力量，是新一代企业家的重要来源，为此，他建议：大力培养具有企业家精神的青年创客人才。宁波打造智能经济发展示范区，已经集聚了数千名具有创新创业意识的青年创客人才。大力培养具有企业家精神的青年创客人才，关键是构建“产教结合、校企合作、协同育人”的创新创业教育体系。引进中科创业学院与本

---

① 所谓套利就是在市场当中发现资源配置的错配，发现不均衡，通过改进资源配置来赚钱。

② 人才经济是一种以“人才为基础的经济”，人才是经济发展的决定性因素，是以人的知识为主要生产要素，以创造性的人力资源（即人才）为依托的，主要以发展中、高端技术产业的经济现象，是知识经济本质的体现和延伸。

地高校合作，实现创新创业教育的体制机制创新、培养模式创新、课程体系支持和课程共建共享。同时，政府应积极充当创新战略规划者、推动者和市场秩序维护者，充分发挥青年创客创新创业积极性，努力营造“鼓励创新、宽容失败”的创新文化和市场环境。

四、开拓新领域

“互联网 +”渗透的思维就是重新思考人性，更加尊重人性，想尽一切办法回归人性、激发人性。宁波企业家应跳出制造业发展制造业，在生产方式上强化新一代信息技术与制造业结合，在工业互联网经济领域重塑甬商精神。李恒江（宁波天工点通信息技术有限公司董事长）认为，根据当前的经济形势，结合宁波经济的特点，政府应重点关注工业互联网经济领域，努力在这个无人区领域率先赢得先机；工业互联网经济十年内会有快速发展。这种新的经济模式是自下而上的，是靠品牌需求拉动上游交易的，宁波具有众多的品牌公司，是经济的终端，具有得天独厚的自然条件。从实践操作上，制造业企业可以从现在开始把智能制造、产业转型升级的目标，聚焦到精准交期和自动报价上来。为此，他建议当前要积极落实“三个一”，把握工业互联网发展先机。

一是制定一项《宁波工业互联网发展三年行动计划》。围绕“中国制造 2025”，以工业互联网为切入点，力争在三年时间里全面提升宁波本地制造企业的信息化水平，以汽车和汽配行业为标杆，初步达到“精准交期”和“自动报价”两大预定目标。

二是引进培育一批信息服务产业。引进思科、法国凯捷等智能制造世界著名咨询公司，加强与本地品牌制造企业的合作，共同拓展国际国内市场，占领国内制造业信息化的制高点。

三是构建一个工业互联网平台。引导和鼓励宁波品牌企业（如吉利、太平鸟）与大的互联网公司（如阿里巴巴）、金融机构（如宁波银行）共同打造互联网平台，可以优先从基础较好的汽车、纺织服装、家用电器行业率先开始，最终发展成为综合性的制造业或者叫供应链互联网平台，抢占市场先机，实现宁波经济的弯道超车。

五、激发新活力

ofo 小黄车快速成为行业独角兽企业，体现了传统企业资本积累和技术进步的方式发生了重大转变，“平台经济”“共享经济”和“微经济”三位一体、相辅相成成为中国新经济的基本形态。剧锦文（中国社科院经济研究所研究室主任）认为甬商应充分发挥自身灵敏的优势，及时跟踪互联网技术的发展，高度重视互联网及其应用；充分利用共享经济新的盈利模式，促进传统制造业的转型升级；重视市场的创新，创造出一种新型的消费者类别，或者全新的市场。为激发甬商精神新活力，他建议，利用民营资本优势，营造良好风险投资环境：积极引导民营资本向风险资本转化。创新具有高风险、投资回报周期长的特点，需要专业的风险投资资金的驱动。宁波市政府可在一些重点创新功能区如宁波梅山海洋金融小镇、浙江前洋经济开发区等有一些特殊政策，鼓励和引导民营资本进入市场广阔的风险投资领域，逐步形成完善的风险投资机制，构建多元化创新投入体系。

六、细化新举措

孟祥霞（浙江万里学院商学院院长）认为，宁波可借鉴深圳在激发和保护企业家精神方面的主要做法和举措：一是构建激励企业家创新的政策体系。深圳注重战略规划引领和创新体系顶层设计，实施全国首部国家创新型城市总体规划、率先发布促进科技创新的地方性法规、出台加强自主创新“33 条”以及引进高层次人才政策等系列文件。二是健全精准化的财政扶持体系。依据企业生命周期，借助财政资助平台，引导成立了一批产业、企业、股权、创投基金，为新兴产业和中小企业提供强有力的资金保障。三是营造尊重市场规律的创新环境。以社会投资管理体制改革为切入点推动简政放权；建立各级各类重点实验室、产学合作中心、企业技术中心等科技企业孵化器，打造综合创新生态系统；探索创新互联网市场知识产权保护模式，建立知识产权快速维权机制等。为此，她建议：将重塑甬商精神纳入城市发展规划纲要。以利于市委市政府出台相关指导意见，引导督促相关部门研究制定具体实施办法，从制度政策层面落实重塑甬商精神和振兴实体经济。

七、营造新氛围

重塑甬商精神需要良好的环境支撑，更需要社会文化氛围的引导与催化。曹云（宁波市甬商发展研究会秘书长）认为，传统的甬商精神可概括为“韧性、博争、仁厚、务实”。他进一步提出侠义甬商“侠、义、情、信”的人文特质。宁波企业家的创业精神与生俱来，无时不在，而创新精神的环境有限，支撑不足。政府在政策引导层面存在着重视大企业轻视小企业，重视招商引资轻视本土企业的问题。为此，他提出如下建议。

一是引导企业建立现代企业制度。引导宁波企业家从封闭的家族式治理向开放的现代家族制企业转变，有条件的企业可进一步建立现代企业制度。培育和发展宁波职业经理人市场，使企业家从繁杂的经营事务中解放出来。

二是开展创新发展大讨论活动。组织企业家围绕激发甬商创新精神开展创新发展大讨论，进一步梳理创新方向，明确创新领域，加速政策整合，突破阻碍创新发展的体制机制，充分释放创新活力。

此外，李书进（宁波大红鹰学院工商管理学院院长）认为，政府应优化社会舆论文化环境。地方政府应加强对企业家的正面宣传，尤其要大力宣传具有创新精神的企业家，对优秀甬商给予适当的社会荣誉激励；培育尊重合法致富的商业文化和价值观念，引导社会给予企业家恰当的评价和激励，让其获得与其才能和贡献相对应的报酬及社会认同。

发扬光大宁波企业家精神 全面创建创业生态最优市

◎ 邱金岳　王明荣

2017 年 9 月，中共中央、国务院下发了《关于营造企业家健康成长环境弘扬优秀企业家精神更好发挥企业家作用的意见》（以下简称《意见》），这是首次以中央文件的形式，肯定企业家的地位和作用，并从全局的角度，就如何营造更好环境、促进公平竞争、鼓励和发挥企业家作用作出制度性安排，在社会上引起了强烈反响。早在 2014 年 11 月，习近平总书记在亚太经合组织工商领导人峰会开幕式上就曾明确提出："全面深化改革，就要激发市场蕴藏活力。市场活力来自于人，特别是来自于企业家，来自于企业家精神。"此后，习近平总书记多次在公开讲话和会议中提及企业家和企业家精神。中央对企业家和企业家精神的高度重视，充分体现了在经济新常态背景下，以"五大发展理念"为引领的我国经济创新转型发展，迫切需要发扬企业家和企业家精神作用，为全面深化改革，经济社会发展提供强劲的动力。宁波具有深厚的工商传统，具有企业家精神底蕴，企业家和企业家精神也是宁波不断取得发展成就的制胜关键，在新阶段，贯彻和落实中央关于"营造企业家健康成长环境""弘扬优秀企业家精神""更好发挥企业家作用"的要求，核心在于把发挥企业家作用和企业家精神放在全局的高度来重视，把弘扬和塑造企业家精神作为全社会共同的要求，全面创建创业生态最优市，打造城市核心竞争力。

一、科学把握宁波企业家和企业家精神的实质内涵

普遍认为企业家精神就是不断创新的精神，企业家是能够"实现生产要素的重新组合"的创新者，企业家精神就是创新精神。改革开放以来，随着乡镇企业的蓬勃发展，宁波的企业家和企业家精神也迅速发展起来，宁波的企业家精神普遍存在于快速发展的民营企业家群体中，深深扎根于宁波大地，犹如一棵根深叶茂的"参天大树"。与深圳、苏州、青岛等城市的企业家和企业家精神相比，宁波的企业家和企业家精神具有三个显著特征：一是具有悠久的历史渊源。宁波历史上素有"儒商摇篮"之称。范蠡在宁波东钱湖，致力于经营商业，在古代被尊为"财神"。王

阳明认为每个人的内心都蕴藏着创新创造的巨大能量。以黄宗羲为代表的“浙东学派”倡导“经世致用”，提出“工商皆本”。这些都是宁波企业家精神的思想渊源。二是具有原生态的草根属性。宁波的企业家和企业家精神是改革开放过程中创出来的，是成千上万的民营企业在市场经济发展中土生土长，逐渐壮大形成的，与青岛的大型企业为主、苏州外资企业为主和深圳的外来创新企业为主的企业群体生态有所区别。宁波是有大有小、自我成长的原始森林式企业家群落和企业家精神，而不是外来式、花园式的企业家群落和企业家精神。三是与宁波城市精神融为一体。宁波的企业家精神来自于重工商的传统，也广泛弥漫于宁波政府、社会和企业等各个层面，并影响了宁波的城市禀性和市民行为。宁波人敢闯敢试、敢为天下先的精神品质与真正的企业家精神高度一致，宁波的企业家精神深刻影响并推动形成了“诚信、务实、开放、创新”的宁波城市精神，成为宁波城市发展的重要精神力量。总之，宁波的企业家精神，既有一般意义上企业家所具有的不断创新的精神实质，也带有渊源性、内生性、全面性的特有属性。

二、企业家和企业家精神是宁波取得发展成就的制胜关键

宁波的发展实践证明，庞大而充满活力的企业家队伍，弥漫于社会各阶层的企业家精神一直以来都是宁波发展的优势和取得发展成就的制胜法宝，也将是未来宁波发展的关键所在。

（一）企业家和企业家精神是宁波城市的闪亮名片

宁波“因港而兴、因文而名”，具有企业家精神的“宁波帮”更是宁波最为闪亮的一张名片。目前全球有 30 多万的新老“宁波帮”活跃在世界各地，包玉刚、邵逸夫等老一辈“宁波帮”享誉海内外，新一代“宁波帮”中也是藏龙卧虎，比如丁磊、沈国军、朱敏等，“宁波帮”人士创业创新的开拓精神，为宁波的持续发展注入了强劲动力，比如中国第一家火柴厂、第一家毛织厂、第一家金融机构，都是“宁波帮”创立的。孙中山先生曾称赞道：“宁波人对于工商业之经商，经验丰富，凡吾国名埠，莫不有甬人事业，即使欧洲各国，亦多甬人足迹，其能力与影响之大，固可首屈一指者也。”清末民初，在民间还广为流传着“无宁不成市”的谚语，“宁”就是指宁波商人，这句谚语便是对善于经营的宁波企业家和企业家精神的高度概括和热情赞扬。

（二）改革开放后企业家和企业家精神对宁波发展推动作用巨大

改革开放后，宁波民营经济开始起步，涌现了一批敢于冒险、富有创新精神的民营企业家群体，以李如成、陈苗龙、郑坚江等为代表的企业家开始创新创业，仅十年时间，宁波乡镇企业就从 7700 多家上升到近 4.8 万家。80 年代末期以来，宁

波率先实行乡镇企业产权制度改革，赋予企业市场主体地位，减少政府干预，使乡镇企业在体制上得以解放，宁波企业家顺应发展趋势要求，适时引入股份制、公司制，奠定了宁波经济发展的体制优势。1997 年和 2008 年两次金融危机期间，宁波企业家依靠良好的企业运行机制和不断积累的资本、技术、品牌和营销网络等优势，即使在危机中，也坚持不减少创新投入，依靠创新推动力实现逆势增长。政府则围绕企业推进清费减负行动，落实结构性减税政策，临时下调企业社保费缴纳比例，加强企业发展资源要素保障，帮助企业拓展国内外市场，目前宁波已经拥有各类企业经营主体 20 多万家，工业规上企业 7200 多家。

（三）企业家和企业家精神是宁波未来发展的核心竞争力

当前，世界多极化、经济全球化、社会信息化、文化多样化深入发展，变革创新的步伐持续向前，我国经济发展新常态的特征更加明显，这些大趋势、大变革、大逻辑总体上有利于宁波实现持续健康发展，特别是“一带一路”综合试验区建设处于关键时期，中国制造 2025 试点示范城市、国家保险创新综合试验区、国家跨境电商综合试验区、国家双创示范基地等众多国家级改革创新试点在宁波落地，为宁波加快发展提供了难得的历史机遇和发展动力，而其中最根本的就是要实现创新驱动，企业家是推动创新的重要动力，是创新的组织者、推动者，宁波的企业家有十分敏锐的市场感觉、富于冒险的精神、执着顽强的作风，在把握创新方向、凝聚创新人才、筹措创新投入、创造新组织等方面都具有重要的作用，宁波要增强未来发展核心竞争力关键在于充分发挥企业家和企业家精神的作用。

三、宁波进一步发挥企业家作用和企业家精神的对策举措

当前和今后一段时期，要把进一步发挥宁波企业家作用和企业家精神作为宁波把握“八八战略”优势论核心思想，贯彻落实《意见》精神的重要举措，再塑宁波发展新优势、提升城市核心竞争力，为“名城名都”建设提供强大动力。

（一）从全局高度重视企业家作用和企业家精神的发挥

宁波的发展实践证明，民营经济是最具活力的经济增长点和重要支柱，一支具有企业家精神的企业家队伍是建设宁波、发展宁波的生力军，也是将来宁波实现振兴、再创辉煌的关键所在。一是要从城市发展战略全局层面来推进宁波企业家作用的发挥和企业家精神的弘扬，放在全局高度来审视，在整体工作中谋划，将其作为宁波构筑城市发展“四梁八柱”，加快实现“两个高水平”，建设“名城名都”的重要力量。二是要积极采取有效举措体现对企业家和企业家精神的重视。建议谋划召开全市弘扬企业家精神、加快企业家队伍建设工作会议，学习贯彻《意见》精神，尤其是习近平总书记关于企业家队伍建设的要求和关于企业家精神的重要论述，

统一思想、凝聚共识，对一批具有家国情怀、敢闯敢干、持续创新企业家精神的企业家队伍予以肯定，表明宁波市政府充分尊重企业家的市场主体地位和首创精神，推动宁波企业家进一步弘扬企业家精神，在宁波经济社会发展中发挥更大作用。

（二）把发挥企业家作用和企业家精神作为扬长补短的关键手段

企业家是最活跃的市场主体，也是宁波城市发展最可依靠的力量，宁波要把企业家和企业家精神作用的发挥作为推动当前经济社会发展的有力手段。从优势发挥方面来看，实体经济是宁波经济的当家优势，是宁波追赶跨越的主要引擎，但是宁波实体经济发展最大的问题是无效供给过剩、有效供给特别是新供给不足。要破解这一问题，关键在于深化推进供给侧结构性改革，深化推动新民营经济发展，从供给侧方面发挥企业家精神，通过市场主体的创新来创造市场需求，引领市场发展。从短板弥补方面来看，当前人才不足尤其是顶尖人才、创新型人才缺乏已经成为宁波城市发展的最大短板，企业是人才最主要的承载集聚平台，也是人才最能发挥创新创业效能的地方，宁波需要通过大力弘扬企业家精神，让宁波企业家认识到人才对于企业的重要作用，不断寻找创新人才、引进创新人才、培育创新人才，支持鼓励企业家大胆引进和培育企业所需要的人才，让宁波企业真正成为引才用才的主体，补齐宁波发展的紧缺人才短板。

（三）将宁波企业家能力能级提升作为城市发展的有力支撑

宁波企业家群体和企业家精神具有的本土性、原生性等特质，一方面为宁波城市发展带来了独特的发展动力，但同时也存在企业家整体国际视野不足、企业治理结构不够科学、风险意识淡薄、代际传承不畅等问题。对此，要进一步弘扬企业家精神，提升企业家能力，更加有效地发挥企业家作用。一是要提升宁波企业家的创新能力，鼓励宁波企业家革新理念，加快推进模式创新、业态创新和技术创新，主动适应和引领经济发展新常态。二是要提升宁波企业家的开放能力，支持宁波企业家拓宽国际视野，着力融入全球创新网络，在全球范围内配置要素、资源、资本，开展跨国科技合作、人才合作和产业合作。三是提升宁波企业家的企业治理能力，推动宁波企业家完善企业治理结构，建立完善现代企业制度，充分利用多层次资本市场，增强财务和金融风险意识，优化企业成本结构和人才结构，强化宁波企业家品牌和知识产权意识，做大做强企业品牌，完善企业知识产权保护体系。

（四）让企业家社会成为宁波各层面追求的共同目标

从政府层面来说，要把塑造政府机构的企业家精神作为当前新型政商关系、全面创建创业生态最优市的突破点，在政府、社会、企业中共同弘扬企业家精神，成为全国首个全面倡导企业家精神的城市，为创业者、创新者、创富者提供自由和空间。引导社会各个层面共同形成以追求创新发展为目标，互相之间紧密合作、各司其职、互相尊重、和谐共荣，让企业家成为社会治理的重要主体，真正实现“亲”“清”的新型政商关系局面。从企业家层面来说，要进一步推动和引导宁波企业家社会的打造，和政府共同构筑一个具有宁波特色，又能充分发挥企业家精神的企业家社会。如积极推动政府研究制定企业家容错机制具体办法，充分调动改革的积极性，鼓励创新、宽容失败，对在推进企业改革创新中依法决策和实施，且勤勉尽责，但由于缺乏经验、政策调整等原因造成损失的，免于追究相关责任。

转型发展中龙头企业培育问题的调查报告

◎ 课题组

龙头企业是振兴实体经济的关键突破口，龙头企业的发展与城市建设共生共荣、共享共融，龙头企业文化对宁波这个以商帮文化为特色传统的城市扩大城市国际影响力具有重要作用。培育龙头企业发展壮大，就是抓振兴实体经济的工作落实，就是提高城市综合竞争力，加快建设国际港口名城，努力打造东方文明之都的关键举措。而且，抓龙头企业能将各项重点工作一抓到底，抓出成效，为宁波的跨越式发展奠定坚实基础。

当前，龙头企业的培育，主要面临着传统产业政策向创新产业政策转型、产业融合趋势不断增强、龙头企业发展的商业模式创新不断涌现等新形势：一方面，国家全面实行创新驱动战略，传统追赶型产业政策已无法适应产业创新发展的需要，龙头企业的培育也要适应创新发展要求，开拓龙头企业培育新思路；另一方面，新一轮科技革命和产业革命深入发展，产业融合成为龙头企业做大做强的新方向，龙头企业培育应顺应产业发展新趋势，探索龙头企业培育新路径；此外，龙头企业发展面临的市场、政策、技术等环境发生了重大变化，龙头企业做大做强的商业模式创新不断涌现，龙头企业培育要积极回应产业创新的新要求，实践龙头企业培育新方法。

为此，我们组织了本课题调研。本课题转型发展中龙头企业培育主要是针对工业及服务业的龙头企业，农业龙头企业的培育从中央到地方都有一套比较完善的政策体系，不在本课题的调研范围之内。本次宁波龙头企业培育的调研主要集中在宁波重点培育的千亿级企业、行业骨干、高成长、单项冠军等工业龙头企业；服务型龙头企业，包括传统的商贸龙头企业及新兴服务业龙头企业。我们走访调研了宁波奥克斯空调有限公司、宁波圣龙（集团）有限公司、宁波方太厨具有限公司、浙江大道保理有限公司等近10家有代表性的龙头企业，广泛听取了企业负责人、行业专家对转型发展中龙头企业培育的意见建议。

综合调研情况，借鉴国内先进城市龙头企业培育经验，我们认为：①宁波龙头企业发展势头良好，尤其是制造业龙头企业，发展基础扎实，但是宁波缺少能引领区域发展的新兴服务业龙头企业，缺乏具有国际竞争力的世界一流龙头企业。②创新驱动发展战略背景下，龙头企业的培育应适应创新转型发展要求，从创新生态的营造、创新环节的支撑、创新风险的管理方面加强龙头企业培育。③在新一轮科技革命和产业革命背景下，产业融合、商业模式创新等成为龙头企业发展壮大的新路径，龙头企业培育应更加重视企业家战略思维的培养、引导企业进行治理模式创新等，培育龙头企业做大做强的内生动力。④为此，转型发展中龙头企业培育应开拓新思路、探索新路径、实践新方法，促进宁波龙头企业创新转型发展，培育一批在国内外有较高影响力的一流龙头企业，为宁波建设“名城名都”，跻身“第一方队”提供有力支撑。

一、宁波培育龙头企业的战略意义

宁波培育龙头企业，促进龙头企业创新转型发展，打造具有国际竞争力的一流企业是振兴实体经济促进产业转型发展的引擎，是加快产城融合提升城市能级的关键，是提升城市形象扩大城市影响力的根本。我们要从全局着眼、放眼未来的战略高度，充分认识培育龙头企业的战略意义，切实促进宁波龙头企业不断做大做强。

（一）培育龙头企业是促进产业转型发展的引擎

培育龙头企业是市委、市政府加快推进经济转型升级，打造一流现代产业的重要抓手，是打造制造业创新中心，推进产业高新化，建成“中国制造2025”试点示范城市的重要保障。龙头企业是全市产业经济发展的领头雁，是区域经济创新发展的主力军，对产业结构转型升级具有重要的引领支撑作用。以宁波市7家千亿级龙头培育企业为例，2016年实现营业收入2700亿元，利税198亿元，相当于一个发达区县（市）的规模和效益。特别是这7家企业通过专业化分工、协作化经营，把大量上下游中小企业纳入创新、生产、营销体系，形成了紧密完整的产业链、创新链、服务链、价值链，对实体经济发展的实际贡献远远高于报表所反映的数据。加快培育龙头企业发展，有利于转型提升传统产业，培育壮大战略支撑产业和战略新兴产业，加快构建高端化、高质化、高效化的现代产业体系；有利于增强企业自主创新能力，推动区域经济发展由要素驱动为主导向创新驱动为主导转变；有利于破解资源环境约束，增强产业可持续发展能力；有利于培育大企业集团，提高产业整体竞争力，推进全市经济转型、对外开放向更高层次迈进。

（二）培育龙头企业是提升城市能级的关键

培育龙头企业是市委、市政府抓产城融合提升城市能级工作的关键突破口。龙头企业是激活全产业链发展的主导者，突破和掌握一批关键核心技术的主力军，是聚集与整合高端资源重要平台，是带动城市综合环境提升的重要力量。龙头企业通过产业集聚、产业链延伸，形成产品研发、生产、销售、服务于一体的系统化经济形态，吸引高端要素聚集，促成地区创新发展，优化提升城市创新功能；通过政府的引导，龙头企业以市场手段实现区域乃至“一带一路”高端资源聚集与整合，强化城市的资源配置功能；龙头企业的发展需要与之配套的服务体系和硬环境，倒逼城市基础设施和人居环境的提升，城市金融、保险、法律、信息、教育培训、现代物流等专业服务体系的完善。培育龙头企业可以以点带面高水平推进宁波城市开放创新发展。

（三）培育龙头企业是扩大城市影响力的根本

城市品牌是城市影响力的集中体现，城市品牌的树立需要有出色的产品、服务和产业来烘托和支撑，尤其需要培育知名的文化创意产品及其龙头企业来丰富城市品牌的内涵。在国内，人们提到华为就会联想到深圳，提到海尔就会联想到青岛，提到雅戈尔就会联想到宁波。从这个意义上讲，培育龙头企业不仅是发展经济的需要，也是提升城市形象扩大城市影响力的根本所在。为此，我们需要积极扶持城市的龙头企业，发挥创新性产业集群效应培育名牌产品、特色文化创意产品带动城市品牌形象，提升城市影响力。同时，城市文化是识别城市特征的首要标识，是城市影响力的另一个侧面，企业家精神与城市精神共荣共促，共同充实城市文化。积极培育龙头企业，激发龙头企业的企业家精神，塑造优秀企业文化是提升宁波以商帮文化为主要特征的城市文化力的关键，是扩大城市综合影响力的重要环节。

二、宁波龙头企业发展现状

宁波龙头企业的培育以工业龙头企业为主，形成了千亿级工业龙头企业、工业行业骨干企业、工业行业高成长企业的培育体系，开辟了工业龙头企业创新发展的新局面，宁波工业龙头企业智能化转型升级加速发展，“走出去”规模与质量稳步提升，带动引领作用进一步增强。除此之外，在新兴生产性服务业领域龙头企业开始显现。但是，与先进城市的先进企业相比，宁波缺少具有国际影响力的世界一流龙头企业；新兴生产性服务业领域引领性的龙头企业也明显不足；龙头企业引领带动产业集群创新发展的能力偏弱；地方培育政策动态调整滞后于龙头企业转型发展要求。面对新形势、新要求，形成与“名城名都”“中国制造 2025”试点示范城市相匹配的龙头企业能级，必须打造一批在国内外具有影响力的龙头企业，引领带动宁波经济社会创新发展、转型发展、优质发展。

（一）宁波龙头企业的实力基础

1. 宁波工业龙头企业释放转型升级新能量

随着“中国制造 2025”试点示范城市建设的深入推进，工业龙头企业的创新引领区域经济发展动力显著增强。2016 年宁波市规模以上工业新产品产值 4613.7 亿元，增长 14.3%，新产品产值率提高到 32.0%，再创历史新高。工业结构趋新趋优，规模以上工业中，全年战略性新兴产业、高新技术产业、装备制造业增加值分别为 484.5 亿元、1153.7 亿元和 1319.9 亿元，同比分别增长 10.4%、9.1% 和 11.1%。

2. 宁波龙头企业“走出去”规模与质量加速提升

龙头企业是宁波企业“走出去”，推动开放型经济发展的主力军。近年来，宁波龙头企业海外兼并收购活跃（详见表 1），“走出去”规模与质量加速提升。2016 年，全市累计备案（核准）境外企业和机构 2477 家，备案（核准）中方投资额 135.33 亿美元，实际中方投资额 72.72 亿美元，分布在 116 个国家和地区。宁波龙头企业“走出去”的路径主要有三种类型：一是以均胜集团为代表的跨境并购，实现技术的嫁接转移、消化吸收；二是以狮丹努、申洲、奥克斯等龙头企业为代表的“出海练兵”，通过实业投资、建立加工基地；三是以银亿集团为代表的资源类对外投资，以矿产开发、镍和镍冶炼为发展重点。宁波龙头企业积极的“走出去”战略，实现了企业结构的调整，提高了全球资源配置能力，提升了产品竞争力，开放促转型的经济新动能不断增强。

表 1　　近年来宁波主要龙头企业的全球化布局情况

序号	本土企业	全球化布局项目
1	宁波先锋新材料股份有限公司	2017 年 1 月并购澳大利亚克雷斯塔股份有限公司
2	均胜集团有限公司	2011 年，出资 1.8 亿欧元收购德国普瑞公司 98.02% 股权；2014 年，收购德国 IMA 公司 100% 股权和相关知识产权
3	舜宇集团有限公司	2013 年收购日本柯尼卡美能达手机镜头生产基地；2013 年 9 月收购美国米德仪器公司
4	奥克斯集团	2015 年在巴西、印尼设立海外工厂生产智能电表
5	银亿集团	2008 年起，银亿集团启动海外矿产资源基地建设，在菲律宾、印尼、墨西哥等地组建矿产集团，拥有各类矿权、矿山 20 多个；2016 年，收购美国 ARC 公司、日本艾礼富公司和比利时邦奇公司

资料来源：根据网络资料整理。

3. 工业龙头企业的带动引领作用进一步增强

近年来，宁波引进培育一批与原有产业基础关联度大、主业突出、创新能力强、带动能力强的工业龙头企业，以此为抓手实现产业的集群化发展，实现产业的转型升级。2016年宁波市规模以上大型企业工业增加值同比增长12.4%。“千户集团[①]”作为宁波大企业的龙头，近三年来，其中制造业税收收入年均增长超过10%，2016年对全市税收的贡献率接近50%。以汽车制造业为例，最近五年，宁波汽车制造业突飞猛进，吉利汽车和上海大众宁波分公司形成了整车制造的两个龙头企业，整车生产的虹吸效应，聚集了法国弗吉亚、美国江森等100多家高端汽车零部件企业；上海大众宁波分公司为宁波3000多家、全省7000多家汽配企业提供就近配套，带动区域零部件产值逾700亿元，对相关产业的拉动效应显著增强。通过产业链、供应链、服务链、价值链、资金链等上下延伸，目前宁波已构筑起庞大的汽车产业集群。

4. 新兴生产性服务业龙头企业开始显现

2016年，宁波港航物流、国际贸易、金融保险等传统优势生产性服务业进一步提质增效，工业创新设计、电子商务、旅游、保理、认证、咨询等新兴生产性服务成为城市经济的重要组成部分，龙头企业开始显现。如作为技术创新重要组成部分的工业设计快速发展，2016年宁波市工业设计产业总产值达到99.3亿元，间接带动制造业产值逾1000亿元，培育了科创、卓一、创佳、德腾等一批本土龙头工业设计公司；旅游、电子商务、认证、咨询等领域的龙头企业如浙江飞扬国际旅游集团股份有限公司、宁波保税区宁兴优贝国际贸易有限公司、中国检验认证集团宁波有限公司、宁波国际投资咨询有限公司等进入2017宁波市服务业百强企业；传统产业和互联网融合的新兴生产性服务业快速发展，浙江大道信息科技集团有限公司融合国际物流、外贸代理、金融、信用、电子商务、跨境支付等内容，创新业务模式，其开发运营的大道商诚网成为国内领先的全球贸易供应链B2B电子商务综合服平台。

（二）宁波龙头企业发展存在问题

1. 宁波缺少具有国际影响力的龙头企业

宁波的龙头企业以行业骨干、隐形冠军企业为主，缺少具有国际影响力的引领性龙头企业。宁波企业的规模主要集中于中小型民营企业，缺少全国性的龙头企业。在全国工商联公布的“2017中国民营企业500强”榜单中，仅有20家宁波企业入围，排名最高的宁波企业远大物产以757.49亿元的营收总额跻身“2017中国民营企业500强”第41位，与深圳、杭州等先进城市榜单排名相比，还有不小差距（详见表2）。宁波龙头企业的国际影响力与先进城市相比，存在着更大的差距。2017年《财富》世界500强榜单中，民营企业成为中国企业入榜的新增长点。杭州的阿里巴巴和深圳的腾讯在短时间内闯入世界500强，深圳的华为首次打入百强，

---

① 千户集团是指年度缴纳税额达到国家税务总局管理服务标准的企业集团。

排名第 83 位，企业国际影响力突显，成为城市的新名片。而宁波民营企业还未实现世界 500 强零的突破，差距十分明显，需要我们拓展全球视野，强化龙头企业培育，进一步做大做强。

表 2　　主要城市 2017 年中国民营企业 500 强前 50 名分布情况

	前 20 名数量（家）	前 50 名数量（家）
深圳	4	7
北京	2	5
杭州	1	5
南京	2	3
佛山	2	2
大连	1	1
上海	1	2
常州	0	2
宁波	0	1

数据来源：根据全国工商联发布的 2017 年中国民营企业 500 强数据的整理。

2. 新兴生产性服务业领域缺少引领性的龙头企业

宁波的服务业龙头企业以商贸零售为主，新兴生产性服务业领域缺少引领性的龙头企业。宁波的产业优势是传统制造、临港制造基础较好，第三产业发展相对偏弱，仍以传统服务业为主，缺少新兴生产性服务业龙头企业的引领，2016 年宁波的批发和零售业企业数占第三产业企业数的 83.72%，2017 宁波市服务业百强企业中，65% 是商贸物流企业，前 20 名基本上是商贸龙头企业。在工业设计、软件、信息服务、科技服务等新兴生产性服务业领域，宁波缺少能整合跨界资源，引领行业发展的龙头企业，如在智能制造生产性服务领域，缺少引领性的智能制造系统集成服务商、全国性的制造工业设计服务商；在跨境电商领域，缺乏拥有自主创新技术和品牌的龙头企业，已成为制约宁波跨境贸易爆发增长的主要瓶颈。

3. 龙头企业引领带动产业集群创新发展能力偏弱

宁波龙头企业受主客观方面因素制约，引领带动产业集群创新发展能力偏弱。一是宁波龙头企业缺乏引领带动产业集群转型升级的战略意识。宁波服装产业的曾经辉煌主要得益于雅戈尔、罗蒙等以服装为内核的龙头企业带动。然而，在过去十多年，宁波服装产业出现了明显的衰退，很大原因是原有龙头企业缺乏整合服装产业资源，引领带动产业集群转型升级的战略意识，在经营重点转移过程中，动摇了其服装行业“领头羊”地位，导致宁波服装产业发展迟缓。二是产业集群内部成员关系传统，产业结构松散。产业内汽车零部件企业整体效应偏弱，宁波汽车零部件企业数量众多、规模偏小，导致产业规模经济性较差，核心竞争力偏低。零部件企业之间产品同质现象严重，业内出现低价恶性竞争和行业内资源浪费。整车企业作为龙头企业整合产业资源，与中小企业的配套协作关系不完善。在制造—销售—服务这一产业链条中，某些产业形态尚未成熟，汽车研发、信息服务、汽车物流等高端服务模式需进一步发展。三是宁波生产性服务业发展相对滞后导致的产业链配套不完善，制约龙头企业服务业拓展的本地化布局，严重影响龙头企业构建区域产业生态链。目前，宁波生产性服务业快速发展，但相对龙头企业尤其是高成长企业、战略性引领产业龙头企业向服务业拓展的发展要求，宁波在服务业体系完备性、人才专业性、环境宜业性方面还有很大差距，需要进一步补齐短板。

4. 地方支持政策动态调整滞后于龙头企业转型发展要求

宁波扶持龙头企业的政策措施以传统的税收减免、财政贴息、奖励为主，在创新驱动成为企业转型发展核心动力背景下，这些传统的支持政策对龙头企业做大做强的激励效果已相当有限，无法满足龙头企业转型发展的新要求。2014 年 3 月宁波出台专门扶持工业行业龙头企业的《宁波市人民政府关于加快工业行业龙头企业发展的若干意见》，2017 年为深入推进“中国制造 2025”试点示范城市建设，公布宁波市千亿级工业龙头企业、工业行业骨干企业、工业行业高成长企业培育名单，明确培育重点。总体来看，宁波龙头企业培育政策以工业龙头企业为重点，以做强做优龙头企业为目标，具有较强的针对性，近年来制造业转型升级加快发展，龙头企业培育政策发挥了积极作用。但是，政策没有明确的执行期限，尚未建立根据实际情况逐年动态调整的反馈机制；缺少专门针对新兴服务业龙头企业培育的政策措施；政策措施以传统的税费减免、财政贴息、奖励为主，涵盖科技、税收、金融、人才等方面，过大过全的扶持政策容易干预和扭曲微观经济主体的运行，在不少方面已形成良好市场竞争秩序的制约因素；对制定鼓励、支持龙头企业创新转型发展的基础性营商环境政策不够重视，诸如对社会诚信体系建设、知识产权服务生态链的打造等方面缺少突破性的政策举措。

三、国内先进城市龙头企业培育经验借鉴

宁波培育龙头企业，制定培育政策，应解放思想、拓宽视野，积极向先进城市学习经验。深圳以发展高新技术产业为主线、以完善市场体系、打造创新环境为重点，构建企业梯度政策措施、打造自主创新政策体系、完善公共服务配套等，为世界一流龙头企业的崛起提供了良好的外部环境。杭州是超前谋划培育龙头企业的先进城市，注重龙头企业培育政策的延续性，随着国内外形势的变化，逐步优化升级龙头企业培育战略。这两个先进城市培育的世界一流龙头企业以民营企业为主，对宁波培育本土具有国际竞争力的龙头企业具有较好的借鉴意义。

（一）深圳具有国际竞争力龙头企业崛起的经验

1. 企业治理模式适应创新驱动的时代要求

深圳龙头企业崛起的一个关键因素是企业的自我革命，不断调整企业自身的治理模式适应时代发展的需要。深圳具有国际竞争力的龙头企业基本上都是公众公司，财富不集中于个人与家族，也不是传统的国有企业，华为是100%由员工持有的民营企业，工会委员会的持股比例为98.99%，腾讯、平安银行等公司都引进了战略投资者，腾讯公众持股和创业者持股的比例接近60%，平安银行形成了外资、国有、民营、员工以及其他社会公众股东共同持股的格局。深圳具有国际竞争力的龙头企业为适应创新驱动的时代要求，在企业内部管理上，大都建立了高效率的扁平化管理体系。华为、中兴、富泰华工业、腾讯等深圳龙头企业为代表的决策者，都很重视企业组织架构的调整。为适应创新驱动下市场不确定性因素的突显，这些企业积极构建符合行业特点和自身战略需要的组织扁平化策略，提高决策效率，快速响应环境变化。

2. 构建企业梯度政策措施支撑龙头企业培育

深圳将培育龙头企业与扶持中小企业结合起来，着力打造以具有国际竞争力的大型企业为龙头的企业梯度。深圳积极构建从“种子企业”到“领军企业”的良性发展梯队，2016年深圳发布的《关于支持企业提升竞争力的若干措施》中规定：“以创新型小微企业、成长型中小企业、国家和深圳市高新技术企业为基础，加快培育一批成长潜力大、商业模式新、产业特色鲜明的高成长型企业。加大企业上市培育力度，重点支持一批市场前景好、综合效益高、核心竞争力强的企业在多层次资本市场上市或挂牌。实施骨干企业培育工程，在现代服务业、先进制造业、战略性新兴产业等领域培育出一批自主创新能力强、主业突出、掌握核心关键技术、拥有自主知识产权和品牌优势的领军型企业。”深圳培育龙头企业的一个显著特点是，遵循企业成长规律，在企业成长的关键环节进行政策扶持，注重政策的协同性、针对性，通过企业梯度政策措施支撑企业做大做强，打造具有国际竞争力的大型龙头企业。

3. 完善公共服务配套突破龙头企业做大做强瓶颈

在扶持企业做大做强方面，除了明确的产业定向扶持，企业奖励支持，深圳还非常注重针对产业发展的瓶颈，积极提供有效的公共服务配套，促进龙头企业培育与产业集群发展良性互动。深圳手机行业的崛起得益于深圳在本地设立的手机检测分中心，通过完善手机检测服务，打破手机产业发展瓶颈，促进产业集群发展。一是手机行业龙头企业培育与产业集群发展。2000年前后，深圳的手机入网要通过广东省再拿到北京层层审批，因耗时较长，往往审批到位后，一代手机也已过时。为此深圳与工业和信息化部协商，申请设立一个手机检测分中心，由政府给予一定补贴，完善手机入网许可服务体系，促进深圳手机产业集群迅速发展，目前国内约1/3的品牌手机总部设在深圳，包括华为、中兴、TCL等国内知名品牌，在深圳90%以上的零部件都能自行配套。二是音响行业龙头企业培育与产业集群发展，在深圳音响行业发展初期，企业需要的无音实验室造价达几百万，企业难以负担。为此，深圳市政府牵头建了5个实验室向企业开放，积极提供公共配套服务，破除企业发展瓶颈，成就了深圳漫步者、麦博、三诺等音响行业的龙头企业。

4. 构建自主创新政策体系促进龙头企业转型发展

一是市场化高效科技投资体系支撑科技型龙头企业的崛起。深圳世界一流的龙头企业主要是科技型企业和金融企业，其中科技型龙头企业的崛起跟深圳市场化高效的科技投资体系密切相关。科技创新的高风险特性，使得政府、大学和科研机构难以成为研发方向的判断者，深圳的创新体系中，在国内最具革命性的经验是率先从北美引入VC的金融制度，并由此发展出一套中国本土的VC体系，深圳的腾讯、光启、大疆等一大批创新型世界一流龙头企业成长的背后都有创投资本的有力支撑。二是新型科研机构成为创新型龙头企业的新业态，深圳“十三五”规划纲要特别强调“增强源头创新能力”，提出布局建设一批具有国际先进水平的科技基础设施，形成重大源头创新与前沿突破的强力支撑。深圳采用了“官助民办”的方式，利用“民办非企”的公益性组织作为源头创新的组织实施主体，选择若干战略性新兴产业进行针对性布局，很快形成了一批在国内外产生重大影响的新型科研机构，并催生了以前只有在硅谷才能看到的新业态。比如，华大基因就是这种新型科研机构代表，华大基因能取得今日成就走的是一条研、产、学融为一体，以研支撑商业科技服务，以商业科技服务支撑原创性科学发现和产业发展，以研养商，以商促研，良性循环的独特发展之路，是中国新型科技公司的代表。目前深圳已经初步建立起了以民办科研机构为主的源头创新体系，包括2007年南下深圳的华大基因研究院，2010年挂牌的光启研究院，2012年落户的国创新能源研究院，2013年组建的圆梦精密技术研究院，这些新型研究机构，通过模式创新，支撑相应企业快速发展壮大，成为行业创新型龙头企业。

（二）杭州培育龙头企业做大做强的经验

1. 超前谋划培育壮大龙头企业

超前谋划是杭州培育龙头企业的一大特色亮点，为杭州涌现一批具有国际影响力的龙头企业打下了坚实基础。2000年5月26日，在加快发展杭州高新技术产业座谈会上，杭州明确提出，要大力推进大公司、大集团战略。要扶优扶强，着力培育若干个国家级世界级“航空母舰”和一批有发展前景的“小巨人”企业。2002年，工业兴市大会上同时出台《关于进一步培育发展大企业大集团的若干意见》《关于杭州市大企业大集团专项安排经济适用住房的实施意见》等6个政策文件。

这些政策文件，对工业的扶持力度之大、措施之实，对先进企业和优秀企业家奖励力度之大、奖金额之高，前所未有，在许多方面都有新突破，是真正的“黄金政策”。比如，大企业引进人才可向市政府申请经济适用房；对年销售收入超 100 亿、60 亿、30 亿、15 亿元的大企业，且对地方财政贡献水平年均增长不低于 10% 的，达标当年由市政府给予相当于年销售收入万分之一的重奖；大企业工业园当年比上年（最高年份）新增的地方财政所得部分，通过财政转移方式用于园区基础设施建设；建立杭州市工业发展专项资金，5 年内由市财政筹措资金 5000 万元，主要用于奖励有突出贡献的工业企业及其经营者。

2. 优化升级龙头企业培育战略

2009 年，随着国内外形势的变化，杭州进一步加大扶优扶强力度，出台了《培育发展具有国际竞争力的大企业大集团五年行动计划》，龙头企业培育战略全面升级，龙头企业培育目标更加明确，扶持培育的环节更加全面系统。

一是龙头企业培育目标更加明确。“五年行动计划”着力培育一批拥有自主知识产权和知名品牌、主业突出、核心竞争力强、带动作用明显、具有国际竞争力的大企业大集团，打造杭州企业的“第一梯队”，将杭州大企业大集团战略提升到一个新高度。同时，杭州从培育工业大企业延伸至现代服务业、现代农业、文化创意产业，加快产业递进升级，实现从“杭州制造”向“杭州创造”“杭州服务”“杭州创意”转变。

二是龙头企业培育的环节更加全面系统。“五年行动计划”对大企业大集团的扶持培育更加全面系统，真正体现了“具有国际竞争力”这一标准，有很强的政策针对性。如支持创新投入，鼓励支持高新技术骨干企业巩固提升技术和市场优势，成为拥有自主知识产权核心技术的大企业大集团；支持资本运营，鼓励大企业大集团通过兼并、联合、重组、上市等形式，推进跨地区、跨行业、跨所有制的资产并购重组联合；支持品牌提升，充分发挥“产品品牌”和“企业品牌”的优势，增强国际竞争力；支持国际合作，鼓励大企业大集团开拓国际市场，开展境外投资、贸易、劳务合作支持有条件的企业设立境外研发中心、工程中心、制造中心和营销中心；支持人才引进培育，建立大企业大集团人才信息库，对大企业大集团急需引进的高层次人才，积极做好引进人才及配偶、子女的户口迁移、安家和就学等工作；支持产业集聚，对纳入城区工业企业和商品专业市场搬迁改造计划的大企业大集团，在规划选址、项目审批、用地指标等方面予以重点支持等。

四、宁波龙头企业培育的思路对策

面对新形势、新要求，宁波龙头企业培育要有新思路，进一步转变龙头企业培育理念，拓展培育范围，顺应龙头企业发展壮大的新趋势。以龙头企业创新转型为主线，以培育具有国际竞争力的一流龙头企业为目标，适应转型发展新的要求，加强培育政策的针对性、协同性、系统性，构建市场化、法制化、国际化营商环境，为宁波崛起若干个千亿级企业航母，涌现一大批行业龙头企业，实现“名城名都”“跻身第一方队”战略愿景提供有力支撑。

（一）宁波龙头企业培育的思路

1. 转变龙头企业培育理念

当前我国正在全面迈向创新驱动，以促进追赶模仿的政策手段已无法满足企业创新发展的需要，宁波在制定产业政策支持龙头企业做大做强上应转变培育理念，从以龙头企业扶持为主转向维护良性竞争和促进创新服务。①提供更加有效的龙头企业创新发展配套服务，从促进龙头企业创新发展的角度切入，宁波在政策制定上应更加关注龙头企业创新链条上各环节外部性的大小、风险和不确定性的程度等方面，积极介入创新活动，分担创新风险，分享创新收益，提供配套服务降低企业的交易成本，为龙头企业的创新发展提供良好的营商环境和优质的服务。②龙头企业培育与促进中小企业创新发展相结合，龙头企业的发展壮大需要大量优质中小企业的配套和协同，宁波在龙头企业培育上应更加重视维护竞争环境，营造创新不断涌现的市场环境，促进中小企业快速发展。同时，积极推动龙头企业与中小企业的协同发展，主动搭建大中小企业进行产业合作的平台，创新合作体制机制。

2. 拓展龙头企业培育范围

目前，宁波培育龙头企业的专门政策主要是针对农业和工业，在服务业领域缺少专门的培育政策，需进一步拓展龙头企业培育范围，全面覆盖工业、农业和服务业。①拓展龙头企业培育范围是产业融合趋势的客观要求。当前我国产业融合现象不断涌现、趋势不断增强，制造业与服务业融合已经成为现代产业发展的主流趋势，产业融合的商业模式创新在企业经营发展和产业转型升级中的地位和作用越来越重要，宁波要顺应产业融合发展趋势，转变以三次产业划分来培育龙头企业的理念，拓展龙头企业培育范围，将现代服务业，尤其是产业融合发展的新业态、新模式纳入龙头企业培育范围。②拓展龙头企业培育范围是宁波补齐现代服务业发展短板的必然要求。宁波服务业龙头企业以传统商贸物流企业为主，缺少具有引领性的现代服务业龙头企业，拓展龙头企业培育范围，由工业企业向现代服务业企业延伸，形成一批具有较强影响力的现代服务业龙头企业和知名品牌，是宁波全面提升现代服务业层次和质量的关键举措。

3. 顺应龙头企业发展壮大的新趋势

在全球新一轮科技革命和产业变革加速推进，全球化深入发展的背景下，龙头企业进一步做大做强成为世界一流企业出现了一些新的趋势，市场空间向全球扩展，在世界范围内进行生产经营布局，配置资源；产业空间不断扩张，跨界融合趋势明显，企业要整合各种各样资源到自己的大平台；技术空间快速扩展，创新的技术、工具、方法加速迭代，新业态、新模式不断涌现。市场空间的扩大、产业空间的融合、技术空间的升级成为龙头企业进一步做大做强的重要动力。宁波应抓住当前龙头企业进一步做大做强的新趋势，结合自身产业基础和优势，从培育龙头企业跨国发展、打造开放大平台、形成创新核心竞争力等方面入手，进一步优化龙头企业培育政策体系和营商环境，为打造宁波本土的世界500强提供有力支撑。

（二）宁波龙头企业培育的对策建议

1. 促进龙头企业创新转型发展

一是引导龙头企业构筑市场化产学研平台。构筑产学研大平台，整合创新资源，拓展创新链是龙头企业转型发展的重要途径。引导龙头企业、大学、科研院所共同投入资源组建平台，创新平台治理模式，完善人才激励机制，由大学、科研院所为主逐步向以企业为主体、市场为导向、产学研结合为主要形式的市场拉动型模式转变。同时，政府积极引导提供高质量的配套服务，应基于云计算和大数据管理技术，开发集产业技术创新信息公共服务、产学研开放互动合作、企业技术需求动态监测于一体的“宁波产学研协同创新公共服务信息系统”，破解困扰协同创新的公共数据资源缺乏等瓶颈，带动全社会数据资源的开放与共享。

二是加大税收政策的间接优惠力度。逐步研究建立风险准备金制度、建立现金返还机制、优化“产学研三方合作”机制等，在加大对企业科技创新事后奖励，增加企业创新收益的同时，增加对企业创新投入和风险的补偿力度，从而构建政府与创新企业共担风险、共享利润的政策体系，增强企业开展技术创新活动的积极性。

2. 龙头企业培育与促进中小企业创新发展相结合

一是引导龙头企业建立由其牵头的工厂现场。即由相应领域的龙头企业牵头，有针对性地对中小企业进行内部培训，引导中小企业梳理自己的生产流程。通过举办工厂现场的方式，指导中小企业如何根据自身优势，创新自己的产品或优化生产流程。

二是引导企业间建立测试台。测试台是大中小企业间进行生产合作的实验室。通过测试台的运行，可以检测出大中小企业协作过程中的薄弱环节，为改进和提高生产工艺奠定基础。测试台是局部创新的重要切入点，也是协同创造的试金石，具有允许失败的特点，可以作为今后协同创新的方向，是产业集群协调各方利益关系，提升创新资源和知识利用率的有效方式，可进一步促进龙头企业在合作共生中发展壮大。

3. 助推龙头企业海外市场拓展

一是完善龙头企业海外市场拓展的服务体系。积极引导龙头企业开拓海外市场，设置全球营销支援体制，协助企业解决专业人才、信息与海外网络不足等障碍。宁波应构建企业跨国经营服务联盟和专家咨询委员会，以“一带一路”为统领，引导龙头企业深入参与国际产能合作，助推企业转型升级，培育本土跨国公司，提升宁波企业国际化经营能力，打造为企业提供涵盖政策、信息、人才、金融及风险防范等在内的专业化、系统化、集成化的公共服务平台，为企业“走出去”提供投资咨询、国际人才引进、项目对接、本土跨国公司培育等服务，促进宁波龙头企业成为具有国际竞争力的一流企业。

二是建立海外经营风险预警和防控体系。加强国别、地区和产业投资的风险评估和指导，及时发布风险预警信息。指导龙头企业做好海外投资项目前期的风险评估及风险规避方案，指定好风险应急处置预案，用好出口信用保险等政策性避险工具、市场化风险管理工具。建立境外经贸纠纷和突发事件处置机制，加强对海外企业、项目的生产安全、人员管理和风险管控等的监督检查，指导企业做好突发事件的处置。

4. 创新龙头企业培育要素保障模式

一是创新土地使用方式。龙头企业的创新、协同发展，需要政府探索新的创新的土地使用方式。比如先出租，后出让，出租出让相结合，弹性出让，可以减轻企业取得土地时因一次性投入过大所造成的资金压力，便于将更多资金投入生产经营，为企业营造更优的发展环境；还比如缩短土地出让年限，一般规定是50年，一个企业在发展过程中对土地的需求会发生变化，可以尝试20年出让，企业发展壮大可以接着续，创新转型了就可以收回，这样的使用方式更加灵活，符合龙头企业创新、协同发展对土地的需求。

二是建立高层次人才引培长效机制。专门出台校企合作培养高层次技能技术人才促进办法，明确利益相关方的责、权、利，确定企业参与高层次技术技能人才培养的税收优惠、财政补贴等政策措施，促进“双元制”教育模式的实质性发展；建立适应龙头企业全球化发展需要的国际化高层次经营人才培训、辅导体系，联合国际知名院校、专业机构举办国际化高层次经营人才专业知识和实践技能的培训。探索引入境外企业职业经理人制度，建立落实配套的薪资、职称、国际医疗、保险、子女教育、个人税收等政策，逐步形成与国际接轨的人才选聘、管理和奖惩制度。

课题组成员 邱金岳 张　华 傅叶挺 鲍盛基

宁波民营企业家创业动力的影响因素分析及对策

◎ 任月红　符建利

宁波具有宽松、灵活、稳定的政策环境，公平透明、开放包容、依法依规的营商环境，敢为人先、务实诚信、开拓创新的创业精神，人才总量达到210万，民间资本充裕，是民营经济发展的热土。2016年宁波有18家企业进入“全国500强民营企业”行列，占浙江省134家入围企业数的13.4%。雅戈尔集团股份有限公司、奥克斯集团有限公司、银亿集团有限公司、远大物产集团有限公司、宁波金田投资控股有限公司等5家企业入围全国民营企业前100强，也涌现了一大批知名企业家。

一、当前宁波民营企业家创业动力存在的不足

一是远景管理理念薄弱。宁波民营企业主要以中小微企业为主，企业家主要依靠早期的拼搏精神进行创业，比较重视短期盈利预期，对于企业战略定位、企业文化营造、对企业的未来设想等等关注较少。而且企业家大都是“草根”出生，学历不高。据慈溪市调查，2016年该市规上企业负责人高中专以下学历占50.3%，中小民营企业负责人整体文化水平更低。

二是创业创新能力不足。在技术创新方面，虽然不少企业家也想创新，但由于长期以来的惯性以及创新能力上的不足，通过创新实现成功转型的企业并不多，示范效应不强。此外，由于民营企业资金相对紧张，企业没有实力进行持续技术储备，创新缺乏持续性。据调查，2015年底，民营经济大市慈溪设立研发机构进行长期研发投入的企业共有640家，与3万余家的企业总数相比，比例相当低。在管理创新方面，宁波的民营企业基本以家族企业为主，企业的发展规划制定、日常事务管理、对外联络沟通等几乎均由企业家亲力亲为，缺乏职业经理人的协助配合。据抽样调查显示，只有10%左右的企业聘用职业经理人进行企业经营管理。在创业能力方面，虽然“大众创业万众创新”的氛围较为浓厚，但主要集中在电子科技、网络信息技术、新型服务业态等方面，而宁波民营企业主要以制造业为主，在上述领域产业基础薄弱，企业家即使有心进行二次创业，也因投资方向难以准确把握而导致成

功率不高，投资意愿低迷。据对某地160家重点民营企业的调查显示，在未来3个月有投资意愿的企业仅占21.9%，主要原因为“没有好的项目”和“看不准投资方向”。

三是创业外部条件有待改善。要素支撑方面，企业用工、融资、土地基建等要素成本不断上升，企业家创业被戏称为给金融机构“打工”，影响企业家创业动力。对于部分二次创业的企业家来说，存在可能失去固有财富的担忧，导致缺乏初次创业时的魄力和决断。政府服务方面，政府的服务意识、行政效率、廉政程度有所提高，开展了“大脚板走一线、小分队破难题”等专项行动，但主要集中在土地、税务等企业发展中后期需要的服务，信息咨询、科技推广等创业初期所需的服务仍严重不足。政策扶持方面，政府出台的帮扶政策往往各自为政，缺乏系统性，对企业家创业动力的提振作用不明显。如对外向型经济扶持政策补助执行“当年政策、隔年兑现”流程，当年的奖励经申报、审批需至次年第四季度收到兑现资金，企业普遍反映此类扶持周期过长，影响创业动力。

四是创业发展信心不足。随着财富积累和内外环境变化，部分企业家资本扩张动力减弱，对财富从投资赚钱转向财产保值，有“歇业”“套现”甚至“一走了之”的现象。据调查反映，2016年慈溪市企业注销数量7488家，同比增加107%，企业衰减现象明显。据《中国企业家发展信心指数（2016下半年）》显示，2016年我国企业家发展信心指数虽然出现反弹，但是企业家对全球经济的信心降到了2010年以来的最低点。

二、国内激发民营企业家创业的做法经验

（一）构筑完善生态系统

创业创新生态系统包含市场、金融、文化、支持系统、人力资本和政策等六个方面，如北京打通学术机构、天使投资人、孵化器、创科组织之间联系，构建开放、多元、共生的创业创新生态系统，取得明显成效；杭州结合O2O、互联网金融、人工智能等新兴模式，在独特的创业生态体系下助推创新新秀风生水起。

（二）推出精准扶持政策

一是进一步放宽民营企业的市场准入条件。如广州制定民企“十个放宽”政策；厦门设立“中小企业发展专项资金”；温州制定全国首个私营企业地方行政性法规、首个股份合作制经济地方行政性法规等。二是进一步鼓励科技创业。如成都制定“到2020年培养出20万科技创业者”等创新创业目标；重庆市政府允许大专院校、科研院所的专业技术人员兼职办科技企业。三是进一步推动科技成果转化。如上海在科创中心建设“22条”和配套文件中提出系列科研成果转化新举措，同时

出台实施《上海市促进科技成果转化条例》，通过地方立法方式实现科技、教育、产业、财政、人才、国资、税务、工商、知识产权、审计、监察等部门的政策协同和衔接。

（三）发挥平台集聚效应

一是充分发挥现有各类科技工业园区辐射带动功能，制定配套支持计划。如杭州的浙大科技园，累计入园企业总数为 12000 多家；四川遂宁积极推进专业化园区建设，大力扶持各种龙头型企业带动产业链集群发展模式，通过科技文化要素集聚带动生产要素集聚，探索“平台集聚—企业集聚—产业集群—品牌和文化集聚”的发展路径。二是注重众创空间发展，为创业者提供服务。如天津大量“繁殖”众创空间模式，截至 2016 年底，每所普通本科高校、独立设置的高职学院、独立学院建设至少 1 个众创空间，全市的众创空间超过 100 个。

（四）强化有效要素保障

一是保障优质人力资源。如上海推出“海外人才居住证”“人才居住证”“户籍打分制度”注重引才；江苏、中山、顺德、青岛、河南、河北等地建立年轻企业家培训培养机制；宁夏、贵州、北京、甘肃等组织年轻企业家开展党情国情教育。二是畅通融资渠道。建立多层次多渠道的融资服务金融体系，鼓励天使基金规模、创投规模的增长，为民营企业家创业提供充足的资金。如深圳培育和聚集了超过 8000 家的创投机构，管理资本超过 4000 亿元。三是加大科创投入。如杭州 2015 年财政支出 2.3 亿元促进就业转型资金，积极推进大众创业、万众创新。

（五）培育良好创业文化

各地积极构建自身独特的创业文化，营造进取包容的创业文化。如杭州 2016 年共举办各类创业活动 3287 场，日均 9 场，积极营造鼓励创新、宽容失败的创业氛围；温州发扬民营企业家吃苦耐劳精神，注重培养大市场观念和品牌意识，大力培育“走遍千山万水，说遍千言万语，历尽千辛万苦，想尽千方百计”创业精神。

三、提升宁波民营企业家创业动力的对策建议

（一）构建良好宏观环境，激发民营企业家再创业的原动力

一是扎实推动国家级重点载体建设。以“一带一路”建设综合试验区、“中国制造 2025”试点示范城市、国家保险创新综合试验区、国家跨境电商综合试验区建设等载体建设为契机，在民营资本走出去、智能制造、跨境电商等领域创造出更多的创业机会，激发民营企业家再创业的动力。二是做大做强特色产业。结合小微企业创业创新基地城市示范建设，紧抓特色小镇建设这一契机，大力推进江北动力小

镇、梅山海洋金融小镇、奉化滨海养生小镇、鄞州四明金融小镇、余姚模客小镇、宁海智能汽车小镇、杭州湾兴趣滨海欢乐假期小镇等省级特色小镇建设，扶持发展一批具有行业竞争力的骨干企业和若干具有区域性市场优势地位的企业。三是深入推进创新驱动战略。借鉴先进地区的经验，下大力完善以企业为主体、以市场为导向的成果研发、转化机制，建立政府采购、直接投入、财政补贴、贷款贴息、税收扶持等多种科技成果转化激励方式。以争创国家自主创新示范区建设为抓手，统筹规划国家高新区、特色小镇、众创空间等创新空间布局，加快引进共建国际化科研院所，支持中科院宁波材料所等重大创新平台发展壮大，努力为民营企业创新营造良好环境。

（二）提供优质政府服务，保护民营企业家再创业的积极性

一是借深化改革释放市场活力。深化“最多跑一次”改革，做到审批更简、监管更强、服务更优，同时加大“降本减负三十五条”实施力度，加快政府职能转变，切实降低企业家创业负担。二是借依法行政规范发展环境。全面清理行政法规、规章、规范性文件，依法行政，对于不适合当前发展的相关法规政策进行修改和废除，为民营企业提供一个更加规范的发展环境。三是借精准服务完善生态系统。坚持“分类指导、一企一策”的原则，建立长期稳定的联系帮扶制度，帮助企业得到政府“一对一”帮扶救助。大力发展智库建设，构建民营企业家互联网综合“医院”，为民营企业家创业“把脉问诊”。支持众创空间等社会机构开展创业路演、创业大赛、创业论坛等各类创业活动，建设开放性创新创业生态系统。

（三）厚植各类要素支撑，构建民营企业家再创业的软环境

一是打造新型创业平台，着力解决“技荒”。构建一批低成本、便利化、全要素、开放式的新型创业平台，如创业街区、创新工场等。引进一批全球孵化器资源，鼓励民营企业以产业链为核心、资本为纽带，投资建设科技企业孵化器。建设一批特色明显的大学生创业园，打造大学生向往的创新创业平台。二是打通融资绿色通道，着力解决“钱荒”。创新金融支持模式，构建全覆盖多层次的融资服务体系，满足不同阶段、不同类型民营企业家创业的融资需求。鼓励发展天使投资、风险投资，引导社会资本加大投入力度，支持保险资金与风险投资基金合作。完善民营企业家信用体系建设，促进金融机构与民营企业有效对接。三是培养壮大人才队伍，着力解决“人荒”。以国家、省“千人计划”为抓手，在新一代信息技术、先进装备制造、新能源、新材料、生物医药等领域，引进和培育一批拥有高端技术、科技成果和项目管理人才，注重培养跨境电商、智能制造等紧缺专业人才。加大城市外宣力度，扩大城市影响力和人才吸引力。健全市场化、社会化的人才管理服务模式，完善人才管理服务权力清单和责任清单，进一步改善教育、医疗、交通、住房等条

件，及时解决海外高层次人才在居留和出入境等方面困难。

（四）营造创业为荣导向，提升民营企业家再创业的荣誉感

一是激发企业家非逐利导向的创业激情。探索建立创业文化建设长效机制，与时俱进提炼浙商甬商精神，树立新时代创业观，唤醒企业家内心深处改变世界、造福百姓的潜在创业动力，提高企业家远景管理理念，实现“创业谋生”向“在创业中实现人生价值”的理念转变。二是引发企业家创新创业共鸣。积极宣传民营企业转型升级、创业创新、守法诚信、履行社会责任等方面的先进典型，彰显企业家良好社会形象，鼓励敢于冒险、开放合作、相互包容的企业家精神，使创新创业在全社会蔚然成风。三是引导企业家道德诚信建设。坚持制度规范和道德自律并举，建设教育、自律、监督、惩治于一体的诚信体系。探索建立多层次的企业家信用管理平台，形成银行、财税、劳动保障、环境、法院等跨部门的企业家信用共建联动机制，鼓励社会参与企业家诚信体系建设，监督、惩戒企业家失信行为。

当前影响宁波民间投资的主要因素及对策建议

◎ 任月红

民营经济是宁波经济的最大特色和优势，民间投资也是全市固定资产投资的主力军，宁波市认真贯彻落实国家、省促进民间投资的相关政策举措，努力为民间投资创造良好的投资环境。但近几年来，全市民间投资增速回落、比重由升转降。我们组织相关力量对全市民间投资情况进行调研，分析当前影响民间投资的主要因素，并学习借鉴兄弟城市的先进做法，提出针对性对策建议。

一、宁波民间投资的基本情况

全市民间投资占固定资产投资比重于 2013 年达到峰值，为 49.9%，但从 2014 年开始到 2016 年，民间投资增速开始进入下降区间，并持续低于固定资产投资增速，比重也降至历史最低值。2015 年，全市民间投资 2165.9 亿元，增长 10.8%，占固定资产投资（4506.6 亿元，增长 13%）比重下降到 48.1%。2016 年，全市民间投资 2070.0 亿元，下降 4.4%，占固定资产投资（4961 亿元，增长 10.1%）比重下降到 41.7%。2017 年全市民间投资呈现逐月回升态势，一季度完成 513.2 亿元，增长 6.3%，比同期固定资产投资（1204.3 亿元）高 0.1 个百分点，占比达到 42.6%。但增速仍低于全省 8.1 个百分点，列 11 个地市第 9 位。从结构来看，主要依靠民间房地产投资。一季度民间房地产投资增长 10.6%，拉动民间投资增长 4.6 个百分点，民间工业投资下降 0.4%，增速比 2016 年同期、2016 年全年分别下滑 13.2 个和 1.8 个百分点。

二、当前影响宁波民间投资的主要因素

一是制造业民间投资低迷。2017 年一季度，全市制造业民间投资增速仅为 −3.4%，这与“中国制造 2025”试点示范城市极不相符。汽车制造、电气机械、原材料、纺织服装等行业投资下滑比较严重，降幅大于整个制造业的平均降幅。尤其是占整个制造业投资 1/3 强的汽车制造业民间投资经过 2012 ~ 2016 年五年的高速

增长，大众、吉利等不少重大项目竣工投产，增速已从 2015 年的 53.2% 下降到目前的 -23.7%。虽然扣除汽车制造业后，全市制造业民间投资增速为 12.2%，但重大产业项目接续不足已成为制约工业投资增长后劲的主要原因。当前，宁波和全国一样，正处于经济增长新旧动能转化关键时期，以石化、汽车制造为代表的临港大工业增长动能明显弱化，转型升级任务艰巨。新兴产业和高技术产业动能虽然正在加快培育，但新经济投资的“增量”短期内难以弥补传统动能投资“存量”下降带来的缺口。

二是房地产民间投资存在不确定性。2014~2016 年，全市房地产开发民间投资增速分别为 10.8%、-6.4%、-1.3%，2017 年一季度增速为 10.6%。房地产民间投资增速已与 2014 年持平，但与全省相比，宁波房地产民间投资增速并不快，占比也不高，主要原因是民营房地产企业基本为工业企业涉足，从 2015 年企业调查情况看，宁波重点工业企业中有 20% 以上涉足房地产，本身专业实力较弱，加上需求萎缩、成本上升、资金链担保链风险等冲击，严重影响民间房地产投资。而且近几年国有房地产企业在拿地、融资、去库存等方面都优于民营房地产企业，客观上挤压了民企发展空间，也使得 2017 年宁波房地产民间投资企稳向好存在着较大的不确定性。

三是企业投资方向不明和信心不足。宁波深入推进供给侧改革，“互联网 +”“中国制造 2025”、智能经济等重大战略加快实施，新兴产业和高技术产业较快发展，但重点企业中仍有 53.6% 的企业反映对投资方向把握不准，66.6% 的企业反映没有好的项目。还有的企业家荣誉感和责任感有所消退，对未来预期不乐观，信心不足，不敢增加投资。3 月末，全市金融机构人民币存、贷款余额分别增长 8.7% 和 4.3%，贷款增速已连续 13 个月回落，比 2017 年全年分别低了 1.7 个和 1.8 个百分点。

四是市场准入门槛较高。政府工程、采购项目及 PPP 项目门槛相对较高，对民间资本的专业技术、资金实力、从业经验等要求较高，影响民营企业进入相关领域，尤其是政府购买服务项目还不能覆盖到民营非企业。银行、保险、电力、铁路等行业，民资难以与国资站在同一起跑线上。教育、医疗、养老等行业人才、土地、财税、价格等配套措施跟不上，也影响民间资本进入。

五是关键要素供给不足。金融方面，金融机构在融资条件、利率、期限等方面还存在“重大轻小”“重公轻私”等问题。中小微企业贷款难问题依然突出，小微企业监测显示，16.3% 企业表示资金链比上个季度更紧张，21.3% 企业希望政府帮助拓宽融资渠道，41.3% 企业希望降低贷款利率水平。新设立的 4 大产业发展基金，还没有充分发挥引导作用。如市体育产业引导资金规定的补助对象是在工商局注册的体育类企业，而在民政局注册的体育类民办非企业单位却无法享受。土地方面，各地指标普遍紧张，影响项目落地。土地制度改革滞后也影响了民间投资，如，不少民企要新增投资但无土地，增加容积率缺少操作办法；企业长期租用集体土地，希望扩大用地，但面临新增用地政策不明、土地性质无法确定等问题。人才方面，企业普遍反映上海、杭州等地对宁波人才虹吸效应明显，导致中高端人才难招难留，尤其是新经济企业人才流失严重，65.3%的重点企业反映受到技术和人才制约。

另外，民间投资增速和比重不高，也有成本上升过快、产业梯度转移、境外投资上升、软投入增加、投融资体制机制改革滞后带来的客观影响，还有“国进民退”、政策落实不力、对民间投资支持力度不够等工作上的主观因素。

三、促进宁波民间投资企稳回升的对策建议

针对民间投资下行的主要因素和工作中存在的不足，下一阶段要结合宁波“十三五”重大战略和供给侧结构性改革的实施，全面贯彻落实《进一步做好民间投资有关工作的通知》等国家、省重点政策，进一步突出问题导向，完善政策措施，健全工作机制。

（一）着力抓好重大产业项目谋划落地

抓民间投资工作的本质就是抓项目的开工建设，要改变目前民间投资增长不利的局面，必须强化大项目支撑。一是力促重大产业项目开工落地。抓好第一批集中开工88个重大项目特别是民间投资项目的跟踪督促和服务，确保进度目标要求。二是依托重点功能园区抓重大产业项目谋划落地。抓好产业项目谋划和特色招商，加快各类园区的统筹整合和功能优化，加强与龙头大企业的对接洽谈，引进一批“看得见、摸得着、可落地”优质产业项目。促进临港工业绿色化、循环化改造，培育发展石化产业补链项目。按照国家汽车产业导向，抓紧研究拓展新能源汽车项目，促进形成新的投资热点。加快确定通用航空产业规划布局和基地。

（二）着力抓好投融资体制改革

一是加快PPP模式推广运用。在基础设施、公共服务等领域，找准瓶颈制约，切实解决好民企与国企公平竞争问题。完善联席会议推进机制，实施项目联审联评。构建切实可行的PPP“1+X”政策体系，推动交通、卫生、教育、民政等行业管理部门抓紧出台本行业的配套细则。加强PPP项目的谋划推介力度，鼓励推出经营性项目，适度推出准经营性项目，进一步充实完善储备库，加快杭甬复线一期、海绵城市、城市主要道路等PPP项目落地实施。正式运作PPP投资基金，支持设立各类市场化PPP基金。二是尽快启动四大产业基金的实质性运作，参照省里的做法，统一基金管理，减少管理层级，明确委托监管方式下的责权利关系，防止子基金之间的同质化竞争。扩大市创投引导基金规模，完善引导基金办法，与产业基金相结合，

形成规模优势。提高风险容忍度，开展直投业务。三是拓展直接融资渠道。大力发展多种形式的投资基金，加快推进企业上市，发挥股权交易中心对资本配置的积极作用，构建多层次资本市场。四是推进普惠金融示范区、保险创新综合试验区建设。针对外贸、涉农、文化和科技等企业，积极引进新的机构和法人主体，鼓励普惠金融和保险产品创新。推进中小微企业信用体系专项工程建设，提高信用贷款比重。

（三）着力激发民营企业投资信心

一是完善信息发布和政策解读的公开机制，主动分析、宣传全市经济逐季回升、态势向好的方面，以及“中国制造 2025”试点示范、国家科技成果转移转化示范、智能经济等重大战略带来的投资机遇，释放积极信号，提振发展信心。二是完善财政资金支持企业创新的政策措施，引导企业加快新经济领域的探索，积极帮助企业拓展国内外市场。聚焦实力民企和浙商甬商企业，大力开展系列招商活动。三是组织召开全市民营企业大会，表彰先进民营企业家，明确民营企业是科技创新、制度创新、市场竞争的先锋和主力，是先进生产力的代表，提高民营企业家的社会地位，增强其参与经济社会发展的荣誉感和责任感。

（四）着力强化关键要素保障

审批方面，进一步深化行政审批制度改革和“最多跑一次”改革，加大简政放权力度。贯彻落实政府核准和备案投资项目管理办法，削减行政审批事项，缩短投资核准报建周期。继续强化以“6＋1”“9＋X”会商会审为核心的项目联合办理机制，结合实际探索制定个性化审批流程。建好用好投资项目在线审批监管平台，探索开展投资项目信息在线备案制度。服务方面，加强分类指导和跟踪服务。对于重大产业项目，市级层面要建立绿色通道，健全协调联动推进机制，一企一策，加强服务保障力度。对于量大面广的小微企业项目，创新管理机制，强化平台搭建，提供更具针对性和差异性的对接服务。集中梳理一批民间投资项目推进中遇到困难和制约，对相对集中的规划用地指标、审批互为前置等问题，列出清单，通过市县联动来统筹协调解决，需要提请省里或国家层面解决的，集中上报一批。土地方面，加快土地管理制度创新，参照长沙经验，探索产业用地弹性出让政策，及提高已出让土地利用率、容积率的管理办法；参照深圳经验，研究探索集体建设用地入市交易与流通制度。人才方面，制定完善对中高端人才，特别是企业普遍反映难招难留的中端人才的引进培养政策，对“3315”等高端人才政策形成有效补充。

宁波高起点推进国别产业园建设的对策研究

◎ 何介强

宁波市第十三次党代会报告明确提出，今后五年要“高起点推进一批国别产业园建设”。为此，本文通过分析国别产业园建设的重要作用，重点阐述国内发展较好的国别产业园建设管理模式、投资方式、合作领域、招商路径的新趋势和相关经验做法，在此基础上提出宁波高起点推进国别产业园建设的若干建议。

一、国别产业园建设的重要作用

国别产业园作为国际产能合作的新平台，通过与合作国建立多层次多渠道的合作交流，对提升对外开放水平、推动区域转型升级、培育经济发展新动能具有重要作用。

一是有利于提升产业竞争力，推动区域转型升级。目前，国别产业园大多采用“园中园”的模式，能够有效地推动开发区的前向耦合与后向耦合，通过引进合作国先进的技术、管理和人才，开展深入合作，有利于推动企业和区域转型升级。比如，苏州新加坡工业园区 2016 年人均 GDP 超 4 万美元，目前已形成以电子信息和机械制造为主导的高端制造产业集群，以及以纳米技术为引领、五大新兴产业为支撑的战略性新兴产业集群，甚至带动了整个苏州的跨越式发展。

二是有利于提升投资吸引力，吸引企业抱团入驻。园区内空间联系紧密，为企业间合作提供了便利，围绕合作国的特点，开展针对性招商，有利于吸引产业关联企业整体入驻。比如，成都中法生态园以神龙汽车项目为核心集聚产业链，吸引了法国佛吉亚、东风模具及风神物流等近 30 家知名汽车零部件企业签约落户；山东荣城经济开发区日本工业园规划面积 1.73 平方公里，先后引进了包括丸红、阪和兴业等世界 500 强企业在内的 30 多个日资项目。

三是有利于提升人才创造力，营造创新创业高地。园区内外籍人士生活、宗教等国别化需求趋同，语言单一化，有利于增强其归属感，吸引大批海内外高层次人才和科研机构，激发创新创业活力。比如，苏州新加坡工业园区就业人口中专业技术人员占比超 60%，大专以上人才总量居全国开发区首位。园区现有 135 人入选国家“千人计划”、164 人入选“江苏省高层次创新创业人才”，拥有重点实验室、工程中心、技术中心、博士后科研工作站、流动站等各类研发机构累计 480 个，被评为中组部“国家海外高层次人才创新创业基地”。

二、国别产业园建设的新趋势与经验做法

国内一些发展较好的国别产业园根据各自实际和功能定位，不断创新管理、投资、合作、招商等模式，成效明显，有力带动了所在区域和城市发展。总的来说，这些国别产业园建设呈现四方面趋势。

（一）管理模式从行政主导走向市场主导

一是实行市场化管理。淡化行政色彩，园区管理采用“政府指导、企业营运、市场化运作”模式，实现由行政主导逐步向更多依靠市场力量转变。比如，广东揭阳中德金属生态城由揭阳金属企业联合会自筹10 亿元设立产业基金，成立中德金属集团公司，主导园区开发建设，园区内不设类似“管委会”的一级政府机构，有关管理职能由金属企业联合会实施。

二是开展定制化服务。根据企业需求，量身定制相关服务平台。比如，中奥苏通生态园针对奥地利企业以小型企业居多的特点，成立了两大服务平台：中国 - 奥地利科技企业孵化器和中国—奥地利合作中心，专为中小企业提供小型办公场所、工厂和展示平台，吸引了一大批奥地利中小企业入驻。

（二）投资方式从项目投资走向战略投资

一是全面参与园区整体开发建设。突破企业只投资产业项目的传统模式，吸引企业共同参与园区整体开发，包括商业、居住、文化、教育、医疗等配套设施建设。比如，成都中德（蒲江）中小企业合作园引进成都合联等三家企业共同负责园区厂房和基础设施建设，全部效仿德国工业小镇模式，并且还建设了学校以及欧式风格的酒店、住宅、公园等配套设施。

二是产学研合作培育区域新经济。依托园区资源，加强与科研院所、高等院校的合作，把科技链与产业链结合起来，培育区域新经济。比如，广东揭阳中德金属生态城与德国九大行业协会、弗兰霍夫研究所以及西班牙巴塞罗那工程设计学院等 6 个欧洲科研机构建立了合作关系，共建金属科技中心及成果交易平台，发展新经济，成为拉动经济发展新的动力。

（三）合作领域从产业合作走向全面合作

一是注重产城协同发展。园区在规划之初就充分考虑产业发展与城市建设的协同发展关系，将发展方向瞄准高新技术产业、节能环保产业和现代服务业，利用“低碳技术”“绿色技术”实现“低投入、低耗能、低污染、高产出”的可持续发

展。比如，中奥苏通生态园利用可再生能源技术的绿色节能建筑示范工程，以科技为先，鼓励研发和总部类企业入驻，形成现代服务业与战略性新兴产业“双轮驱动”的格局。

二是创新人才合作模式。采用中外合作培养模式，设立培训中心，提供针对性专业培训，以满足园区企业对技术人才的较高需求。比如，中德（太仓）企业合作基地积极引进德国的双元制职教模式，太仓市政府与德国巴符州政府以太仓职教中心和克恩—里伯斯、慧鱼两家区内德资企业为载体，共同创办了我国第一家与德国职业技术教育同步的职业培训中心——太仓德资企业专业技术工人培训中心，学员毕业后可获得德国和中国均认可的资格证书，有效满足了企业对专业技术工人的需求。

三是促进文化互容、互鉴、互通。园区高度重视两地文化合作，把文化作为园区发展的重要支撑。比如，中韩（威海）产业合作园坚持“产业制胜、文化致远”的发展理念，一方面突出威海人文特色，另一方面积极引入优秀的韩国文化，强调两地文化的互通性，促进不同文化的交流与合作，为园区产业合作搭建和谐沟通的纽带。

（四）招商路径从政府招商走向多元招商

一是创新商会招商模式。园区加强与国外商会的紧密联系，利用其在产业、人才、信息、投资、管理等方面的优势，共同搭建合作平台，创新招商模式。比如，中瑞镇江生态产业园和中奥苏通生态园积极与瑞士政府和奥地利最高商会组织联邦商会（拥有近40万家会员企业）开展合作，充分利用合作外方在该国的公信力和资源招商，既提高了园区知名度，又能广泛吸引投资者。

二是创新国外专业团队招商模式。突破现有的招商体制，针对园区产业定位，聘请国外专业招商团队，积极采用委托招商、代理招商、专业招商等方式，提高招商成效。比如，济南中德新材料科技园引进德国巴伐利亚州的德国化学产业集群有限公司专门负责招商引资工作，面向德国化学“智造”企业有针对性地开展招商，形成以德国企业为主、辐射欧洲的对外招商平台。

三、宁波高起点推进国别产业园建设的对策建议

高起点建设国别产业园对于宁波提升对外开放能级、建设“中国制造2025”试点示范城市具有重要意义。宁波现有的中意（宁波）生态园、镇海北欧工业园、中东欧（宁波）工业园、中瑞创新园等国别产业园已取得显著成效。为进一步提升现有国别产业园的能量级，拓展国际产城合作，特提出以下建议。

（一）坚持国际标准和国际理念，高标准谋划一批国别产业园

一要拉高标杆、对标国际，坚持错位发展，强化市级统筹协调力度，高水平打

造具有国家试点示范意义的中意（宁波）生态园，鼓励各区县（市）借此平台拓展与意大利的城市、产业、文化、生态的全方位合作，形成以中意（宁波）生态园为引领，以镇海北欧工业园、中东欧（宁波）工业园、中瑞创新园等国别产业园为重点的“1+N”发展格局。

二要以创建中国中东欧国家投资贸易综合试验区为契机，坚持“世界眼光”和国际标准，市级层面要加大投入、创新理念，引入战略合作者共同建设中东欧（宁波）工业园，并努力推动其成为“一带一路”合作的国家级项目。可根据不同国家的产业特点、文化特色，引入“一区多园”的建设思路。

三要出台指导意见，鼓励各区县（市）因地制宜、创新推进一批“园中园”模式的国别产业园建设，重点发展新材料、装备制造、节能环保、生命健康等新兴产业，提升发展汽车制造、绿色石化等优势产业，培育一批高端产业集群，把国别产业园打造成宁波“中国制造2025”特色产业示范园。

（二）坚持政府与社会合作，高水平建设一批配套设施

一要强化基础设施配套。鼓励以政府与社会资本合作模式开发建设园区，按照“十三通一平”的要求和国际标准，高水平建设道路交通、地下管网、通信信息网络、园林绿化等基础设施配套，提升园区硬件环境，实现绿色生态发展。

二要强化公共服务设施配套。引进社会资本在国别产业园内部专门建设生活服务区，包括超市、餐饮、物流快递、文化娱乐、医疗、教育等基础功能配套以及人才公寓、展览展示中心等高端设施配套，满足客商尤其是国外客商对商贸、生产、生活的需求。

（三）坚持“引进来”和“走出去”相结合，高质量集聚一批优质项目

一要创新招商引资模式。加大招商引资力度，加强园区与国外机构、协会等组织的合作，借助国外组织在产业、人才、技术、信息、投资等方面的资源优势，吸引一批优质项目向园区集聚。发挥现有招商引资平台“以外引外”作用，深度挖掘其内在资源，准确了解企业需求，实现精准招商。比如镇海北欧工业园可以利用其外籍管理人员的资源，引进芬兰、丹麦等北欧国家优秀环保企业和堪称一流的治水技术，用于“五水共治”项目等。

二要实施“走出去”战略。抓住国家“一带一路”倡议机遇，鼓励市内有一定实力和影响力的企业扩大对外投资，推动装备、技术、标准、服务“走出去”，特别是与“一带一路”沿线国家开展合作，建设一批境外国际产业合作园。

（四）坚持围绕企业需求，高规格打造一批发展平台和载体

一要建立产学研国际合作平台。鼓励诺丁汉大学、宁波大学等高等院校利用自身优势在园区内设立科研机构，加强与国外先进科研院所的合作，积极搭建包括科

技研发、成果孵化、产业化制造、技术服务等在内的一站式公共服务平台，推动产学研用深度融合。整合高新技术开发区、千人计划产业园等全市园区优势资源，建立产业集群创新共享服务平台，为企业、科研院所、高层次人才等在科技服务、协作共享、成果转化等方面的需求提供行业资讯、信息资源、决策支持等服务。

二要建立知识产权保护平台。充分利用市场化手段，吸引和鼓励社会资本搭建知识产权保护平台，开展知识产权申请、咨询、战略实施、维权等各种服务，真正发挥知识产权推动创新的作用，为维护权利人的合法权益提供有力保障。

三要打造人才合作培养基地。借鉴中德（太仓）合作园的双元制职业教育模式，鼓励宁波工程学院、城市职业技术学院等高等院校联合国外企业成立专业人才合作培养基地，专门培养企业需要的高技术人才。

宁波社会资本进入体育产业的现状、问题及对策

◎ 任月红

发展体育产业、建设运动城市是建设健康宁波的重要举措，是实现“名城名都”的重要内容。随着国家出台促进体育产业发展的一系列政策，体育产业已日渐成为社会资本关注的一个热点。

一、宁波社会资本进入体育产业的现状

总体上看，宁波体育产业发展呈现出政府引导、市场主导、业态多元、品牌初显的良好格局。

一是体育产业发展势头较好。2014 年和 2015 年，宁波体育产业实现增加值分别为 61 亿元和 83.6 亿元。2016 年，宁波体育产业总规模为 263 亿元，到 2020 年，体育产业总规模将达到 436 亿元。2016 年，体育民间投资 20.7 亿元，2017 年前三季度为 9.1 亿元。目前，体育产业市场主体 13025 户，占全市市场主体的 1.65%。全市拥有大中型运动场馆 24 个，乡镇运动健身中心 88 个，省级运动休闲基地 10 个，总投资 35 亿元的奥体中心一期工程即将竣工。2016 年举办国家级及以上运动赛事 46 项。

二是体育产业业态多元。目前，社会资本进入体育产业主要有职业体育、健身俱乐部、户外行业、民营球馆等门类，涉及篮球、排球、足球、乒乓球、羽毛球、网球、武术搏击、越野跑、户外运动、自行车、轮滑、器械健身、体育舞蹈、钓鱼、围棋等众多项目。近年来，体育 + 旅游、体育 + 文化、体育 + 教育、体育 + 医疗、体育 + 互联网等新业态持续涌现，九龙湖越野赛、江南 100 越野比赛、深甽山地马拉松等商业化赛事蔚然成风。民营球馆日渐兴起，利用闲置厂房办球馆的模式甚至“复制”输出到上海、济南等地。

三是社会资本经营体育产业已有较高知名度。在职业体育领域，宁波多家民营企业参与了 CBA、WCBA、乒超联赛等国内知名的职业联赛。如：富邦集团与八一体工大队共建八一富邦男子篮球俱乐部征战 CBA 联赛。广博集团与八一女篮连续 4 次签署合作协议。海天集团组建了宁波海天队参加乒超联赛，并多次荣获联赛总冠

军。近几年来，宁波采取政府和企业合作的模式，引进宁波国际马拉松赛、WBK职业极限格斗联赛、WBC世界拳王争霸赛等高层次竞赛项目，为提升宁波城市形象和知名度发挥了积极作用。

四是体育用品制造业品牌优势初显。宁海县深甽镇的运动杖企业产值占全国70%以上，成为国内知名的“运动杖之乡”。宁波茂森体育用品企业自成立10多年来专注于滑雪板的生产。真武魂文化传媒有限公司等3家运动企业已成功上市。牧高笛、雪狼、爱路客等户外用品企业国内知名度较高。

五是政策扶持不断加强。紧跟国家政策步伐，宁波在2013年、2014年和2016年先后出台了《宁波市体育产业发展引导资金使用管理暂行办法》《关于鼓励和引导民间资本投资社会事业的意见（试行）》和《宁波关于加快发展体育产业促进体育消费的实施意见》等政策文件，大力引导社会资本投资体育产业，并成立了全省首个每年500万元的体育产业发展引导资金。

二、社会资本进入体育产业面临的主要问题

（一）企业经营难度较大

一是体育消费市场不景气。受制于国内体育产业的大环境，2010～2016年，宁波体育商品零售额年均增长仅3.6%，2016年体育产品进出口总额仅为5.4亿美元。二是体育竞赛表演业利润微薄，部分赛事甚至是“亏本办比赛”。如，八一男篮职业篮球俱乐部目前处于亏损状态，尽管每个赛季常规赛的场次增加到38场，但八一男篮4500个座位的体育馆上座率一般不超过8成，联赛外围的衍生产品仍处于待开发的状态。女篮比赛的上座率相对更加偏少，媒体关注度更低，俱乐部实现盈利的难度很大。三是体育健身服务业普遍经营困难。由于租金、水电费、人员等综合成本高企，经营模式单一，市场开发乏力，加上难以享受到税收、金融等优惠政策，以至出现“门店倒闭，老板跑路”的负面新闻。四是体育用品制造业受互联网冲击大。受互联网冲击，宁波体育产品被仿制的速度不断加快，产权保护的大环境不利，行业创新难度大，利润空间小。

（二）扶持政策有待完善

一是扶持政策难落地较为普遍。对中小体育企业的引导和支持不足，尤其是政府购买服务项目还不能覆盖到民营非企业。市体育产业引导资金规模小，且补助对象限定为在工商局注册的企业，在民政局注册的体育类民办非企业单位无法享受，大多数体育俱乐部被拒之门外。如，多次获得乒超联赛总冠军的宁波海天，既不能纳入政府购买服务项目，也无法获得政府补助。而在山东等地，经营一家4000～5000平方米的健身场馆，可以拿到100多万元的政府补贴。二是税费优惠难以享

受。体育场馆类企业享受的税收政策是普通增值税，享受不到文化体育类的3%税收标准，并且由于场馆的所有权并非经营者所有，难以享受到体育场馆的水电费等优惠。三是政策执行流程复杂。如，一位开办游泳馆、健身馆的经营者，反映项目报批报建的流程不清晰。一家在国内健身类自媒体中排名前二、跑步类自媒体中排名第一的宁波本地互联网电商企业，因“手续烦琐”而不愿申请政府资金的支持与补助。

（三）体育复合型人才缺乏

体育产业的从业者无论知识结构、年龄层次还是创新意识，都存在与市场经济需求脱节的情况，而且人员素质参差不齐。以健身业为例，2002 年多数健身会所的健身教练非体育学院的毕业生不招，现在由于健身场馆发展太快，人才供应严重不足，即使是高中生经过短期培训，也可以直接成为健身教练。

（四）行业协会作用发挥有限

宁波目前有市级体育协会 39 个，体育俱乐部等民办非企业单位 55 个，这些体育社团在发展全民健身和群众体育方面起着不可替代的作用。然而，由于经费短缺、人员结构老化、创新意识不强等多重困难，除极个别的协会之外，大多数体育社团处于勉强维持的运行状态。

三、促进宁波社会资本进入体育产业的对策建议

当前，宁波社会资本进入体育产业正处于整合提升的关键阶段。建议进一步加强对社会资本进入体育产业的规划引导，培育开发体育市场，推进体育设施建设，创新运营机制和模式，加大政策扶持力度。

一是建立体育产业项目库。实行体育产业项目化管理，由体育局、发改委梳理提出体育产业项目清单，建立产业项目库和招商项目库，每年定期举办体育产业项目推介会，推进体育产业项目招商，主动为中小企业提供交流展示的平台。同时，尽早建立体育产业专项统计体系。

二是扩大政府采购服务范围。探索扩展政府购买公共体育服务清单，适当放宽相关限制，不仅局限在体育赛事和场馆领域，对有利于扩大宁波城市影响力的体育项目及有利于社会资本进入体育行业的服务，均可以视情纳入政府采购。

三是积极培育开发体育市场。建立体育经纪创业平台，组织开展高水平、影响大和群众基础好、观赏性强的商业性赛事或表演活动，鼓励和支持社会力量承办全球高关注度的大型品牌赛事甚至国际品牌赛事。如，与中东欧友好城市共同举办各类体育赛事。同时，大力促进体育与旅游相融合，策划实施“旅游 + 体育”项目，引导市民和游客体育消费。培育和发展运动休闲娱乐游、惊奇探险游、赛事观摩游、

民间传统游、健身度假游等体育旅游项目。另外，加大体育服务业政策扶持力度，培育和引进广告、策划、文化等相关体育服务业，延伸体育产业链。

四是加强体育基础设施建设。结合“健康宁波”建设，编制宁波市公共体育设施建设专项规划，构建四级公共体育设施网络。以政府引导、社会资本共同参与的模式，高质量建设大型赛事场馆，如奥体中心2期、宁海新体育中心、象山万人体育场、北仑F2国际赛车场；加大训练场地设施建设，新建游泳训练基地、小球训练基地，迁建体育运动学校，筹建足球学校；改建大众运动场馆，加强工业区、居民住宅区、新宁波人聚居地等体育设施建设，在“三改一拆”空地、废弃厂房仓库、立交高架桥下等存量土地上改建一批体育设施。

五是创新运营机制。加强体育行业协会的功能和工作力度，健全体育产业发展工作机制。重点改革场馆运营模式，打破公益性和经济性的界限，推进全市存量场馆管理体制和运营机制创新，探索公共体育场馆所有权和经营权分离，适时成立国有控股的市级体育场馆运营公司。鼓励体育企业多渠道、多方式融资，探索股权众筹等融资渠道，引导有实力的企业以资本为纽带，跨地区、跨行业、跨所有制参与体育产业投资。加强体育产品创新设计与开发研制，建设体育行业“双创”平台和孵化器。

六是加大政策保障。要进一步梳理、细化社会资本进入体育产业的相关政策措施，在税收、用地、产业基金等方面借鉴国内外先进经验，创新完善相关政策，加大体育引导资金力度，建立5000万元的体育产业专项资金；加大体育复合型人才培养和引进的政策支持；落实体育场馆房产税和城镇土地使用税优惠政策。同时，加强政策宣传，破除企业与政府信息不对称的难题。落实“最多跑一次”改革，简化体育行业的办事流程。

宁波民宿经济发展存在的短板及政策建议

◎王　巍　周威锋

近年来，宁波民宿经济发展方兴未艾，成效显著。截至2016年底，全市有民宿经营户1484户，市级民宿（农家客栈）集聚村41个，吸纳农村劳动力2.6万人次，住宿游客202.6万人次，实现直接营业收入3.98亿元，带动其他营业收入6.72亿元。但也存在着一些短板，制约着民宿经济进一步发展。

一、宁波民宿经济存在的短板

一是档次品位不高。目前，全市有精品民宿50余家，但70%的民宿还处于发展的初级阶段，接待服务档次不高，大多数停留在吃饭、打牌、喝茶和钓鱼等粗放型简单化的层面，缺乏主题特色以及对本土文化、乡村民俗的发掘利用，绝大多数民宿装修简单、品位不高，形式雷同、活动单调，难以形成民宿品牌。

二是政策支持不足。目前，宁波市对提升民宿经济发展的政策支持力度不足，主要表现为三方面：第一，审批程序繁杂。涉及农办、治安、食品药品监督、消防、卫计等多部门审批，许多民宿业主或者无照经营，或者以旅游开发公司等名义经营。第二，缺乏审批标准。如现在的民宿消防审批一般都是参照酒店的标准，普通民宿很难通过消防审批。第三，设施配套不够。目前，农村的宅基地都受到严格制约，道路、停车场、餐饮、购物场所、卫生间和小型娱乐设施配套受农村每户宅基地面积制约，难以配套。

三是管理服务不够。从管理层面看，目前宁波市尚未制订出台《民宿管理办法》，对民宿的管理不够规范，在帮助民宿业主品牌打造、平台入住、营销改革、金融支持等方面也缺乏力度。从服务层面看，民宿经济的服务环境还有待优化，农村交通不便、旅游标识不明、公共卫生等设施配套不足。如，江北区毛岙村，除了少数进城农户空置的房屋可用于开展民宿经营外，其他可用于民宿经济的农房几乎没有，区域规模效应不明显。即使有两家经营状况较好的民宿经营者，在投入200多万元改建翻修后，已无力改善交通、卫生、村庄环境等公共配套。

四是组织化程度不高。全市民宿规模小、分布散，甚至部分民宿没有合法手续。

宁波市饭店业协会客栈民宿专业委员会于2016年10月份刚刚成立，且系饭店业协会的下属分支机构，管理经验缺乏，难以在民宿的标准制定、人员培训、装修设计、营销策划、会员管理和星级评定等方面发挥优质服务，各区县（市）都还没有成立民宿协会，整体组织化程度不高。

二、政策建议

一是培育民宿品牌。实施本土民宿品牌提升工程，立足资源禀赋，突显本土特色，围绕宁波的历史文化、海洋民间文化、藏书文化、浙东学术文化、青瓷文化、民俗文化、宗教文化、生态文化和名人文化，打造宁波的民宿品牌。突出重点，鼓励有条件的区域利用自身资源打造山林型、海岛型、休闲体验型等民宿品牌。开展对外精准招商，瞄准日本、中国台湾等境外民宿名企名牌，精心推出一批业态新颖、带动性强的精品民宿招商项目。加强对内开放合作，重点引入国内民宿知名企业和知名品牌，与其在民宿品牌宣传、委托经营、项目投资等方面展开全方位合作。

二是创新审批办法。实施“一个窗口审批、联合踏勘验收”的审批模式，设立民宿（农家乐）审批综合服务窗口，集中受理申请材料并流转各相关部门审查，同时组织公安、消防、环保、卫计、旅游、农办、市场监管等职能部门进行联合实地踏勘验收，让民宿业主申办营业执照时“最多跑一次”。针对不同区域、不同面积、不同楼层和不同客房数量的民宿，提出科学合理的消防要求。将民宿项目和配套基础设施的用地需求纳入政府年度新增建设用地统筹安排，支持农村集体经济组织利用非耕地、腾退宅基地、闲置建筑物，在不改变土地性质的前提下采取土地合作、作价入股等方式参与乡村民宿开发。

三是加强管理服务。加快制定《宁波市民宿管理办法》及《宁波市民宿管理实施细则》，把对民宿经济管理提升到法律层面。制定民宿专项发展规划，明确全市民宿经济的发展方向、目标定位、产业集聚、空间布局、重点项目和保障措施。探索在市旅游发展基金下设民宿创业投资子基金和融资担保资金，引导各类投资公司通过直接投资、股权投资等方式积极参与，积极开发民宿信用贷款、创业贷款、经营权抵押贷款等适合民宿发展的个性化金融产品，解决民宿发展资金难题。对利用荒滩、荒地、林地和废弃山塘等非耕地开发民宿项目，适当放宽限制。对有条件发展民宿的“空心村”“移民村”，支持村集体统一收购管理，委托专业公司开发经营民宿项目。

四是发挥协会作用。加快完善各级协会组织，拓展协会功能，探索利用做好品牌宣传、人才培养、标准制定、平台营销、会员管理等工作。鼓励民宿协会加强与宁波市旅游培训中心、宁波旅游学院的合作交流，加强人才培养，解决民宿服务专业人才紧缺问题。鼓励民宿协会会员筹资设立宁波市民宿产业发展众筹平台，解决会员的资金应急。

关于设立宁波军民融合产业创新示范园的若干建议

◎ 何兴法　何介强

一、重大意义和现实基础

（一）重大意义

习近平总书记在中央军民融合发展委员会第一次全体会议上强调，把军民融合发展上升为国家战略，是我们长期探索经济建设和国防建设协调发展规律的重大成果，是从国家发展和安全全局出发作出的重大决策，是应对复杂安全威胁、赢得国家战略优势的重大举措。要加强集中统一领导，加快形成全要素、多领域、高效益的军民融合深度发展格局，逐步构建军民一体化的国家战略体系和能力。军民融合发展已经上升到前所未有的高度，深圳、大连、青岛等同类城市纷纷提出要创建军民融合创新示范区。宁波作为制造强市，应抢抓这一重大历史性机遇，把军民融合发展作为今后发展的重要战略，培育先行先试的创新示范载体，拓展军民融合发展新空间。设立军民融合产业创新示范园，加快军民融合产业发展，是宁波贯彻落实国家战略、建设“中国制造 2025”试点示范城市的重要内容，对于实现军民技术转移转化和资源共享，推动宁波市装备制造产业迈上中高端，具有十分重要的意义。

（二）现实基础

近年来，宁波以建设“中国制造 2025”试点示范城市为引领，积极推进军民融合深度发展国家战略，充分发挥产业基础和地域优势，培育了一批军民融合市场主体，创建了一批军民融合技术平台，军民融合产业得到了较快发展。

一是军民融合产业政策不断完善。编制出台《宁波市“十三五”军民融合深度发展规划》《关于宁波市推进“中国制造 2025”试点示范城市建设的若干意见》，组织起草《宁波市推进军民融合产业发展的实施办法》等，鼓励军民技术双向转移转化。近年来，宁波已累计下达 1400 多万元资金支持军民融合产业发展。据不完全统计，全市军民融合产业产值达到 600 亿元，年均增速在 9% 左右。

二是军民技术双向转化成果明显。积极引进军工央企及科研院所落户，先后成立了兵科院宁波分院、中科院宁波材料技术与工程研究所、中物院技术转移中心宁波分中心等，与中国航天科工集团合作共建宁波航天智慧科技城、宁波航天军民融合技术转移中心，推动军民融合技术在本地转移转化。2012 年，鄞州区被工信部授予“国家新型工业产业示范基地（军民结合类）”称号。2016 年，兵科院宁波分院被认定为浙江省军民融合产业示范基地。

三是民营企业“参军”队伍增长较快。近年来，宁波民营企业积极承接军品科研生产任务，每年均新增 10 家左右企业取得军工资质。目前，全市有近 60 家企业取得相关的资质证书，近 20 家企业“四证”齐全。“民参军”企业已涉及新材料、电子信息、机械、航空航天、核电、船舶、电子通信等领域，先后参与了神舟、嫦娥、天宫系列和核电、商用飞机等生产配套服务，形成了以星箭航天、天生密封件为龙头的“民参军”骨干企业。

虽然宁波军民融合产业取得了较大发展，但仍存在一些问题和不足：一是产业发展能级还有待提升。军民融合产业产值体量较小，主要依靠民营企业“单兵作战”，人才和技术储备不足、自主创新能力较弱，没有形成规模效应和集团优势。二是产业集聚度还不够高。军民融合产业布局较为分散，产业链还不够完善，集聚效应还不够明显，产业竞争力和吸引力还有待进一步提高。三是大型项目引进力度还需加大。目前，航天科工集团和中国电子科技集团下属的研究所已开始在宁波市布局，还缺乏领军型龙头骨干企业来推动军民融合产业发展。四是政策支持力度还需加大。军地双方信息需求渠道还不是很畅通，推进军民技术成果转化和产业化的途径仍需完善，“民参军”企业面临着信息渠道不畅、准入限制因素较多等问题。

二、宁波军民融合产业创新示范园的空间选址和功能定位

（一）空间选址

根据军民融合产业特点，坚持“统筹规划、相对集聚”的原则，结合区域发展实际和临空经济区规划布局，规划建设军民融合产业创新示范园，空间选址为宁波临空经济区内，古林镇和石碶街道交界的部分。具体位置为：栎社国际机场以南、甬金连接线以东、绕城高速以北、机场高架以西合围而成的区域。主要理由如下。

一是区位优势明显。该区域紧邻城市中心，靠近宁波西高速出口，距离宁波栎社国际机场约 3 公里，距离宁波火车站约 12 公里，地理位置优越，交通运输非常便捷。

二是产业关联度高。军民融合产业创新示范园将重点发展航空航天装备及相关产业，与临空经济区产业发展方向相吻合，与区域内规划布局的通航小镇相关联，

有助于实现资源整合、联动发展。

三是发展基础良好。该区域军民融合产业基础较好，目前已形成以兵科院宁波分院、星箭航空机械制造有限公司、中星中东欧新材料研究院等著名军工科研机构和龙头企业为核心，以航空航天系统集成、新型材料、飞机发动机精密零部件等航空航天装备产业为重点的军民融合发展格局。

四是发展空间较大。临空经济区包含机场与物流园区、望春工业园区、石碶街道和古林镇，规划总面积 82.5 平方公里。目前，该区域有较多可供开发的土地资源，能够为军民融合产业持续发展提供足够的空间保障。后期，位于石碶街道南片区绕城以外部分，可作为军民融合产业创新示范园发展的预留区块，拓展空间广阔。

五是地方政府重视。据了解，海曙区非常支持在该区域建设军民融合产业创新示范园，并于 2017 年 6 月建立了全国首个军民融合高端制造产业孵化平台。

（二）功能定位

根据国家军民融合发展战略要求，结合宁波临空经济区发展实际，宁波军民融合产业创新示范园主要定位为高端装备智造、新材料研发、创业孵化、爱国主题教育和航空特色小镇等五大功能，打造成为主导产业明晰、特色功能突出、发展效益良好的军民融合产业创新示范区。

高端装备智造：充分发挥星箭航空机械制造有限公司的龙头带动作用，重点发展航空航天、高端装备制造、新材料与元器件、信息技术等产业，主要生产航空发动机、航空精密部件、航天装备及配套设备和系统等，形成航空航天高端装备产业集群。

新材料研发：依托宁波中星中东欧新材料研究院，引进中东欧先进技术，重点开展两机动力应用材料、钛合金、新型超硬材料、高性能稀土铝合金、海洋装备制造等新材料的科学研究、技术研发和成果转化。

创业孵化：充分利用宁波本地技术人才、高技术军官人才资源和龙头企业的市场资源，在园区建立与军民融合相关的初创企业孵化和转产的机制与循环系统，为技术人才创业创新搭建发展平台，提供包括技术支持、市场需求对接、科研成果本地转产等一体化的全生命周期服务。

爱国主题教育：积极引入民营资本投资建设航空航天主题博物馆，主要开展现代航空航天科技成果展示、航空飞行模拟、航天活动体验、爱国主题电影教育等一系列活动，打造成为集科普、传承、体验为一体的航空航天爱国主题教育基地。

航空特色小镇：依托机场资源，重点发展通用航空、飞机零部件、航空电子仪器设备、机场专用设备等航空产业，打造具有临空特色集航空先进制造、航空运营服务、通航休闲旅游、飞行运动体验等功能为一体的特色小镇。

三、加快宁波军民融合产业创新示范园建设的工作建议

一是明确责任主体。贯彻落实中央重大决策部署，高度重视军民融合产业发展，建议成立宁波市军民融合发展委员会或领导小组，建立协同工作机制。宁波军民融合产业创新示范园由市政府统筹规划和出台扶持政策，并由海曙区与今后将要设立的临空经济示范区管委会共同负责开发建设，列入临空经济示范区总体规划。海曙区政府具体负责政策处理、征地拆迁等工作，临空经济示范区管委会具体负责产业发展、创新平台建设、项目引进等工作。

二是创新体制机制。宁波军民融合产业创新示范园属于临空经济区内的“园中园”，建议由临空经济示范区管委会成立园区建设管理公司，专门负责园区基础设施投资建设、招商引资、产业投资和运营管理，实行市场化开发模式，激发园区创新活力。

三是推进项目集聚。加大招商引资力度，充分发挥大型军工央企的资源优势，大力引进大型军工央企以直接投资、兼并重组、项目合作等多种模式在园区布局，以此吸引和聚集一批军工企业和项目。发挥龙头企业的带动作用，鼓励和引导军民融合企业在园区设立总部或分部，集聚一批与军民融合产业相关的服务配套企业，打造完整的军民融合产业链。

四是加强要素保障。在严控项目准入、切实提高土地使用效率的基础上，优先安排军民融合产业用地计划指标，保障重大项目用地需求。将军民融合产业人才纳入全市紧缺人才目录，加强与军工科研院校的合作交流，为园区开发建设提供智力支持和人才保障。

五是加大财政支持。设立军民融合产业发展专项资金，用于军民融合企业、项目和技术的各种奖励、资助、补贴和贴息等，鼓励政府创投基金向军民融合产业倾斜。进一步落实国家“军转民”“民参军”税收优惠政策，支持“民参军”企业积极获得军工准入“四证”，鼓励优势民营企业进入军品科研生产和维修领域。

社会民生

做亮“健康宁波”

◎张　华　傅叶挺

“健康宁波”已经上升为国家战略，随着“全民健康，共建共享”“将健康优先融入所有政策”等新理念的提出，“健康＋”的时代大幕已经开启。为更好地编制实施《“健康宁波2030”行动纲要》，宁波市政府发展研究中心组织高校、媒体、医疗机构的专家召开了专题咨询会，专家们普遍认为，健康宁波建设，基础好、亮点多，当前应当抓住若干重点环节，继续先行先试，让群众有更强获得感。现将其主要观点及建议，摘要汇编，供参考。

健康宁波建设，贴近民生，渗透经济社会发展诸多领域，是实现区域发展战略目标的重要基础。专家们认为，当前关键是在发展最重要、宁波有亮点、共性有难度、配套较成熟的问题中，选准突破口，做出健康宁波的新亮点。专家们建议，重点可在加强健康教育、扩大社会参与、壮大健康产业、提升智慧医疗等领域，形成新突破新提升，使其成为宁波打造东方文明之都的一张“新名片”。

一、加强健康教育：让提升健康素养与激发健康需求成为发展基石

每个市民具有强烈的健康意识与良好的健康素养，这是推动健康“关口”前移、实现以预防为导向的健康医疗、催生各种新兴健康服务业态、实现健康体系全面发展的基石，也是东方文明之都个体文明新素养的重要体现。而这一切，都需要进一步加强市民的健康教育。

政府加强健康教育的发展体系，急需做好“五个一”。张佳佳（浙江医药高专教授、省健康教育专家）认为，健康教育促进体系薄弱，是当前各个城市面临的共性问题，她建议，通过做好“五个一”来强化政府健康教育促进能力，做出健康宁波新亮点。

探索一部法规。只有通过法律形式明确社会各个主体的健康教育责任，才能形成推进合力。将健康教育课程贯穿义务教育段全过程、学生营养午餐标准、企业员工健康与安全、鼓励健康支出逐步纳入医保支出范围等，都需要法律的保障与推动。

建立一家机构。建议设立宁波市健康教育与促进中心，为卫计委直属独立机构，

强化其规划编制、示范推广、业务培训、拓展宣传、评估考核等九大职能，全面负责辖区内健康教育与促进工作。

充实一支队伍。充实市、区、街道（卫生服务中心）三级专业健康教育人员；加强高校健康教育专业学科建设；拓展现有人员健康教育专业的本科成人继续教育。

建设一张网络。以学校、机关企事业单位、医疗机构、社区为四大重点，构建健康教育社会共治网络，建健康课程、立健康档案、促健康体检、推健康家庭示范。

构建一套体系。通过建居民健康样本数据库、促进第三方开展健康教育基线评估等，加强市民健康教育的评价、诊断、反馈体系建设，不断提高健康教育精准度。

要用权威的健康知识引导市民健康行为。陈浩（市政府发展研究中心）认为，当前，各种健康知识"满天飞"，市民急需更加权威的、正确的健康知识引导健康行为。他建议，要做好"六个一"，让市民在健康教育方面有实实在在的获得感：借鉴深圳做法，组建一家独立运作的健康教育促进机构；学习上海做法，依托天一健康在线，办好一个专业权威的宁波健康教育网站；拓展现有55012320热线的服务内容，搭好一根功能完备的公众健康服务热线；拓展现有医疗网点的健康咨询服务职能，形成一张健康教育服务网络；推广"健康宁波"等官方微信号，形成一批及时有效发布权威信息的健康教育新媒体；建立一套健全有效的健康信息发布机制。

二、扩大社会参与：亟须政府更加主动的鼓励与规范

健康宁波建设，内容庞大、领域宽广，发挥好宁波社会力量雄厚的优势，推进共建共享，具有广阔的空间，有条件成为健康宁波建设的新亮点。这也是东方文明之都现代治理文明新模式的重要内容。

调动社会资本参与健康服务。马清平（宁波诺丁汉大学教授）认为，强调社会资本的参与和被服务者的选择权，是近年来发达国家医疗服务创新的重要趋势。马清平建议，宁波可以从三个方面鼓励和规范社会力量参与健康医疗服务。

一是注重健康服务市场的建设。政府的角色要在健康服务提供者、健康服务购买者、健康服务市场塑造者之间，寻求新的平衡。特别是在老年人（残疾人）等特殊重点人群和新兴健康服务领域，要推动多元主体服务，才能有效实现多样需求（如医养结合）的跨界融合。

二是推动PPP模式试点创新。特别是在大型医疗机构建设、大的健康服务技术平台、专业性技术开发等领域，政府应采取竞争性方式来选择社会建设主体和运营主体，并依据服务绩效支付费用。

三是注重监管与质量控制，保证社会参与的透明度。要通过制定社会力量参与的规章、发放服务执照、加强服务质量评估等手段，公开信息、加强监管、方便群众。

推动"体医结合"，社会力量大有可为。林海（宁波日报社体育文化部记者）

认为，推进“体医结合”是提升全民体质的重要保障。目前，宁波市民健身活动发展态势良好，仅民间跑团就将近100个，但健身服务的系统性、科学性保障还远远不足，政府应当有计划有选择地鼓励社会力量参与“体医结合”的配套服务。沐海建议：要把健身教练等社会力量引导到全民健身指导员的队伍中来；要通过政府引导和规范，在健身服务志愿者机构、户外救援服务、心理援助等重点领域增加社会服务、提高服务水平；要关注和鼓励24小时无人值守健身房等新业态的发展；要引入社会主体加强“智慧步道”等健身设施的研发和维护，把旅游步道、登山建设步道、城市绿道串联成网。

三、壮大健康产业：扶持标杆企业是有效途径

宁波市健康产业已经形成了以医疗健康服务业为主，以食品药品、医疗器械的制造业、流通业为辅的发展格局。把健康产业从战略性新兴产业发展壮大成为支柱产业，宁波既有一定基础，也有广阔前景，是在健康宁波建设过程中实现经济社会协调发展的重要体现和发展亮点。当前，关键是选准有潜力的行业龙头和平台主体，加大精准扶持力度，发挥好这些标杆企业的示范引领、关联带动作用。

选准对象，多策培育。罗文华（浙江医药高专教授）认为，扶持龙头企业，关键是管理、创新、市场拓展、资源融合等方面形成核心竞争力，并发挥溢出带动作用。

一是要进一步拓宽扶持的行业领域。宁波可在中医药健康服务、中药保健食品制造、化学药品制剂、生物技术及制剂、医疗器械制造、健康产品流通服务、智慧医疗服务、中医药研究等领域，分行业选准标杆企业，有针对性地一企一策加以扶持。

二是针对实际问题，丰富扶持手段。要在龙头企业评审认定中重点关注企业负责人的情怀格局，企业团队潜力、核心技术能力、市场能力，适当降低规模和利税标准的权重；要开设企业家成长论坛，支持举办行业会议和学术论坛，帮助扩大宁波品牌影响；要加大公共技术创新平台的建设力度，鼓励企业聘请海外科技顾问，获取前沿科技信息，实现弯道超车；针对部分有潜力的行业领域，单独设立行业孵化、技术创新的产业基金。

扶持龙头企业以全产业链布局模式加快壮大步伐，并带动中小微创新企业发展。张敏（宁波蓝野医疗器械有限公司）认为，鼓励全产业链布局发展，是实现行业壮大的共赢模式：一是有利于龙头企业升级壮大。龙头企业的专业化聚焦，容易形成核心竞争力，但过于专业化也使成长空间狭小，实施全产业链布局，可以突破局限、打开格局。二是有利于带动关联的中小微企业快速成长。创业企业往往具备单项优势，但实现产业化还有一个“1 + N（市场、管理、资金、标准……）”的过程，全

产业链模式可以大大缩短这个过程。三是有利于行业整体破局提升。如宁波医疗器械行业，2016 年有 305 家企业，产值上亿元 11 家，5000 万元以上 18 家，但产品同质化、创新能力弱、领军人才少、注册周期长，行业龙头企业的全产业链布局，能够通过核心要素的引入，加快细分行业的整合提升过程。

为此，张敏建议：一是对实施全产业链布局的行业龙头，在注册申请等审批环节，给予更大便利；二是研究并制定政策，鼓励行业龙头企业由制造业进军服务业；三是进一步提高现有科技孵化等创新鼓励政策与企业发展需求的黏合度。

四、提升智慧医疗：拓展系统与推广应用是两大关键

智慧医疗是宁波走在全国前列的创新亮点，也是智能制造和服务的重要发展领域，应当在健康宁波建设体系中，进一步发挥标志性的创新引领作用。当前，关键是以体制创新和数据整合为依托，瞄准个性化、精准化的发展方向，加快智慧医疗的系统拓展与推广应用。

加快技术创新，拓展智慧医疗系统。张永平（宁波工程学院教授）认为，智慧医疗的未来发展趋势，是以“医养护一体化”为特征的医疗信息化改革，向以人工智能、医疗知识系统和新一代信息技术为依托的智能化精准医疗转变。张永平认为，宁波有条件结合智能制造 2025 规划，借鉴国际前沿发展成果，重点突破临床支持决策系统、智能诊断系统、医学影像辅助诊断系统、在线自动问诊系统、医疗大数据分析应用系统等五大领域。在此基础上，张永平提出以下建议。

一是以智能终端及物联网技术开发为依托，推进疾病治疗向健康关怀拓展。开发并推广射频仪器、智能穿戴设备、传感器等终端设备在市民家庭中的实时跟踪、监控、健康提示；开发并应用在线自动问诊系统，实现智能化、个性化的远程健康指导。

二是以基因干预、医疗记录大数据分析及人工智能技术开发为依托，推动个性化精准治疗。

三是在“健康小屋”等医疗机构末端，推广自助化的检测设备，开发应用健康数据自动分析系统，提高市民自我健康分析能力。

突破体制障碍，加快智慧医疗发展。吴斌（市第一医院主任医生）认为，宁波云医院在国内起步较早，但到 2016 年，全国已经扩展到 36 家，其中落地运营 25 家；互联网医疗已经成为各类资本和互联网平台公司竞相布局的战略性行业，呈现出大发展势头，宁波应当突破体制障碍，进一步加快智慧医疗的发展，保持走在前列、示范引领的地位。吴斌建议，当前，重点可在四个方面加快发展。

一是探索建立互联网医疗服务的价格体系。从服务市场形成、服务价值合理体现、调动医护人员积极性、提高疾患者参与度、保障各方利益等角度，建立服务价

格体系，是突破“以药养医”“以检养医”难题的关键，也是互联网医疗可持续发展的基础。

二是实现医保在线支付。宁波应当借鉴深圳、杭州等地先行经验，加快在线支付试点，着力协调解决多头分管、政策导向不清、医保资金安全、监管体系可靠等难题，提高云医院的服务效率。

三是拓展云医院服务范围。进一步构建起以大医院为依托、以专职医生的专职时间为保障、以基层医疗及家庭为触角的云医疗生态圈。拓展第三方药品配送、区域临检、PACS 服务等业务范围，推动服务内容向精准专科诊疗服务发展。

健康城市建设：国际经验与国内创新做法

◎ 课题组

一、健康城市建设的国际经验

世界卫生组织（WHO）于1984年首次提出“健康城市”理念，从此“健康城市”成为各国应对城市化健康问题的战略目标，迅速在全球范围展开。目前，全球已有140多个国家或地区的城市加入“健康城市联盟”，4000多个城市加入健康城市创建活动。国外健康城市建设的先进经验和实践特色对推进健康宁波建设有一定参考价值。

（一）多元共建健康城市

健康城市建设是一项涵盖经济、社会、规划以及公共卫生等诸多领域的系统性工程，需要全社会共同谋划、共同推进。国外发达国家在健康城市体制机制设计时，就非常注重推进各级政府、社会组织、社区、公民个人等主体的参与和作用发挥。日本东京将社会组织代表、社区领导等非政府官员纳入市健康促进委员会。英国利物浦建立跨部门委员会，组合各方作用，如市议会制定法令强迫工作者定期作健康检查并鼓励工作者多运动，城市环境健康部门负责解决青少年问题，非营利性组织发动社区资源改善社区居住环境恶劣问题。加拿大多伦多成立健康城市办公室和健康公共政策委员会，加强市民参与和公众监督，其中健康城市办公室确保理念和行动的统一落实，联结政府和市民，组织全体市民参与健康城市建设；健康公共政策委员会有效协调和监督各部门工作进度，做好效果评估，明确未来发展方向。

（二）以城市社区为核心载体

健康社区是健康城市的“元细胞”。国外发达国家健康城市建设大多从城市社区抓起，注重各种宣传教育活动。澳大利亚伊拉华拉地区围绕健康社区，重点推进五方面的健康计划：一是社区营养计划，对社区居民进行健康饮食教育和培训，降低超重和肥胖率，减少可避免的住院治疗次数等；二是体能锻炼项目，侧重为残疾人、弱势群体和处于危险因素的社区居民提供健康促进的活动方案与设施；三是儿童伤害控制项目，对社区儿童和家庭进行健康宣教，帮助儿童养成健康生活习惯，提供安全的社区游戏设施，控制活动中的不安全因素，减少儿童伤害事件的发生；四是艾滋病预防，对社区居民进行艾滋病相关的教育，减低大众对艾滋病患者的歧视；五是烟草控制项目，制定控烟指导方针和实施策略，举办控烟与戒烟活动，减少青少年吸烟率，促进人群健康。加拿大多伦多市建立以社区为基础的健康服务体系，通过市民沟通、计划发展、城市健康调查分析三大策略开展社区活动，为市民营造良好的健康氛围。

（三）部署实施特色项目

国外城市在健康城市推进过程中，围绕区域短板、社会矛盾焦点等因地制宜地推进了一系列特色项目，调到各方力量的参与热情。英国利物浦市的“健康利物浦”计划，其重点为健康影响的评估、健康公平的审查，以及通过组织的发展建立社会资本，优先考虑保障当地居民的工作、教育等；布莱顿—霍伍市将重点落在如何消除阶层之间的不平等现象，减少卫生服务的不公平性上；纽卡斯尔市突出了儿童意外伤害的防控；格拉斯哥市致力于建立“健康食品项目”；卡姆登市开展了“老年人论坛”“谁来关心你的健康”等一系列夕阳红活动。韩国首尔注重平衡健康资源分布，为穷人扩展医疗服务，提供失智症、心理健康与酒瘾机构照护，动员公立与私立医院的资源，构建医疗网络，减轻重大疾病患者的经济负担等。日本东京开展了“健康与文明城市”“健康与环境城市”“健康与福利城市”等项目。

（四）抓好规划审批关

细节决定成败。发达国家城市空间设计中大多体现出三方面的健康元素，来引导健康的生产生活方式，帮助减少健康护理所需要的成本。一是整体城市环境方面，英国提出通过隔离、场地布局和景观设计使交通和商业引起的噪音最小化。美国强调居住、办公、学校、零售、文化和社区空间、娱乐设施等土地的混合使用，将居住和工作布局接近公园、步行路径、小道、滨水区域等。二是居住和社区空间方面，英国强调健康的设计、空间可达性、居住空间品质、社会基础设施可达性、当地食品商店可达性和社区公共空间设计。法国对利于孩童独自活动的建筑物周边区域提出要求，让孩子多出门，避免待在电视机前，减少肥胖率。美国强调打造宜人的住宅内公共区域，鼓励步行和使用楼梯。三是道路交通方面，鼓励步行、骑行和公共交通出行，突出道路交通设计的安全性、舒适性和网络性。挪威建设骑行道路网络，绘制区域骑行地图，为骑行者规划休闲路径等。美国旧金山提出最大限度减少机动车辆的使用，分离自行车和步行路径，配合绿道布置饮水机、自行车架等停车设施，配置遮蔽绿荫和绿道里程标记等；纽约提出加宽人行道、增加照明设施、提高道路和开放空间的连接、设置健康地图①等。

二、国内健康城市建设的创新做法

在我国，健康城市作为国家卫生城市的升级版，主要把城市的规划、建设和管理以促进人的健康为目标，营造健康环境、构建健康社会、优化健康服务、培育健康人群、发展健康文化，以全民健康促进全面小康目标的实现。目前已有 38 个城市列为首批全国健康城市试点，他们的实践特色和创新做法对宁波市推进健康宁波建设有一定借鉴意义。

（一）创新健康服务，关心老百姓健康需求

满足老百姓健康需求是健康城市建设的根本。很多城市围绕老百姓健康实际需求，通过一系列积极有序的行动计划，普及健康城市理念，提高市民主动参与积极性。上海市将健康城市的建设重点投向社区、单位和家庭，开展了“2211”示范项目，即建设 20 个健康社区、200 个健康小区、100 个健康单位、10000 个健康家庭示范点（户），将健康城市的建设与广大市民的日常生活结合到一起。2016 年 9 月启动的上海市第二轮健康城市三年行动计划提出，要打造全民健康支持系统，围绕医、食、住、行 4 项主要任务，倡导“新五个人人”健康市民行动，即“人人动手清洁家园、人人劝阻室内吸烟、人人坚持日行万步、人人掌握控油控盐、人人学会应急自救”，进一步引导市民提高健康保健意识和能力。大连市通过推进“绿色无公害食品生产”“放心食品、健康消费”“控烟限酒”“科学选择食品，讲究营养平衡”活动引导市民在保证食品安全卫生的前提下讲究营养平衡。倡导“体育生活化”理念，加快城乡体育设施建设，培育、扶持具有北方特色的群众性体育活动项目，形成体育文化品牌或亮点。温州市以“孝老、敬老、爱老、助老”为核心导向，加快建设一批公益性养老机构，完善街道、社区老年活动中心、老年活动室、老年门球场、健身路径、休闲广场等老年活动场所。积极引进国际有影响力的养老综合体品牌，建设国际标准的养老综合体和区域运营中心。

（二）创新体制机制，破解健康城市建设难题

体制机制创新是健康城市建设的关键。相关城市实行政府主导、社会参与，建立多部门合作机制和多元化保障机制，通过一系列体制机制的创新和完善来破解健康城市建设难题。上海市在市级层面建立“建设健康城市行动联席会议”，下设由跨学科专家组成的技术指导组，通过联席会议定期例会机制推进行动。在区级层面，立足全市行动计划的既定任务，采取“规定动作”与“自选动作”相结合方式，因

① 健康地图：在地图上标注到最近的或下一个交通站点的距离、时间、路线和热量消耗等。

地制宜编制和实施建设健康城区行动计划。上海市各级健康促进委员会积极尝试拓宽健康促进项目的筹资渠道，改变了以往项目经费完全由政府财政分级归口纳入相关职能部门年度预算的做法，尝试与非政府组织以及品牌信誉度较高的企业开展公益合作，如在“减盐低油”倡导项目中，主动争取社会资金支持，顺利实施了控盐勺、控油瓶发放项目。北京市建立了市、区两级的管理架构，协调各相关部门，推进规划落实。在市级层面成立由市领导为主任、多部门参与的健康促进工作委员会，市健康促进工作委员会办公室整合市爱国卫生运动委员会办公室力量，以社会组织推动为特色，以全社会参与为基础，统一组织开展健康北京建设。杭州市成立健康城市工作领导小组，市委书记、市长担任顾问，市委、市人大、市政府、市政协七位市领导分别担任组长和副组长，相关的66个部门主要负责人担任成员，领导小组下设办公室，设在市爱卫办，由分管副市长担任办公室主任。成立七个专项组，分别为健康文化组、健康环境组、健康服务组、健康人群组、健康产业组、健康社会组、专家顾问组，市本级每年安排专项经费1500万元。成立杭州市健康城市建设指导中心，作为健康杭州建设工作的业务指导机构。苏州市在健康城市建设过程中特别注重对外合作交流，不断完善健康城市建设网络体系，不断争取国内外资源支持和区域合作。

（三）创新重点工程和途径，凸显特色亮点

项目和工程是健康城市建设的重要抓手。相关城市围绕健康环境、健康教育、健康服务、健康文化等内容，创新开展了健康城市一系列建设项目和工程。广州市加强健康促进与教育。加强各级疾病预防控制和健康教育专业机构队伍能力建设，分别在社区、镇、村、医院、学校、机关、企事业单位、物业管理小区等设立健康教育馆（基地）、健康宣传网站。开展城乡社区“健康大讲堂”活动和面向机关、企事业单位职工、农民、异地务工人员等健康促进的巡讲活动，打造“健康大讲堂”系列品牌，开展“健康社区行”“卫生保健进万家”“健康知识进校园”“心理健康进社区”、健康知识竞赛等健康促进活动，邀请市民参加“健康行为”大讨论，引导市民全面提升健康意识。连云港市打造“港城健身大联动”活动品牌，办好全民健身日、农民体育节、老年人体育节、社区体育节、学生冬锻三项、职工运动会、全民健身走等系列活动，唱好春游园、夏游泳、秋登山、冬长跑“全民健身四季歌”，扩大健美健身、健身秧歌、拔河等项目的品牌效益，创建“一县（区）一品”特色队伍和特色活动县区，推动全民健身运动普及。杭州市推出健康教育“六个一”工程：一根线（健康咨询热线）、一张网（健康教育网络平台）、一份报（健康杭州报）、一个栏目（电视栏目）、一支核心团队（健康教育讲师团）、一批健康促进基地（健康单位）。打造彰显正能量的健康文化杭州品牌。“人行横道礼让行人”开创全国行河，首个运行公共自行车租赁系统，首创全国城市孝道文化指数测评，副省级城市中首创“公共文明指数”，评价市民文明程度，省会城市中首个出台道德模范关心关爱制度。推进中小学生口腔保健工作。市、区（县）两级财政共同出资4600万元，以发放健康消费券的方式，向全市20万中小学生免费实施牙齿窝沟封闭和龋齿预防性治疗。该项工作被卫生部评为创新项目。武汉市建设“五大健康阵地”。在广场、公园等地建立“健康广场”，在人流量大的地段建立“健康长廊”，在社区建立“健康俱乐部”，在媒体建立“健康教育栏目”，在窗口单位建立“健康教育宣传栏”。

（四）创新政策法规，提供有力保障

强有力的制度和政策保障是健康城市建设的重要推动力。各地为有力推进健康城市建设，不断完善组织领导，创新政策法规，提供强有力的保障。广州市制定了《广州市区域卫生规划（2011—2020年）》，加强农村医疗卫生服务体系建设；制定了《广州市城市生活垃圾分类管理暂行规定》《广州市生活垃圾终处理阶梯式计量管理办法》和《广州市餐厨垃圾管理规定》，全面推广生活垃圾分类，控制生活垃圾清运处理总量，开展餐厨垃圾分类收运处理。上海市制定了《上海市建设健康城市三年行动计划评估方案》和《上海市建设健康城市三年行动计划的指标技术界定》，有效指导健康城市建设工作的深入开展。连云港市建立健康连云港考核评估体系，把建设健康连云港工作列为市委、市政府绩效考核内容并占一定分值，由市爱卫办（健促办）牵头负责健康连云港各项考核评估工作。建立各责任部门联席会议制度和季度考评制度，每季度考核健康连云港工作推进情况，每半年对各项工作开展情况进行评估。宜昌市出台了《宜昌市创建湖北省健康城市实施方案》《宜昌市城区公共场所禁止吸烟规定》《宜昌市城区饮食业油烟污染防治管理办法》等20多个健康相关政策文件，并将“健康宜昌”全民行动专项经费纳入市区两级财政预算，为一系列健康创建行动的有序开展提供有力保障。

课题组成员 任月红 何介强 蒋相辉

"健康宁波"建设问卷调查分析报告

◎ 课题组

"健康宁波"建设是实现"建设国际港口名城、打造东方文明之都"战略目标的民生基础，也是宁波高水平全面建成小康社会的重大战略任务。为了解宁波市民的健康水平、医疗保健服务以及健康环境的需求，以便更好地编制《"健康宁波2030"行动纲要》。近期，宁波市政府发展研究中心以打造"健康宁波"为主题开展问卷调查。本次调查以网络问卷的形式展开，调查对象为宁波大市范围市民，共回收有效问卷712份。从人员构成看，被调查者中，女性445人，占62.5%；男性267人，占37.5%。其中，20岁及以下人员占15.45%，21~30岁人员占36.67%，31~40岁人员占18.82%，41~50岁人员占24.3%，51岁及以上人员占5.76%。从职业层面看，被调查者中，全日制在校学生占39.89%；机关事业单位工作者占29.63%；企业职员占16.15%。通过对有效问卷的梳理和分析，得出宁波市民对"健康宁波"建设最关注的若干问题，并据此提出推进"健康宁波"建设的相关对策建议。

一、市民对"健康宁波"建设重点关注的若干问题

本次问卷调查从健康行为、医疗与服务、健康水平和健康环境四个方面入手，调查结果显示，宁波市民最关心的是体育锻炼、健康状况、看病、养老、环境污染防治等五方面问题。

（一）市民的健康生活方式正在逐步养成，但对体育锻炼重视不够

1. 实际参与体育锻炼的人数较少

调查数据显示，64.04%的受访市民认为身体锻炼对保持健康非常重要，也是影响健康最重要的因素之一。但实际参与身体锻炼的人数较少，仅有13.48%的受访市民每周平均锻炼时间在6小时及以上，其中每周平均锻炼时间达10小时以上的仅占3.51%；49.72%的受访市民每周锻炼时间少于3小时；36.8%的受访市民每周锻炼时间在3~6小时之间（详见图1）。

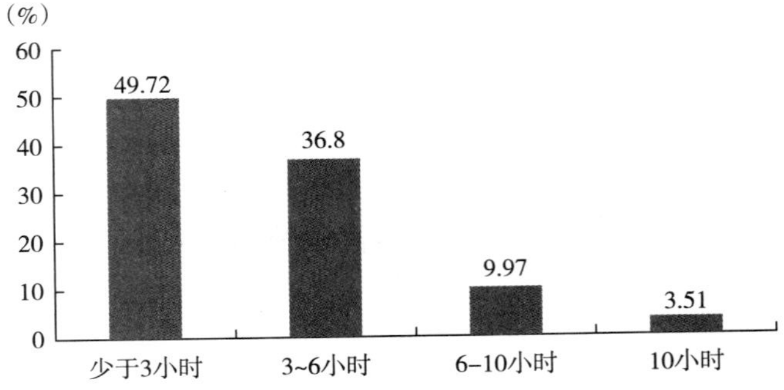

图 1 受访市民每周参加体育锻炼的时间统计

2. 跑步或健走是主要的体育锻炼项目

高达 73. 31% 的受访市民选择跑步或健走作为主要的体育锻炼项目，其次为羽毛球、乒乓球等小球类体育运动（33. 29%）和登山等户外运动（23. 46%）。调查显示，跑步或健走成为各个年龄层的受访市民首选锻炼项目，羽毛球、乒乓球等球类运动在 18 ~ 30 岁的受访市民中占较高比率（43. 68%）（详见图 2）。

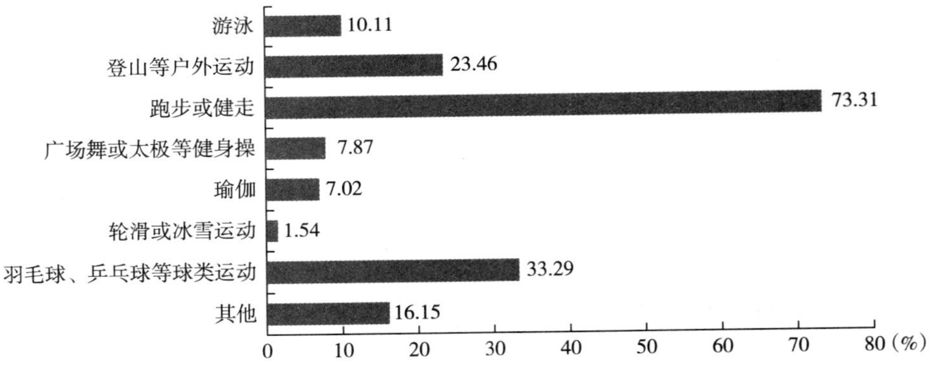

图 2 受访市民经常参加体育锻炼的项目统计

3. 习惯选择免费和就近的健身场所

调查数据显示，70. 79% 的受访市民每月在体育锻炼方面的平均花费低于 100 元，仅有 16. 72% 的受访市民选择收费场所进行体育锻炼。从健身场所来看，受访市民选择最多的是小区周边环境，占比为 41. 43%；其次是选择公园或广场，占比为 35. 96%；选择家中健身的占比为 32. 3%；选择附近学校或单位场馆的占比为 31. 32%。综合这些调查数据，可以得出这样一个结论，市民的健康生活方式正在逐步养成，但对体育锻炼的重视还不够。

（二）市民对自我身体健康状况评价较为积极，但对心理健康认知不足

1. 年龄越大患慢性疾病的概率越大

调查数据显示，近半数（46.49%）受访市民无慢性疾病。随着年龄的增长，40岁以上人群患心脑血管疾病、关节炎、糖尿病、慢性支气管炎、肝硬化等慢性疾病的概率明显上升。此外，调查显示受访市民具有较好的体检习惯，每年参加体检的人数占全部被调查者的62.22%。42.28%的受访市民认为体检很有必要，有助于提早发现潜在疾病。

2. 市民对当前工作或学习感觉压力较大

仅有8.71%和1.97%的受访市民目前感觉压力不大和无任何压力，34.13%的受访市民感觉工作（学习）压力较大；多达31.46%受访市民在过去一个月里感觉有点紧张和压力（详见图3）。

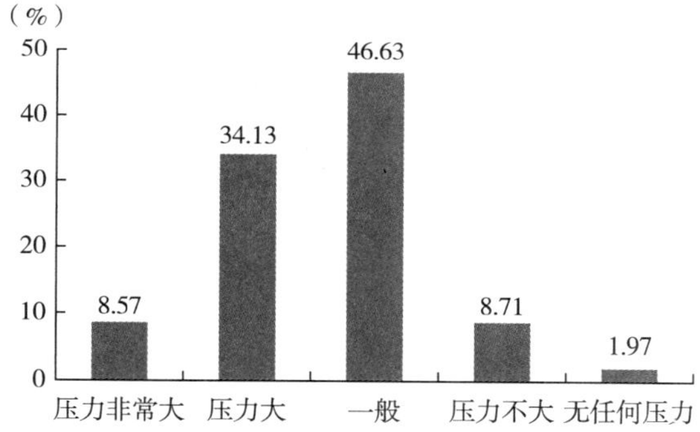

图3 受访市民对目前工作（学习）压力的感受

3. 市民对心理健康认知仍显不足

调查数据显示，96.63%的受访市民认为提高心理健康有必要（40.03%）或非常有必要（56.6%）。但在面对压力或紧张时，近五成（42.28%）受访市民会选择找亲友倾诉，31.32%的受访市民选择拖着等待自然好转，仅有1.4%的受访市民会选择心理门诊。当被问及面对心理问题会选择怎样的心理服务机构时，44.38%的受访市民选择进心理咨询诊所就诊。而美国80%以上的民众进过心理诊所，其中30%把进心理诊所当成生活内容的一部分。由此可见，虽然市民的健康意识已有大幅度提升，但对心理健康认知仍显不足，对心理问题的干预和治疗也不够积极。

（三）市级以上公立医院成为市民看病首选机构，挂号难、费用高、检查项目多是市民感受最深刻的三大主要医疗问题

1. 市级以上公立医院成为市民看病首诊机构

调查数据显示，67.84%的受访市民将市级以上公立医院作为看病首诊机构，其

次是社区医院（占 25.42%）、民营医院（占 3.65%）。从居住区域看，江北区、镇海区、北仑区、慈溪市、奉化区、宁海县选择社区医院就诊的受访市民比率高于鄞州区、海曙区、余姚市、象山县的受访市民，这与医疗资源的地区分布有关（详见图 4）。

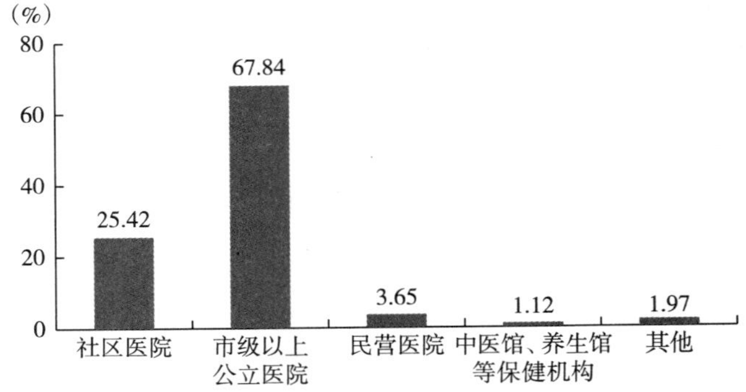

图 4　受访市民选择就诊的医院类型

2. 市民对目前基层医疗的总体满意度一般

调查数据显示，58.85% 的受访市民认为目前基层医疗的总体满意度一般，29.21% 的受访市民认为满意。挂号难（52.81%）、费用高（52.39%）和检查项目多（42.42%）成为受访市民感受最深刻的三大医疗问题（详见图 5）。

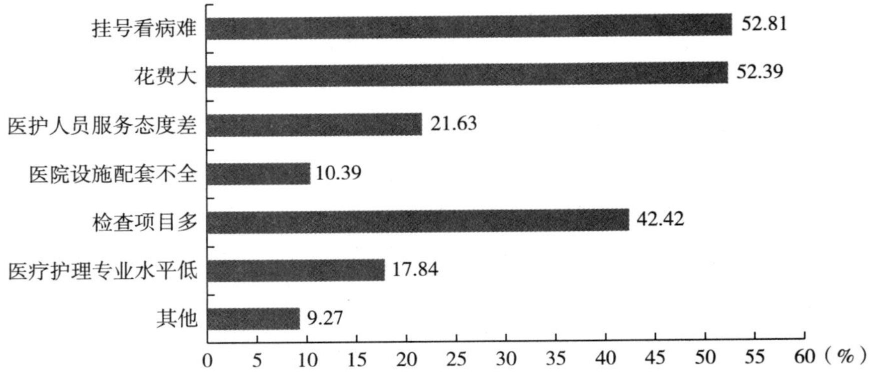

图 5　受访市民认为目前宁波医疗存在的问题

（四）居家养老仍是市民首选，“医养结合”成为社会发展新需求

1. 多数人群包括中老年人群对当地养老机构不太了解

调查显示，对于“您是否了解当地养老机构”的问题，45.51% 的受访市民选择“不了解”，38.2% 的受访市民选择“一般了解”，仅有 0.98% 和 8.85% 的受访

市民分别选择"非常了解"和"了解"。

2. 居家养老成为市民首选的养老方式

调查数据显示，多数受访市民对国家医养结合的养老服务政策不太了解，48.46%的受访市民选择以居家养老方式养老，20.22%的受访市民选择医养结合模式的养老方式。其中，40岁以上人群选择医养结合的养老模式高于其他人群（详见图6）。

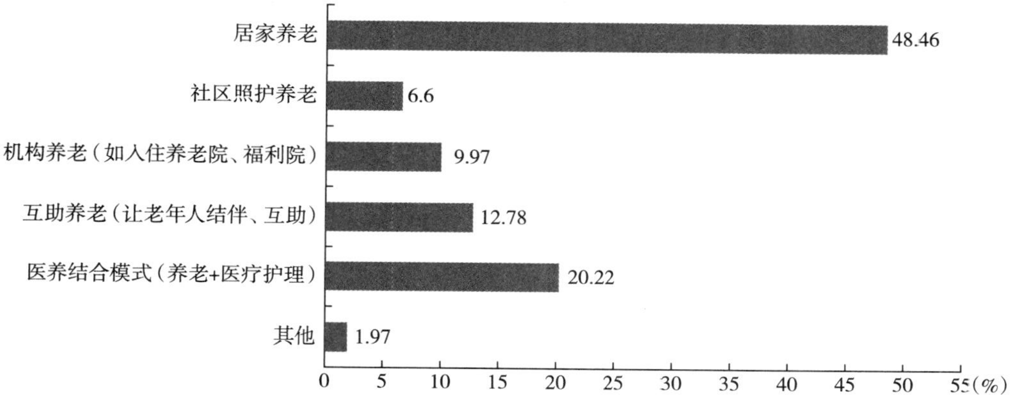

图6　受访市民选择的养老方式

3. 多数市民可接受的养老收费标准较低

调查数据显示，61.66%的受访市民能够接受的养老月收费标准在1000～3000元，接受3000～3999元的占17.28%，接受4000～4999元的占4.92%，接受5000元以上的仅占4.35%。可见，受访市民对于养老机构有一定的需求，也愿意投入一定的资金，但可接受的收费标准较低。

（五）市民普遍关注"健康环境"，尤其关注"空气污染"问题

1. 市民对宁波"健康城市"建设了解不多

调查显示，对于"您了解健康城市吗?"这个问题，仅有13.06%和1.97%的受访市民分别选择"了解"与"非常了解"，高达48.6%和34.13%的受访市民分别选择"一般"和"不了解"。但受访市民认为宁波健康城市建设的重点主要为健康环境（78.65%）、健康生活（67.13%）、健康服务（44.8%）以及健康保障（39.19%）这四个方面，其中健康环境占首位。

2. 市民对环境的关注度日趋提高

调查显示，32.87%的受访市民经常关注宁波空气质量信息发布，38.62%的受访市民表示一般关注，仅有1.4%的受访市民从不关注空气质量等环境发布信息。其中，近九成受访市民表示平时会使用手机获取空气质量等环境信息情况（详见图

7)。在健康城市建设应采取的最重要举措调查中，74.72% 的受访市民认为首先要做的是环境污染防治，其次为食药品安全（54.49%）和全民健身行动（41.85%）等（详见图 8）。

3. 市民认为空气污染问题最为严重

调查显示，六成以上（66.99%）受访市民认为空气污染是宁波目前最严重的环境污染项目，远远高于其他污染。此外，在食品安全满意度调查中，近半数（49.44%）受访市民对宁波目前食品安全情况满意度一般；26.12% 和 12.64% 的受访市民表示对食品安全情况不满意和非常不满意；仅有 1.69% 和 10.11% 的受访市民选择非常满意和满意。

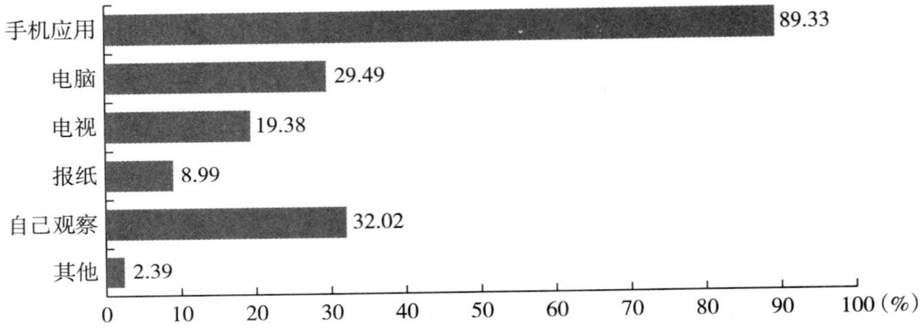

图 7 受访市民获取空气质量等环境信息情况的途径

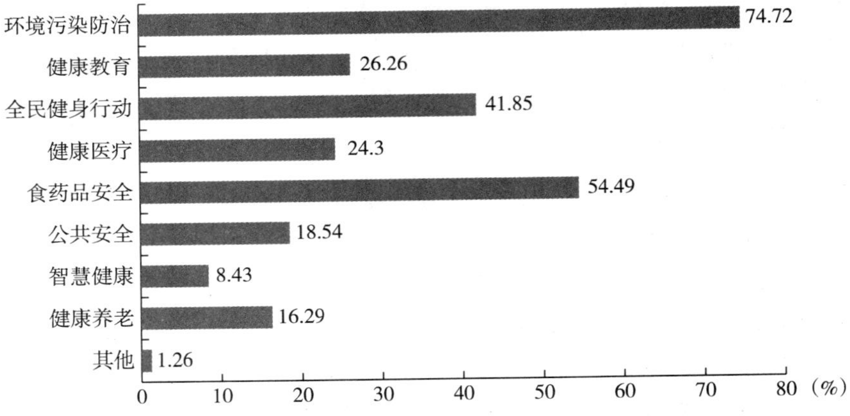

图 8 受访市民认为健康城市建设的重要举措

4. 宁波健康城市建设标准有待提高

在全部受访市民中，认为健康城市应符合医疗卫生水平高（59.55%）、基础公共设施完善（55.9%）、自然环境优良（54.63%）这三个主要标准（详见图 9），该结论也与受访市民认为健身、体检和环境等因素对保持健康的重要性相一致。调查显示，目前宁波符合健康城市标准的主要是基础公共设施完善（47.19%）、教育状况良好（32.44%）和经济发达（31.74）这三项，而医疗卫生水平（21.21%）和自然环境（25.7%）等方面与受访市民要求还存在一定差距，有待进一步提高（详见图10）。同时，受访市民认为宁波应重点发展的健康产业主要为健身休闲运动（80.48%）、健康管理与咨询（59.13%）和健康养老（54.78%）。

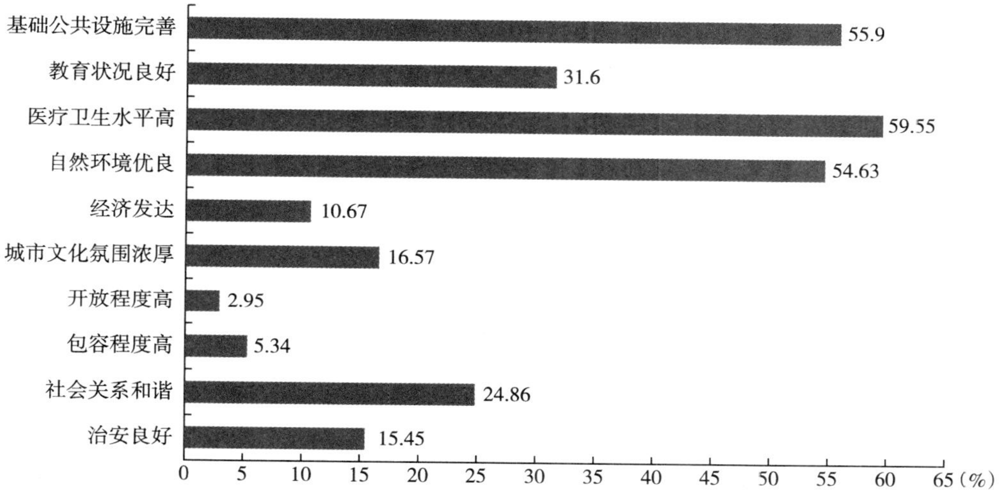

图9　受访市民心目中的健康城市应符合的标准

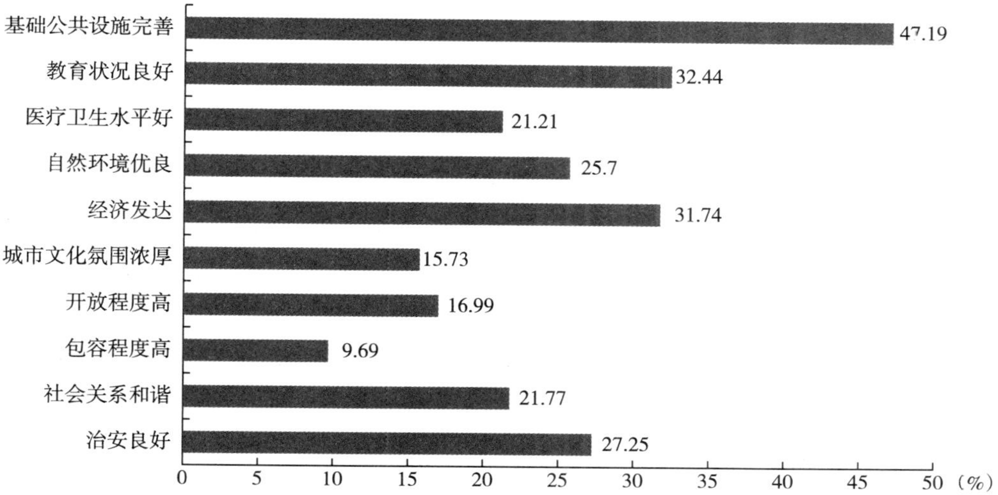

图10　受访市民对宁波健康城市建设现状的感受

二、推进“健康宁波”建设的几点建议

通过对本次问卷调查的梳理和分析，我们可以得出受访市民对“健康宁波”建设十分关注、对健康需求十分明确、对健康环境十分期盼的结论。我们应从宁波市民的健康需求出发，抓住若干重点问题和环节，积极创新，精准施策，把“健康宁波”建设做亮做实。

（一）推广健康教育，拓展健康公益传播渠道

首先是用健康知识引导市民健康行为。通过健康宣讲等活动，普及科学健身、日常体育锻炼、饮食、防病等知识，拓展现有55012320热线的服务内容，建设好功能完备的公众健康服务热线，加大以规范公共空间社会健康行为和养成健康文明理念与生活方式为核心内容的健康公益传播力度。其次是推广“健康宁波”等官方微信号，探索加强健康公益微博平台、微信平台、数字电视的建设与维护，充分运用社交媒体特点，开展互动性较强的公众健康传播活动。同时完善健康传播资料库建设，为全市各类健康公益传播提供技术支持。

（二）加大宣传力度，提高公众对心理健康疾病的认知

目前市民普遍注重运动健身、饮食调养，但对心理健康认知不足。我国心理健康咨询还处于起步阶段，人才缺乏且良莠不齐。因此，需要加大宣传力度，营造重视心理健康的社会认知和氛围。引进和培育专业化、规范化的心理咨询和心理辅导机构，培养专业的心理咨询人才。加强青少年和成年人的心理健康教育和检查，使每位市民都能具备释放压力和管控不良情绪的能力。

（三）针对人群需求差异，提供多样化的健康保障服务

以需求为导向，发展多样化的、可负担的健康体检、健康管理、全民健身健康服务。对健康体检实行分级管理，并纳入居民基本医疗保险范畴，加快智慧医疗的系统拓展与推广应用。结合社区规划布局，因地制宜地增加增大对公共体育休闲健身场所建设的投入，加强居住区健康宣传栏、健身器械、健康步道、健康书屋等健康支持环境的一体化建设。组织开展全民性、愉悦性、体验性的健康促进活动，帮助市民通过社区活动实现健康理念的知行转化。

（四）加强健康管理，探索“医养结合”养老模式

积极推进社区医疗卫生与养老服务相结合的“医养结合”新模式。政府应加大对医疗、养老设施建设的支持引导力度，在资金、审批等多方面提供政策支持。促进基层社区医院与养老机构融合，建立老年人健康管理服务制度，为老年人建立健康档案，开展生活方式和健康状况评估、体格检查和健康教育指导。强化医养结合

发展的人才保障，鼓励医务人员从事老年医疗护理工作，保障养老机构的医务人员在职称晋升、科研评奖等方面的待遇。

（五）重视环境和食品安全，提高人居环境质量

实施"绿水青山蓝天洁土"综合治理工程，制定五年行动计划，改善环境质量。加快大气、水、土壤污染防治立法，实施全过程最严格环境执法监管体系。继续实施"五水共治"工程，彻底剿灭劣V类水体。严格管理工业污染源排放，全面推进污水"零直排"。淘汰高污染、高环境风险的工艺、设备与产品，大力发展循环经济。打造以"智慧食监"为重点环节的食品安全溯源体系，实现食品来源可查、过程可控、责任可究。

课题组成员 任月红 何介强 张芝萍 胡碧琴

宁波市群众健康满意度调查分析

◎ 课题组

“健康中国”已上升为国家战略，宁波市委常委会已审议通过《“健康宁波2030”行动纲要》。为全面了解群众的健康需求，补齐健康供给短板，宁波市统计局构建了宁波市群众健康满意度指标体系（详见附表1），采用计算机辅助电话调查（CATI）方式，对2017年宁波市群众的健康满意度进行了系统调查，共收集有效样本696个。样本覆盖10个区县（市），涵盖城乡、各年龄层、各收入层及不同学历层次的居民（评价结果详见附表2）。现将2017年宁波市群众健康满意度调查结果的分析整理如下，供参考。

一、健康服务供给与群众需求还有较大差距

宁波市群众健康满意度指标体系从体育资源、文化娱乐资源、医疗资源、政府救助及社会帮助4个方面来反映衡量健康服务满意度总体水平。结果显示，群众的健康服务满意度得分为71.2分，在评价的6个二级指标中，得分垫底。

一是文体资源供给难以满足需求。调查中，群众对周边体育资源的提供满意度为70.8分，在20个三级指标中排名第17位。群众对文化娱乐资源的服务满意度为71.7分，列三级指标排名第14位。两项指标得分和排名总体靠后，表明宁波市文体资源供给水平与群众需求之间存在较大缺口。

二是医疗服务供需矛盾依然突出。调查显示，群众对医疗资源服务满意度为70.6分，排名第18位。奉化、江北、慈溪、余姚、象山等地评价更低，都在65~69分之间。这在全市民生工作满意度调查排名中也得到了佐证，11项测评指标中医疗满意度排在第7位，也相对靠后。政府医疗资源的供给与群众医疗需求之间，仍然存在较大差距。

三是社会保障和救助水平仍有待提升。调查显示，群众对当地的政府救助和社会帮扶情况的满意度为71.7分，低于三级指标平均分6.2分。社会医疗保障程度不高，普通群众就不能享受更多更好的医疗服务，健康满意度自然也会受到较大影响。

二、健康环境构建与群众企盼还存在较大差距

调查显示，公众对影响健康环境满意度的相关内容评价中，除了社会治安满意度得分81.0分外，食药、交通和生态3项满意度普遍偏低。加权计算得到健康环境满意度得分仅为72.0分，比二级指标平均得分低了7.2分。

一是食药安全问题突出。公众对食药安全情况的评价得分为65.7分，比20个三级指标平均得分低了12.2分，列最后一位。奉化、慈溪等地群众对此评价甚至在60分以下。食品药品的安全问题，形势不容乐观，已成为当前影响全市群众健康满意度的最大短板。

二是交通环境制约明显。目前的交通环境与市民的出行需求之间还有较大差距。本次调查中，群众对当地交通环境的满意度为69.6分，20项指标中排19位，成为拉低全市健康环境满意度的第二大因素。

三是生态环境有待进一步提升。近年来，社会公众对生态环境质量的满意度逐年提升，本次调查中得分为71.7分。公众对生态的满意度虽在提升，但整体水平还较低，且在20个评价指标中并列第14位，较为靠后。与平均得分之间差距仍然较大，生态环境满意度已成为拉低健康环境满意度第三大影响因素。

三、健康体魄现状满意度评价偏低

拥有一个强健的体魄是提升群众健康满意度的核心。从本次调查结果看，群众对身体健康满意度得分为76.7分，低于二级指标平均得分。

一是对运动活动能力最为不满。调查显示，群众对自己运动和活动能力的满意度评价为72.5分，远低于平均得分，在20项指标中排13位。在生活节奏不断加快、竞争压力不断增强的当下，市民对自己身体的运动能力评价偏低，成为拉低身体健康满意度的最大因素。

二是中年人自评身体最弱。从不同年龄段对身体运动能力的评价结果看，对身体满意度评价最低的是40~49岁年龄段的群体，仅67.9分，比评价最高的退休群体（60周岁以上）少了10.4分。

四、健康城市建设存短板，区域群体差异大

从健康满意度评价结果来看，全市各地、各类群体间健康满意度评价差异明显，这种情况也反映出工作推进的不均衡。

一是区域差距明显。总体评价市区高于县市。从区县（市）来看，其中自我健康满意度高低相差5.6分，可持续健康满意度高低相差7.1分，总体健康满意度相

差4.6分。宁海县群众评价最高，达79.9分。剩余区县（市）中，得分靠前的3位分别是海曙、鄞州和北仑。

二是年龄差距明显。中年群体成评价洼地。调查结果中，29周岁以下的青年人，健康满意度最高，为80.3分。而40岁以上60岁以下的中年群体，则评价靠后，平均健康满意度仅为76.2分。

三是其他差距。除了地域和年龄差异外，不同学历群体评价最大差异为3.9分，不同收入群体评价差异为2.0分。此外，性别和城乡差异不太明显，均为0.9分。

附表1　　宁波市群众健康满意度指标体系构成

一级指标	二级指标	三级指标	四级指标	权重
健康满意度	自我健康满意度	身体健康满意度	运动和活动能力	5
			思维能力和记忆能力	5
			身体健康总体状况	10
		心理健康满意度	幸福感	5
			性格评价	5
			抗压能力	5
			心理状态	5
		社会适应满意度	人际关系	3
			交往能力	3
			处事能力	4
		道德健康满意度	社会公德	5
			职业道德	5
	可持续健康满意度	健康环境满意度	生态环境	5
			社会治安	5
			交通环境	5
			食品药品安全	5
		健康服务满意度	体育资源	5
			文化娱乐资源	5
			医疗资源	5
			政府救助、社会帮扶	5
	合计			100

附表 2　　宁波市群众健康满意度汇总表　　单位：分

		健康满意度	自我健康	身体健康	心理健康	社会适应能力	道德健康	可持续健康	健康环境	健康服务
地区	全市	77.8	81.9	76.7	82.7	82.0	90.5	71.6	72.0	71.2
	宁海县	79.9	84.1	80.8	84.2	84.0	90.3	73.6	73.6	73.6
	海曙区	79.7	84.0	80.2	83.9	83.0	93.1	73.2	74.6	71.9
	鄞州区	78.9	82.1	76.8	82.9	82.9	90.3	74.1	73.8	74.4
	北仑区	78.8	81.5	76.5	81.6	81.5	91.0	74.8	74.8	74.8
	奉化区	77.9	84.3	79.3	86.4	83.2	91.4	68.3	70.3	66.3
	镇海区	77.7	81.3	75.4	81.7	82.6	91.0	72.2	70.1	74.3
	余姚市	77.3	81.9	74.8	84.2	83.6	89.6	70.5	71.4	69.6
	象山县	76.5	79.8	74.7	81.1	79.5	87.7	71.4	72.6	70.1
	慈溪市	75.7	81.1	75.4	82.1	81.3	90.1	67.7	66.1	69.3
	江北区	75.3	78.7	73.0	78.6	78.1	90.8	70.2	72.8	67.7
年龄	18～29岁	80.3	83.0	79.3	82.7	83.3	90.7	76.3	77.5	75.1
	30～39岁	77.9	82.9	77.2	84.0	84.0	91.1	70.4	71.0	69.9
	60岁以上	77.4	80.2	75.8	80.8	78.7	89.5	73.2	73.9	72.5
	40～49岁	76.8	81.5	75.0	83.1	81.6	91.2	69.8	69.7	69.9
	50～59岁	75.5	80.2	75.1	81.1	79.5	89.1	68.6	68.0	69.1
学历	大学本科	79.5	84.2	78.0	85.6	85.0	92.8	72.5	73.7	71.3
	研究生及以上	79.5	87.6	83.8	87.1	89.9	94.0	67.3	70.0	64.7
	大学专科	79.1	83.2	77.3	84.5	83.6	92.1	73.0	74.7	71.2
	小学及以下	76.8	77.7	75.6	77.3	76.3	84.0	75.4	74.4	76.4
	初中	76.7	80.4	76.4	80.5	79.8	89.1	71.0	70.2	71.9
	高中/中专	75.6	79.8	74.5	80.5	79.6	89.2	69.4	68.7	70.0
收入	2001～4000元	78.7	82.5	77.8	82.8	82.1	91.8	73.0	73.6	72.3
	2000元及以下	78.4	79.9	75.9	80.9	78.6	87.2	76.0	73.8	78.3
	6001～10000元	77.6	82.9	76.6	84.7	83.6	91.4	69.5	71.1	67.9
	10000元以上	77.2	83.3	78.2	83.4	85.1	91.5	68.1	68.3	67.9
	4001～6000元	76.7	80.7	74.9	81.8	81.1	89.7	70.6	71.6	69.6

续表

		健康满意度								
			自我健康					可持续健康		
				身体健康	心理健康	社会适应能力	道德健康		健康环境	健康服务
性别	男	77.3	81.1	77.0	81.2	80.9	89.4	71.6	72.6	70.5
	女	78.2	82.6	76.3	84.2	83.1	91.8	71.6	71.4	71.9
城乡	城市	78.0	82.0	76.5	83.0	82.4	90.7	72.0	72.3	71.7
	农村	77.1	81.4	77.0	81.8	80.9	90.2	70.7	71.3	70.1

课题组成员 宁波市统计局 张小兰（整理）

宁波推进医养结合的问题及对策建议

◎ 任月红　张君华

目前，宁波老龄化日趋严重，截至2016年底，全市60周岁及以上人口138.04万人，占总人口的23.35%，老年人年增长率近5%。老龄化系数连续五年以约1%的速度增长。据预测，到2020年，全市老年人口将突破160万，老年人口系数将超过25%。老年人除了养老，还十分关注医疗、康复问题，如何把养老与医疗有机结合在一起，创造性地探索“医养结合”模式，是摆在宁波面前的新问题。近年来，宁波大力推进医疗卫生和养老服务相结合，探索医养结合新模式，取得了一定的成效，同时也存在一些问题和不足。

一、宁波推进医养结合存在的问题

（一）顶层设计不足，体制机制不够完善

主要表现在两个方面：一是管理体制不畅，行政效率不高。养老机构由民政部门管理，医疗机构由卫计部门管理，医保由社保部门管理，管理“部门化”导致资源“碎片化”，医养资源不能充分融合，限制了高品质医养融合服务提供。二是配套政策不全，运行机制不顺。目前全市缺乏统一的医养融合发展总体规划与实施细则。《关于进一步鼓励民间资本投资养老服务业的实施意见》《宁波市“十三五”养老服务业发展规划》两份文件中均提出要“促进医养融合发展”，但缺乏配套的实施细则和政策支持，运行机制不顺。

（二）水平参差不齐、整体有待提高

主要表现在两个方面：一是机构医养结合水平偏低。宁波除了海曙广安养怡院、少数民办高端养老社区和少数“医中设养”的机构，医养结合水平比较高外，其他“养中设医”的水平普遍较低。目前，全市378家养老机构，内设医疗机构59家，占比不到16%，且“医养结合”专业化、精细化水平整体不高。二是社区医养结合试点不足。医养融合试点多在机构养老，较少涉及社区和居家养老。这与宁波“9064”的养老服务体系不相适应，无法满足广大居家老年人的医养服务需求。

（三）社会资本参与不足、政府资金压力大

目前，宁波的机构养老服务出现了公建民营、民办公助等多种社会参与形式，而社区居家养老也已基本实现社会化运作。但从全市来看，现阶段医养结合的发展本质仍处在政府推动阶段，带有较浓厚的行政色彩，医疗服务与养老服务结合尚未形成有效的市场参与机制，各类社会组织和民办医疗机构的参与明显不足，少数瞄准的是“高端”，“大众”层面参与不足。全市 378 家养老机构，医养结合不到 16%，原因是硬件设施“遥不可及”，改建任重道远，急需社会资本的参与。

（四）医养结合专业人员缺乏，服务供给不足

表现在两个方面：一是养老机构专业护理人员缺乏，养老机构内设医疗机构医务人员更加缺乏，大部分属于退休返聘人员。且机构中的医、护人员流失率高。二是社区基层卫生资源紧张。居家养老与医疗服务结合，服务的提供者主要是社区卫生服务机构的医护人员。但在大部分基层医疗机构现有资源不足和服务能力有限，恐难满足老年人医养结合的养老需求。

（五）“互联网 +”智慧医养结合覆盖面窄，服务效率较低

在互联网快速发展的今天，一系列智能化设备让社区居家养老医养结合成为可能，然而目前只江北区在区域层面探索引进“互联网 +”，智慧医养融合模式。宁波市级基于医疗信息技术的区域协同医养一体化服务平台还未构建，无法实现全市 11 个区县（市）管理互通和基本管理单元全覆盖，集成全市各类医疗和养老服务资源，对接养老服务需求与供给。

二、宁波进一步推进医养结合的对策

（一）构建一体化行政协调机制

医养结合养老服务，涉及多个部门。为了避免“政出多门”，“大家都在管，大家都不管”的局面，应该成立由分管副市长牵头，卫生局、民政局、教育局、社保局等多部门副局级领导参与的医养结合联合服务办公室。从宁波实际出发，做好医养结合服务的整体布局规划，打破各部门间的行政壁垒，为医养结合提供组织保证。

（二）加快出台配套政策文件

医养结合需要全方位的政策导向，需要顶层设计的政策文件。一是要用规划做保障，制定宁波医养结合的中长期规划。根据老年人群的需求和现有的医养资源分布状况，进行超前规划和布置，合理制定其规模、数量和功能，提高老年人对医养服务资源的利用和共享。二是要用政策做保障，宁波要根据国务院颁发或转发的系列医养结合的文件精神，制定并出台《宁波关于推进医疗卫生与养老服务相结合指

导意见》，构建医养结合的梯度服务序列，避免同质化竞争和重复建设，导致服务供给内容单一化、服务项目千篇一律。

（三）完善资金筹措机制

首先，政府要加大财政补贴提供资金，对医养结合机构给予适当运营经费补贴。其次，依据梯度服务序列差异化支付政策，合理调整医保报销比例，适当提高医养结合机构医保定额。再次，全面推行长期护理保险，凡是参加宁波城乡医保的居民，均应参加长期护理保险。最后，通过“冠名”“外包”“托管”、公办民营、民办民营、民办公助、公办民助，公私合营等多种方式，吸引民间资本的参与。

（四）完善质量保障机制，提高医养结合服务水平

首先，制定统一的养老需求评估机制，构建不同的服务序列，避免过渡服务或服务不足，提高服务的精准化。其次，制定统一的医养结合服务机构的准入、退出机制，规范市场行为，加强监管力度，使其逐渐制度化、规范化。再次，健全跨部门协作的服务质量监控机制，保证医养结合的服务质量。最后，制定服务机构的衔接与转介机制，合理分流服务对象、分配养老资源。

（五）加快医养结合服务人才队伍建设

医养结合需要大量的全科医生和由全科医生组成的家庭医生团队和专业的老年护理人员。应适度提高全科医生的待遇，职称评定适当向他们倾斜，增强其职业吸引力。“陪”“育”双管齐下，保证专业的养老护理人员的供给。“陪”即加强对社会招聘人员或家庭成员进行养老护理的专业培训；“育”指在大中专院校设立养老护理相关学科，培养专业人才。落实养老护理员特殊岗位津贴制度、养老服务及管理类专业毕业生到养老机构入职奖补政策。

（六）构建全覆盖的“区域协同医养护一体化智慧医养服务平台”

学习乌镇经验，构建宁波市基于医疗信息技术的“区域协同医养护一体化智慧服务平台”，实现全市11个区县（市）管理互通和基本管理单元全覆盖，集成本市医疗和养老服务资源，并通过智能化方式快速对接养老服务的需求与供给，做到智慧养老全覆盖。

宁波推进医养结合的八大模式

◎ 任月红　张君华

当前，宁波人口老龄化呈现加速发展的态势。截至2016年底，全市60周岁及以上人口138.04万人，占总人口的23.35%，老年人年增长率近5%。老龄化系数连续五年以约1%的速度增长。据预测，到2020年，全市老年人口将突破160万人，老年人口系数将超过25%。在老年人群医疗卫生服务和生活照料需求不断叠加的背景下，迫切需要医疗卫生与养老服务融合发展，“医养结合”成为大势所趋。宁波于2014年起开始探索医养结合工作，出台相关扶持政策，鼓励医疗资源进入养老服务领域，逐步实现“养”与“医”之间的无缝对接，走出了医养结合的宁波模式。

一、养老机构内设医疗机构模式

该模式是在大中型养老机构或社区养老服务中心内，单独设置综合门诊部，医务室或诊所，增强养老机构的医疗保障能力。内设的医疗机构主要为养老机构或中心居住的老人提供医疗服务，同时辐射到周边有医疗服务需求的人群，并申请纳入医保定点范围。

如江东区社会福利中心和嘉和颐养院设立卫生所。海曙区广安养怡院、段塘老年公寓，江北步韬益寿院，镇海金生怡养院配有医务室。鄞州区博美颐养院内设康复中心、象山老年公寓内设医院等。截至2016年底，宁波272家养老机构中，有52家内设医疗机构，其中45家已取得医保资质，共有床位19617张。

二、医疗机构增设养老机构模式

该模式是部分社区卫生服务中心或医院进行结构和功能调整，整合其医疗资源，在医疗机构内设置养老床位或病区，为老人提供长期护理、康复服务。有的甚至转型为老年康复院、老年护理院等“医养结合”型服务机构。这种模式医疗资源较为充足，除了收住常规高龄、患病老人外，还收住需要全面护理的半失能、失能、失智的老人，医疗机构转型为医养结合型机构，能够较为精准地为老年患者提供长期医疗、护理等服务。

如奉化爱伊美医院，是宁波唯一的民营心血管三级甲等专科医院，在院区内设置了养老机构——文芳老人护养园，拥有床位250张。鄞州区钱湖医院，是宁波二级乙等综合医院，开设床位100张，收需要照护的失能、失智老人，开展医养整合照料服务试点。招宝山街道社区卫生服务中心通过租用1280平方米房舍改造成医疗用房，创办老年人康复中心，设置康复床位50张。镇海区中医院扩建后专门开辟康复病区，设置床位40张。目前，宁波市级综合医院和部分二级以上医院均开设了老年医学科和康复医学科，均设有老年、康复护理专病床位。

三、社会资本建立高端医养结合养老社区模式

该模式是社会民间资本投资建立的“社区＋医院＋地产”高端亲情养老社区，养老社区集养老、医疗、生活、娱乐等功能于一体。养老社区设立医院，为本社区居民提供特约门诊、康复及照顾护理等医疗服务；定期健康检查、防疫注射与体能检测；配备专业人员，提供周详用药管理服务；规划居民个人健康计划，并提供养生处方；建立个人健康资料库；设置全天候监控中心，确保高效率的紧急医疗救护功能；定期举办健康讲座、养生咨询等。

如宁波慈溪恭和苑，是宁波市首家“医养结合”试点养老机构，是乐成养老投入运营服务的旗舰项目之一。慈溪恭和苑提供“医养结合、以养为主”的亲情服务，苑区内设239套居住单元，共426个床位。象山县老年公寓也是由房地产商与民政、卫计等部门联合，共同打造的医养结合养老模式“新缩版”。在象山县老年公寓内共有1512张养老床位，内设县老年医院，为公寓内老年人提供医疗保健、健康教育、上门诊疗服务为主，辐射周边乃至全县的老年人医疗卫生服务。2016年正式落户东钱湖旅游度假区的柏庭高端养老项目，是中国首家集养老、护理培训、康复医疗为一体的生态养老中心，包括20栋多层健康公寓、16栋适老中式别墅，约2000张床位，并配有专门的社区门诊、图书馆、俱乐部等。该养老项目与宁波李惠利东部医院、宁波市医药卫生工作者协会签订了“医养合作”协议。

四、养老机构与医疗机构契约合作模式

该模式是一些中小型养老机构或社区养老服务中心，由于场地或多种条件限制，不具备内设医疗机构的条件，与周边的医院、社区医疗服务中心签订契约合作协议。协议合作的卫生服务中心、医院为养老机构或中心的老人建立健康档案、定期为其提供巡诊、慢性病干预与指导、健康教育等。同时，为这些养老机构或中心由于病情恶化需要转诊的老人办理转诊绿色通道服务，方便老人就医。

如海曙区望春敬老院、爱心养老院、并肩行照护院等机构与社区医疗服务机构建立合作关系，基本解决了养老机构医疗服务问题。截至 2016 年，全市有 192 家养老机构与附近医疗机构签约服务。

五、医养比邻模式

该模式是通过规划调整，促使医疗卫生服务机构与养老机构“比邻而居”，共同开展为老服务。医养比邻模式，避免机构入住的老人在养老机构与医疗机构来回奔波的路途辛劳，也很好地解决了养老机构医疗资源不足的短板。

比如宁波镇海区，截至 2016 年，该区 87 家居家养老服务机构中已有 11 家机构实现与社区卫生服务为机构毗邻或一体化建设。

六、家庭医生上门服务模式

该模式是社区卫生服务机构为老年人建立健康档案，由家庭医生服务团队与老年人家庭建立医疗契约服务关系，开展上门诊视、健康查体、保健咨询等服务，并对符合建立家庭病床条件的签约居民提供家庭病床服务，使老年人不出社区、不出家门就能够享受到专业的照料、护理、保健等服务。

2011 年起，宁波在全省率先开展了契约式家庭医生制服务试点工作，2015 全面启动家庭医生签约服务工作。截至 2016 年底，全市 148 家社区卫生服务中心（乡镇卫生院）均开展了签约共作，签约家庭医生 3302 名，累计签约 65. 6 万人，其中重点人群签约率达到 34. 15%，每个家庭医生大约签约 300 人，有效提升了居家和社区养老的老年人对医疗卫生和健康服务的获得感。

七、家院互融健康直通车模式

“家院互融健康直通车”养老及残疾人照护服务，是将居家养老服务和福利院、敬老院等集中养老服务融合，本着“需求主导、保障重点”的原则，在高龄老人、残疾人自愿接受服务的基础上，集养老、医疗、康复、护理于一体的“医养结合”模式。服务内容主要包括一年一次的居家健康体检、健康评估和相应的健康指导，一月一次的面对面健康访视、每年 4 ~ 12 次的规范化慢性病管理等。社区卫生服务中心统一购买电瓶车，专门用于出诊服务，只需一个电话，全科医生就能及时上门帮助行动不便老人或残疾人解决常规检查、配药、日常护理等问题，同时为有需求的老年人或残疾人提供家庭病床服务。2016 年度，明楼街道“家院互融健康直通车”服务达 2000 余人次。

原江东区多部门相继在白鹤、明楼等街道试点开展家院互融健康直通车项目，相关街道社区卫生服务中心为具体执行者，区民政局投入一定项目经费，区卫生局负责监管服务质量，各街道居委会工作人员负责服务对象与社区卫生服务中心间的信息沟通。2016 年，明楼街道“家院互融健康直通车”服务达 2000 余人次。

八、“互联网 + 养老”智慧医养模式

该模式是利用互联网、物联网、大数据、云计算等技术，通过市、区县（市）、街道（乡镇）、社区（村）四级智慧医养服务平台，实现宁波 11 个区县（市）管理互通和基本管理单元全覆盖，集成全市各类医疗和养老服务资源，对接养老服务需求与供给。它通过远程医疗和社区卫生服务中心线上线下相结合服务，对老年人健康状况进行持续跟踪，提供个性化养老、医疗服务。

如 2016 年 10 月，江北区整合医联体内三甲医院和社区卫生服务机构的医疗信息平台，以“移动医疗”的方式，面向签约居民提供完整的医疗监护和健康促进信息，实现医养护一体化服务。该项目以宁波大学医学院附属医院为智慧健康中心，同时在宁波市江北区的街道社区卫生服务中心设立健康小站的“互联网 + 医疗”云端医疗项目。

比较宁波医养结合的八大模式，有的发展已经比较成熟和普及，如养老机构内设医疗机构模式和医疗机构增设养老机构模式；有的需进一步提升和发展，如家庭医生上门服务模式和家院互融健康直通车模式；有的根据发展新要求，需要进一步提倡和推广，如社会资本建立高端医养结合养老社区模式和“互联网 + 养老”智慧医养模式。为进一步提升宁波医养结合服务水平，下一步要加快出台配套政策文件，完善资金筹措机制和服务质量保障机制，加快医养结合服务人才队伍建设，构建全覆盖的“区域协同医养护一体化智慧医养服务平台”。

打造食品药品安全社会共治的宁波样板

◎ 课题组

食品药品安全（以下简称食药安全）问题是世界性难题，发达国家的治理历程表明，推动政府单向监管向社会多元共治转变，是提高治理效率的主要途径。浙江医药高等专科学校罗文华教授建议，通过构建一个“五位一体，四联并举”的网络，打造食药安全社会共治的宁波样板。

一、“五位一体，四联并举”食药安全社会共治网的结构

“五位一体，四联并举”食药安全社会共治网是指政府、监管部门、企业、行业组织、社会公众等五个社会主体共同参与，在政府主导下，构建联防、联控、联合、联动的工作网络，把多方资源整合起来，形成综合施治、共保安全的治理新格局。

（一）监管部门联防整治，保证执法高效公平

“联防”是构建食药安全社会共治网的核心。按照构建“一体化、广覆盖、专业化、高效率”食品药品监管体系的总体要求，健全和完善省、市、县、乡四级统一权威的监管架构和专业化、高效率的监管机制，加强多部门联合并网治理。着力推进执法规范化、标准化建设，综合运用行政许可、监督检查、监测检验、信息公开等监管手段，创新源头治理、市场监管、风险防控、监督抽检等工作机制，严格执法，力求公平公正，提高政府公信力。

（二）政府企业联控规范，保障食药源头质量

“联控”是构建食药安全社会共治网的基础。以实施食品药品质量管理规范为重要抓手，引导督促企业健全完善食药生产经营的过程控制体系、产品追溯体系、风险防范体系、责任追究制度，全面落实信息公开、信息共享制度，进一步提高生产经营各环节的透明度，保障食药源头质量。

（三）行业组织联合管理，健全诚信自律体系

“联合”是构建食药安全社会共治网的保障。目前，全市已发展成立了药学会、

医药行业协会、医疗器械行业协会、食品工业协会、生命健康产业研究所等多个食药行业组织。政府引导和支持行业组织参与相关政策、法规、标准的制定和执行；倡导行业自律，鼓励支持食药行业制定出台行约行规和自律规范，发挥行业协会在行业自我管理、自我约束、相互监督等方面的主导作用；强化宣传教育，发挥纽带作用，加强行业自律。

（四）社会公众联动监督，形成强大监管合力

“联动”是构建食药安全社会共治网的关键。政府应加强对社会公众食药相关专业知识的宣传教育，使其认知更加全面；加强对社会媒体的科学引导，使舆论报道更加客观理性。在此基础上，充分发挥人大代表、政协委员监督作用和专家学者的智囊作用，大力发展食药安全协管员、信息员、志愿者队伍，把监督网络延伸到社会公众中；充分发挥12331举报投诉平台作用，鼓励公众依法维权，动员社会各界力量有序参与，推动全社会协同共治、共担责任，合力保障食药安全。

二、搭建社会共治信息平台是当前要务

为构建“五位一体，四联并举”的食药安全社会共治网络，政府的首要任务是要搭建一个信息共享的社会共治平台。在该平台设计过程中，以政府为主导，融入监管部门、行业组织、企业以及社会公众等社会共治的参与主体，为每个主体划分出各自独立又相互联系的功能模块，形成一个集行政执法、决策咨询、企业及产品信息、投诉评价四大模块为一体的现代信息化多元共治系统。

行政执法模块是指以监管部门为主体，采集并向社会公开监管工作中涉及的行政审批、抽查检验、政策法规、假劣药等情况，其中企业获取的信息应实时、全面、具体，并给予反馈申诉的平台。

决策咨询模块是以行业协会为主体，一方面通过制定标准或最低质量要求，加强质量检验，开展行业自律，并将制定出台的行约行规和自律规范向社会公示；另一方面，建立并公示专业研究团队和专家库名单，为社会提供政策法规咨询、技术服务与研究；此外，利用其行业影响力，探讨使用内部通报、行业曝光、终身禁入等内部的非法律惩罚机制，震慑和抑制某些食药企业的违规逐利行为，并视情节严重程度向社会公示。

企业及产品信息模块是以企业为主体，将企业基本信息、内部活动、产品追溯、产品检验、信用管理等信息向社会公示，并定期组织社会公众、行业协会及其他企业到企参观指导，收集参观人员的想法与意见，向社会公示。

投诉评价模块是以社会公众为主体，通过对以上几个模块的信息查阅和了解，将投诉举报、对策建议、满意度评价以及相关疑难问题分模块报送给相关主体，同

时直达政府窗口，由政府统一监管。

以上四个模块，除投诉评价模块以外，其他模块必须实名注册认证，以保证信息的真实有效；投诉评价模块可根据社会公众的实际需求，选择实名或不实名，以鼓励和支持更多的社会公众参与到食药的监督管理工作中。同时，为方便业务操作及信息接收，开展移动办公、移动执法，提供方便快捷的电子监管途径，提高用户使用的便捷性。

三、创建社会共治网的运行模式

社会共治网的触发。首先由社会向政府发送食药安全信心降低的信号（如图 1 所示），该信号对于社会大众而言表现在政府日常收集的投诉评价信息、误导性的舆论以及定期向社会开展的满意度评价结果；对于监管部门而言表现在违法犯罪案件增多；对于行业组织而言表现在产业结构合理化低、政策技术研究积极性低；对于企业而言表现在产品不良事件增多、企业运营不规范等等。

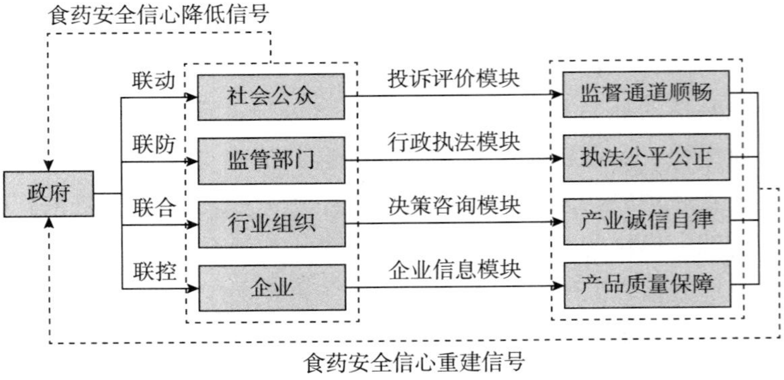

图 1 “五位一体，四联并举”食药安全社会共治网的运行流程

社会共治网的反馈互动。在此信号指示下，政府做出反应，联动社会公众、联防监管部门、联合行业组织、联控相关企业，重点关注信号的集中点、覆盖面，邀约相关主体进行沟通和交流，有针对性地做出改善与预警，并在每年年末进行总结分析。

社会共治网的信心重建。通过政府主导施压，各社会主体协同合作，使监督通道更加顺畅便利，监管部门执法更加公平公正有公信力，行业组织引导行业更加诚信自律健康发展，企业树立良好形象产品质量得到保障，从而提升社会对食药安全的信心。

课题组成员 ◀ 罗文华 傅叶挺 张 华

筑牢乡村振兴“压舱石”

◎ 农贵新

实施乡村振兴战略，村级集体经济繁荣发展是基础。作为改革开放先行者之一的宁波，经过近四十年的发展，村级集体经济已实现质的嬗变，股份合作社已成为村级集体经济的基本载体，股份合作改革全面激发了村集体经济活力，促进了农村经济大发展，使宁波美丽乡村建设、城乡一体化发展等持续走在全省、全国前列。

纵观国内村级集体经济发展的历史，宁波村级集体经济主要有四个亮点：一是股份合作全覆盖。宁波村级集体经济改革在不断摸索中前行，从人民公社到村经济合作社，再到股份合作改革，历经波折，最终探索出“资本经营、股份合作、收益共享”的集体经济实现新形式，目前全市2805个村集体经济组织已全面推行股份合作改革，集体资产量化到人并实行按股分红，有效地解决了村级集体资产归属不清、利益分配不明问题，让集体经济步入良性发展轨道。二是薄弱集体全脱帽。自2003年以来，宁波各级党委和政府不断加大对薄弱村集体经济扶持力度，目前全市所有村集体经济年收入都超过10万元（不含项目补助和村干部报酬补助）。三是租赁经济主阵地。发展村级集体经济，宁波各地从实际出发，因地制宜开发各类项目。从近年实践看，利用村集体建设用地建设标准厂房、经营店面房、外来务工人员公寓等，通过出租以获得稳定经济收入，这是最主要的创收模式。四是政府社会共帮扶。在村集体经济发展过程中，村党支部、村委会、村监督委发挥各自优势支持集体经济发展，社会许多团体和企业通过“村企结对”“联村结对”等形式积极帮扶村集体经济，各级政府通过土地、资金、税收等政策给予帮扶，如鼓励以集体建设用地建设标准厂房对外出租并给予税费减免等，促成多方联动、共同帮扶村集体经济发展的良好局面。

要高水平全面建成小康社会，实现乡村全面振兴，宁波村级集体经济发展仍需补足以下四个短板：一是人口外流待逆转。随着城镇化、城市化的持续推进，以及宅基地等不能买卖等政策限制，宁波农村人口外流的大趋势尚未逆转，乡村人口不断外流。而无论是乡村振兴还是村集体经济发展，人始终是决定性因素，只有留住人，才能引来资金、科技等资源要素，才能激活经济活力。二是多元发展待破解。

宁波村集体经济收入来源主要依靠租赁，这种经营模式具有较强的稳定性，但难以促进集体经济做大做强，更不能有效发挥乡村土地资源、环境资源、乡土文化资源优势，需要强力整合才能突破收入单一困境。三是经营队伍待换血。村级集体经济的经营管理者，主体是本地村民，这些村民大都年纪偏大、学历偏低，科技素质较低，缺乏现代管理经验，在激烈的市场经济大潮中，很难有大作为。壮大村集体经济急需一批少壮派、高素质的经营管理队伍。四是政策改革待突破。制约村级集体经济发展的各种政策还比较多，如集体建设用地还不能有效流转、职业农民制度尚未建立、村级集体经济公共服务职责不明、股份合作社发展缺乏政策法规护航等。这些制约因素仍需要逐一破解，才能促进村级集体经济健康发展。

放眼未来，宁波贯彻落实中央提出的乡村振兴战略，实现率先发展、永立潮头、走在前列，就要加快发展村级集体经济，以推动乡村全面振兴。加快发展村级集体经济，要处理好以下四个关系：一是基础与带动的关系。村级集体经济要为乡村经济发展奠定基础，带动农户经营、家庭农场、专业合作社、民营工商企业等全面发展，带动村民走共同富裕之路。二是服务与分红的关系。明晰各级政府与村集体经济的公共服务职责，明确股份分红权限，促成村股份合作社的自我发展激励机制。三是股份与合作的关系。要深化股份合作改革，厘清股份与合作的关系，厘清经营资本股份与土地股份关系，建立健全股份市场化流动机制，如对完全融入城市、城镇的股份经济合作社，要加快推进市场化改革，通过清算或实施公司化，促进股份合作社转型发展。四是农业与非农业的关系。村级集体经济要立足农业、回归农业本位，着力服务现代农业发展，促进农村一二三产业融合发展，使之成为宁波乡村全面振兴的“稳定器”和“压舱石”。

基层党组织日常教育工作入脑入心化为行动的思考

◎龙　展

党的十八大以来，以习近平同志为总书记的党中央关于从严管党治党提出了系列重要论述，这既是对党中央励精图治坚定决心的直观表达，又是推进中国特色社会主义伟大事业的必然选择。基层党组织和基层干部既是党和国家各项路线方针政策的执行者，也是基层社会治理的组织者和参与者，使命光荣、责任重大。新时期新形势下，加强基层党组织的日常教育工作，确保入脑入心，化为行动，从而促进基层党组织政治功能和服务功能建设，是摆在我们面前的一项重大课题。

一、现状及问题

搞好基层党组织日常教育工作，是基层党组织保持正确方向和阶级属性的实质体现，是确保基层党组织政治功能和服务功能之魂、之根，是基层党组织发挥作用的必要保障。日常教育入脑入心化为行动，直接关系和影响到政治功能和服务功能的发挥。抓好基层党组织日常教育，确保政治功能和服务功能的发挥，从来都是一致的、统一的。近年来，随着改革开放的深入推进，一些基层党组织受市场经济、物质观念冲击和影响，日常教育不够扎实深入，致使党组织战斗堡垒作用发挥不足，政治功能有所减弱，服务功能也随之弱化。十八大以来，中央提出了加强基层服务型党组织建设，并先后出台了一系列加强基层党的建设文件，各地在贯彻落实中，纷纷探索推行了一些好的做法，但是部分基层党组织在如何真正解决日常教育入脑入心问题上，还存在着诸多不足，从而在不同程度上，制约了基层党组织战斗堡垒作用的发挥。

通过调研分析主要表现为“五难问题”亟待解决。

一是思想触底难。面对面做工作、背靠背难知情、心贴心交朋友，口号大于行动，调查摸排浮于浅表；靠感觉、凭经验，以“工作不出事”度定“思想没问题”，对基层党组织党员细微变化不敏感、不觉察、不作为，动态思想捕捉不及时；惯用观察发现、谈心交心等方式，对有些党员思想隐藏性、伪装性不断增强的现实研究不深，运用大数据分析调查的能力有限，费尽洪荒之力却效果不佳。

二是托底落实难。难在多杂乱。据统计，基层党组织每月除完成规定的“必修课”外，还要组织学习会议精神及相关文件。面对繁重任务，有的疲于应付落实，样样用力不够；有的选择性落实，对上级强调多、要求严的临时性教育抓得紧，对长远的经常性基础性工作敷衍了事；有的以“补笔记”代替“搞教育”，机关检查一应俱全，实则“四落实”却成了“空落实”。

三是走心入脑难。形势上受社会不良风气、错误思潮干扰大，单个授课力量与社会大众媒体不对称，传统三尺讲台与海量网络环境不对称，课堂教育时间与信息快速更新不对称，“课堂教育大半天，网上冲浪遭拍砖”等问题凸显，教育有时在一边倒的网帖中显得苍白无力；方式上惯用“我打你通、我讲你听”，把授课讲成部署任务，把课堂局限在室内，把讨论搞成领导讲评，启发式、开放式教育还没有真正走开；内容上喜欢跟着“机关”走、跟着“感觉”走、跟着“经验”走，关注现实、关注当下不够，缺乏新气和地气。

四是知行合一难。教育效果进入思想、进入实践的“最后一公里”没有打通。一些同志反映，个别基层党员听讲时神情专注，讨论时气氛热烈，发言时头头是道，但有时遇事辨不清是非，分不清黑白，甚至当两面人，知与行缺乏有效连接和适时监督，成为影响教育成效的一大梗阻。

五是检查评估难。基层反映，教育评估缺乏量化评判标准，不看基层党组织精神风貌和完成实绩表现，只看本、表、册，单纯以人数、天数、篇数衡量教育质量，凭印象打分、以好恶定性，偏移了施教者的着力点，影响教育实效。

二、原因分析

基层党组日常教育工作不能入脑入心，在指导思想、教育理念、施教队伍上都有原因和不足，经过综合分析为：“三道栏障”必须攻破。

一是指导思想跳不出旧习怪圈。存在“三类倾向”。①口号化倾向。有的嘴上喊得响、表态调门高，但实际上研究育人远不如研究用人那样重视和投入；有的基层党组织议教、教育筹备、评教评学等没建立制度或落实质量不高；有的形式大于内容，程序胜过效果，弱化了对教育的调控助推，教育的地位作用无形中矮化。②功利化倾向。有的对上轻对下重、重眼前轻长远、重实用轻效用，不是为了把基层党组织、党员育好带好，而是只求稳住管住；有的把教育当作一抓就灵的速成工具，出现了快餐化、碎片化、泡沫化的现象；有的把教育当作“万金油”，多头部署、随意下达、层层加码。③形式化倾向。有的不在备课讲课上下功夫，而是琢磨怎么用多媒体吸引眼球，看起来热热闹闹，实际上喧宾夺主、事倍功半；有的把教育当单纯任务去完成，偏离了教育的初衷。

二是教育理念跟不上形势发展。主要是“三个跟不上”。①跟不上基层党员的思想变化。“90后”党员出生在知识经济蓬勃发展、信息爆炸、网络发达、个性偶像等各种新事物层出不穷的时代里，这使得他们拥有了更开阔的视野，但同样也面临着更多的诱惑。教育唯有紧扣这一时代特征筹划展开，才能对正靶标、解决问题。但教育“一言堂”“一锅煮”“一份教案念到底”的现象还普遍存在，自然影响教育效果。②跟不上基层党组织功能转型。有的党组织对需要改进的方向把握不准，仍旧穿新鞋、走老路；有的缺乏改的勇气、变的锐气，满足于当前，守成守旧思想较重；有的随波逐流，被人推着走，不愿在创新上下苦功夫。③跟不上“网络+”时代变迁。随着智能手机的普及和“自媒体”时代的到来，基层党员学习生活已牢牢打上“网络烙印”。教育唯有过好网络关，才能过好时代关。但基层党组织及党员日益增长的多元网络知识与施教者知识欠全面、相对滞后的矛盾，已成为当前基层党组织发展的一个突出性矛盾，把网络教育当成一种负担，探索推进不力。

三是施教者挑不起责任重担。存在“三缺”。①缺少真功。有的专业素养先天不足，后天又不努力，教案靠上级发、从网上“荡”、让下属编，效果可想而知。②缺失真情。有的对待自身岗位、政治教育缺乏认同感、光荣感、使命感，心浮气躁，缺乏“工匠精神”；有的习惯于居高临下当“先生”、板着面孔搞教育，不愿与基层党员坐在一条板凳上谈心交心，使教育丧失了“温度”。③缺乏真形。有的说做两个版本，对人对己双重标准，身教不好，削弱了教育的威信。

三、对策建议

只有基层党组织日常教育的加强，才有政治功能的强大；只有基层党组织日常教育的坚强，才有党的执政地位的巩固；只有基层党组织日常教育的坚定，才能紧密联系服务群众，党的伟大的事业才有保障和力量。实践证明，基层党组织日常教育能入脑入心，化为行动，基层党组织的战斗力就能越强，服务人民群众的效能就越突出，其政治功能也就越强，服务功能也就越优。笔者认为，加强基层党组织政治功能和服务功能建设，“四种力量”需要强大。

一是用好统筹力量，推进教育落实。①统分责任。开好“三个会”：统筹部署会，统筹部署年度教育任务；分析议教会，分析形势、解决问题、确定阶段性教育任务；办公会或教育准备会，研究部署次月教育任务，使教育纳入单位工作大盘子，有条不紊展开。制好“一张表”：月教育计划，严格部门归口承办，每月月底收集教育意见，次月月初部署下达。各支部收好“袋口子”：依据月教育计划，定实周计划，重点作好月开展的自主教育设计。②统住内容。以主题教育为主线统领规范基础教育、形势政策教育和经常性教育。主题教育，根据上级明确，用好用实规定时间，常态化教育实践活动结合每月基础教育组织实施。基础教育，围绕“立正八观、力戒四害”，结合阶段性任务和基层党员倾向性思想问题，每月确定一个主题进行。形势政策教育，利用重大节日、敏感时节搞好形势宣讲和政策解读；落实“三个半小时”制度，搞活新闻点评活动。经常性思想政治教育，要结合实际确定主题，搞好实施。③统合力量。领导带头上课，结合主题教育、基础教育等搞好思想调查和备课辅导。各支部书记根据基层党员现实思想和所属党员骨干特点，搞好本支部内教育备课分工。

二是加大创新力量，焕发教育活力。①扭转思维定式，实现格局由“僵化式”向“开放式”的转变。积极探索开放式教育模式，努力实现教育从课堂内走向课堂外。注重发挥社会资源教育的作用，结合单位实际，开展好现地教学；积极搭建信息交流平台，建强干部党员学习网主阵地，用活“两微一端”互联网新媒介，畅通思想交流渠道，让基层党组织真正学在平时、用在平时、悟在平时。②发挥主体作用，实现模式由“一人讲”向“一起讲”的转变。摒弃“满堂灌”“注入式”“高压式”教学模式，让党员在平等的氛围中，通过集体的智慧和帮助，开窍思维，走出困顿。注重搞好“角色互换”，让普通党员轮流上讲台，共同宣讲，上下一起受教育；开展“人物访谈”“焦点辩论”等集体活动，让全体党员在互动交流中开阔眼界、增长见识。③融入网络时代，实现方式由“单一化”向“多元化”的转变。加强学习网建设，丰富网教资源，用好“意见信箱”“建言献策”等栏目，畅通民主渠道；探索“微教育”方法路子，构建教育“微平台”，组织“微讨论”“微广播”等活动，增强时代性、感召力。④丰富教育资源，实现载体由“干瘪型”向“丰满型”的转变。用好用活红色基因宝贵财富，让忆传统、学传统、扬传统与党员教育契合相融；加强人文关怀，积极开展“日悟一语、周习一文、月读一书”群众性读书活动，创建良好学习环境。

三是坚强队伍力量，确保教育质量。①培训夯实基本功。利用支部活动日、教育准备会等时机，开展思想分析、难题会诊等，增强“授课”本领，提高知情、说理、疏导、解难能力；抓好日常理论学习，领会习主席重要讲话精神，做到先学先悟、融会贯通。②考评催生内动力。加强针对性检查，对教育落实情况指名道姓检查讲评，增强紧迫感；自下而上搞好“万名党员上讲台”竞赛和“支部微课”评选活动，大力表彰先进个人，让抓教育者既有荣誉感更有紧迫感；为每个施教者设立“人气榜”，区分优秀、良好、合格、不合格四个层级评比打分，形成你追我赶的创争氛围。③帮带提升最短板。搞好结对帮教，搞好互帮、互学、互交，探讨教育心得，研究矛盾困难；机关挂钩帮带，利用教育日开展经常性推门听课、检查督促，指导解决难题；领导及政策帮扶，建好用好党支部之家，设立每周不少于半天的教育备课日，为组教施教提供时间与平台；上级为下级做好样子，带头参加教育、带头备课授课、带头践行示范，以身教胜言教，回归重塑教育威信威力。

四是形成体制力量，固牢教育阵地。①思想调查机制。每月或重大教育展开前，结合议教会、办公会、形势分析会，全面分析基层党支部党员思想；遇有国内外重大事件、完成重大任务、政策改革调整以及各种时机，及时搞好思想调查；按照“四个知道、一个跟上”要求，开展经常性谈心谈话，及时掌握基层党员所思所想、所需所盼。②评教评学机制。单位结合半年、年终工作总结，自下而上搞好教育自评，梳理问题，制定措施；根据基层党员思想和每季检查情况量化打分，评选表彰年度教育先进单位。各基层党组织设立意见箱，实时收集党员意见；开好双向讲评会，对教育情况进行民主测评，促进教育整改提高。③跟踪查教机制。定期检查讲评教育开展情况，及时做好问题“回头看”。力求在教育评估上做到“三看”。看问题对接，通过推门听课，了解教育是否回应了党员所关切及疑惑问题；看印象印记，通过现场询问，调查教育是否有收获、有掌握；看教育效果，既注重“四落实”情况，更注重基层支部风气、党员精神面貌和完成工作情况。④奖惩激励机制。将教育纳入基层支部评比，先进单位和个人评优评先，作为干部使用参考依据，实现干与不干不一样、干好干差不一样，确保教育沿着规范化、制度化的方向健康发展。

当前宁波共享单车存在四大问题亟须化解

◎王 巍

共享单车是“互联网 + 传统交通工具”的产物，其灵活方便、节能环保的优点，深受市民喜爱，在推动绿色出行的同时，也引发了一系列问题。近期，宁波市政府发展研究中心在调研中发现，共享单车在本市快速发展的同时，主要存在管理、服务、安全、交叉四大问题，应予以规范有序管理。

一、存在四大问题

（一）缺乏有效管理体制

主要表现为：一是管理部门职责不清。到底共享单车是由交通委、城管部门，还是由公安交管部门、智慧办主管，市里没有加以明确，共享单车事实上处于无人主管状态。二是缺乏企业监管办法。对于什么样的企业可以进入宁波市场，企业营运需要遵守那些规则，目前没有明确的约束办法，导致共享单车管理失序。据统计，全市有 3 家共享单车品牌混战不休，“烧钱”补贴愈演愈烈，“免费骑十次”“免费一周”“骑行得现金红包”等优惠活动层出不穷。许多市民反映，不少共享单车停放随意，占用盲道、公交车站台等，甚至停在消防通道上。三是缺乏承租者用车奖惩办法。难以将多次经核实确认的违规违约承租人或恶意破坏、盗窃等行为人列入黑名单或纳入个人征信系统。

（二）缺乏相关配套服务

主要表现为：一是部门服务工作有待加强。首先是缺乏对共享单车的设施承载力和市民出行需求的评估，没有对宁波共享单车的最大投放量以及各区单车投放的具体分配额度进行估算，导致很多单车成为“僵尸车”。其次是没有开展大数据分析，难以在交通枢纽、大型商业区、办公区、医院、旅游景区、居住区、企事业单位等公共场所，科学设置、优化设置或规划预留单车停放区，导致很多共享单车乱停乱放、堆积占道，影响公共秩序和城市形象。二是基础设施“资金投入”缺乏保证。难以做到将单车道、停放区及其附属设施建设、养护、维修一并纳入城市道路建设、养护、维修计划。

（三）存在安全隐患

主要表现为：一是资金安全。调查显示，除承租者的预付金外，全市共享单车承租人的押金数额可能达到数百万甚至上千万元，但企业如何保证这些大额的押金和预付金的安全没有明确规定，而且企业如果退出市场后，承租人的押金和预付金退还的时限也不明晰。一些市民反映，用户押金和预付金往往充值容易、退费难。还有二维码诈骗等问题，有一定资金安全隐患。二是信息安全。鉴于全市共享单车的注册用户较多，存在较大的信息安全隐患，如何保证注册用户的身份信息安全尚缺乏明确的规定。三是骑行安全。相比较私人自行车，共享单车由于使用频率较高，损坏率也较高，对于缺乏车辆产品质量检测合格报告，维修、报废和回收时限没有做出明确要求。近期上海不满 12 岁男孩骑行共享单车与汽车相撞身亡的事件引发公众热议。如何确保车况安全、限定骑车人年龄、用户保险保障、谁为事故担责理赔等问题，迫切需要出台相关规定。

（四）存在交叉问题

公共自行车和共享单车都是用来解决市民“最后一公里”问题，二者之间存在竞争和冲突，应该如何协调解决。据有关人士估计，全市共享单车接近 10 万辆，公共自行车将近 4 万辆，二者分属不同的管理主体。如何保证它们有序竞争，服务好广大市民问题需要加以研究解决。

二、有关化解建议

（一）加强管理

一是明确主要管理部门和配合管理部门。共享单车是“互联网 +”背景下出现的新生事物，建议有关部门借鉴北京、上海、深圳、南京、成都等城市管理经验，结合宁波实际，加快明确共享单车企业的主要管理部门和配合管理部门。二是制订共享单车企业管理办法。明确企业的准入门槛，建议对企业进入宁波市场要达到什么条件，如办公场所、人员配制、信息平台建设等加以进一步明确；同时明确企业营运规则，如单车投放前应向有关部门报批，将本地注册用户信息、车辆有关信息等与交通管理部门共享，并有明确的退出办法。三是制订承租者个人管理办法。鼓励支持企业建立乘租者诚信评价体系，奖励租车者的守信行为和文明骑行，将多次经核实确认的违规承租人列入企业黑名单，并把涉及恶意破坏、盗窃等违法行为信息由公安部门纳入个人征信系统。

（二）优化服务

一是优化企业服务。企业营运投放的车辆应符合国家强制性标准要求、规范的车辆计费标准，以及开发“APP”“电子围栏”等新技术和特殊卫星定位（GPS）功能，建立健全骑行保险理赔机制，为承租人购买人身意外伤害险和第三者责任保险，并设有专门接待投诉、咨询的窗口或电话。二是优化部门服务。建议市级主管部门根据区域设施承载能力、市民出行需求以及企业线上线下管理水平，设定辖区最大投放数量，并开展大数据分析，在一些公共场所，合理设置单车停放区，允许所有共享单车使用；同时，规划、建设和财政等部门应保证设施建设的“资金投入”，将自行车道、停放区及其附属设施建设、养护、维修一并纳入城市道路建设、养护、维修计划。

（三）保障安全

一是把开立资金专用账户作为企业营运门槛准入条件，要求企业定期报告押金的使用情况，接受银行监管，明确企业退出营运时，应在规定的时限内退还承租者押金和预付金。二是明确企业对于承租者的所有信息应当在中国内地存储和使用，不得擅自公开、泄露或向他人提供，保证注册身份信息安全。三是要求租车者必须年满 12 周岁，实名注册，确保文明用车、安全骑行、有序停放，爱护共享自行车和停放设施等财物；同时，营运企业要有明确的车辆维修、报废、回收时限。

（四）协调发展

一是错位发展，建议共享单车与公共自行车停车点设置不完全重合，共享单车除了繁华区域停车点外，应有更多比较偏僻的停车点，满足不同市民的个性化需求。二是互相补充，建议公共自行车公司与共享单车企业实行主体互相融合，做到你中有我，我中有你；并整合共享单车和现有公共自行车的管理资源，共享单车可聘用管理公共自行车的志愿者，由公共自行车管理队伍对公共自行车和临近的共享单车进行统一管理。

加强宁波城区共享单车泊车管理的三点建议

◎ 颜晨阳　傅叶挺

2016 年 11 月开始，陆续有哈罗、摩拜、ofo、优拜等共享单车运营企业进驻宁波。据运营企业自报的统计数据，截至 2017 年 8 月，这 4 家企业在全市共投放车辆约 20 万辆，注册用户约 80 万人次，日均使用量 40 万次，基本实现除宁海、象山外的区域全覆盖。

共享单车的出现，一方面对全市打造“公交都市”、解决市民“最后一公里”出行发挥了积极作用；另一方面，其爆发式增长也引发了无序停放，占用人行道、非机动车道甚至机动车道，影响群众出行安全和城市环境等管理难题。就此，我们组织了专题调查，提出相关建议。

一、宁波城区共享单车泊车治理难点

（一）共享单车管理依据缺位

目前，全市与共享单车相关的指导性文件以及管理制度文件均缺失。现有《宁波市“十三五”公共交通发展规划》《宁波市非机动车管理条例》《宁波市路内非机动车停放区设置导则》等文件，或失之笼统，或过于老旧，或仅为技术守则，既无法作为依据来指导本市共享单车发展，更无法作为管理规范来付诸实施。

（二）非机动车泊车位缺口较大

目前，宁波城区拥有共享单车约 20 万辆，绝大多都被投放到了建成区中。目前中心城区非机动车停车点仍仅有 1200 个，车位数 22000 余，不考虑其他非机动车，单对共享单车而言也是杯水车薪，难以满足需求。

（三）共享单车企业线下运维能力不足

按照上海、杭州提出的 5‰的比例配备，宁波共享单车应该有 1000 名线下运维管理人员。但全市各运营企业的线下运维人员多则近百人，少则数十人，且其中还有部分为非全职人员，缺编十分严重。导致大部分共享单车乱停事件不能在 1 小时内完成处置，多数要延宕数小时乃至数天，且相当部分最终是由城管、交管、环卫部门工作人员，甚至社区、写字楼的物业代为处置，相当于将企业的运营成本转嫁给了政府和社会。

二、加强共享单车泊车管理的三点建议

（一）设置红线，宽严结合，推进政企共管

在政府指导下，行业组建协会，制定运营规则和标准，推进“政府规范指导、企业充分参与”的共管模式。建议由市交通委等相关部门牵头，筹建宁波共享单车企业联盟，依据中央10部门联合出台的《关于鼓励和规范互联网租赁自行车发展的指导意见》，参考上海、杭州等城市出台的地方指导意见，组织专业委员会制定《宁波共享单车经营管理公约》，尝试推进包容式监管，给企业预留充分的尝试和创新空间，鼓励企业使用新技术、新手段来解决问题。

建议的监管红线有两条：一是共享单车运营企业须与属地政府部门签订“共享单车违停处置责任书”，须承诺对投放车辆的违停，负有管理与清理的主体责任。二是要引入数据披露机制。共享单车运营企业应将区域内单车运营、调度、骑行等数据无偿提供给相关部门，所有违停清理的共享单车需配合城管、交警等部门提供违停行为人信息，以便开展违停执法。

（二）盘活存量，做好增量，优化泊位设置

按照“交通相宜、衔接接驳、因地制宜”的原则，由城管部门牵头，联合交警、轨交、公交等相关部门和企业，依据《宁波市路内非机动车停放区设置导则》，厘清正负面清单，全面协调推进泊位设置和设施建设，盘活存量，做好增量，进一步优化泊位设置和管理：一是要盘活存量。针对市区部分人行道、公共场所存留的非机动车的泊位，各区城管局与相关单位共同踏勘现场，以该导则为标准对原有泊位进行再次梳理。对符合导则要求的泊位，进行补划后纳入泊位统一管理。对不符合导则要求的泊位，取消设置。二是要做好增量。建议各区城管部门因地制宜，积极创新，包括：探索利用道路红线外公共空间资源或城市绿地；探索铺设绿化道板和立体停车等停车方式；试点探索设置基于电子围栏泊车位；探索将泊位施划的实际需求与城市整体景观进行有机结合；鼓励企事业单位、社区在非公共区域设置共享自行车调度停放点。

（三）落实责任，明确流程，规范违停处置

建议市城管部门充分利用市智慧城管平台切实监督企业落实好所承诺违停管理的主体责任；同时会同企业研究制定好违停处置流程，推进共享单车违停处置的规范化：一是明确共享单车运营企业主体责任。建议市城管部门与共享单车企业会同研究确定不同区域的违停处置时限，若企业不及时到场处置，城管可组织力量或者

委托第三方代为处置，所需费用由企业承担。同时市城管每季度对企业处置办结率评比打分排名，在媒体上予以公告，接受社会和舆论监督。二是规范共享单车违停处置流程。将共享单车运营企业纳入市智慧城管平台，视情况为每家企业配置若干“处置通”。处置流程可规范如下：第一步违停信息采集上报，通过网格信息采集员定期巡视轨道交通、公交枢纽站点周边等重点区域，采集上报或者公众通过智慧城管官方微博、96310热线上报违停信息；第二步是智慧城管平台受理立案，及时通过智慧城管平台将案卷派遣至企业的“处置通”上；第三步由运营企业派出人员处置问题，以图文形式向数字城管平台反馈数据；最后由网格信息采集员现场稽核，确认处置结果后结案。

破解宁波犬类管理难题的对策建议

◎ 周威锋　农贵新

随着老龄化社会推进，少子家庭与空巢家庭逐渐增多，为了充实精神生活和有利身体健康，越来越多的宁波市民家庭养起了宠物犬。宠物犬急剧增多也引发了许多社会矛盾，已经成为宁波城市管理难题之一。近年来，每年“两会”期间都有代表、委员提出相关提案议案。那么如何破解多年困扰宁波社会发展的犬类管理这一难题？基于调查研究，我们提出以下几点对策建议。

一、宁波犬类管理的四大难题

为有效管理犬类，防范狂犬病等重大疫情，宁波早在1998年就出台了《宁波市限制养犬规定》以及《关于宁波市限制养犬规定实施方案的通知》等政策法规，市级公安、农业、市场监管、城管、卫生、贸易等职能部门联合建立了狂犬病防治联席会议和限制养犬工作协调小组等组织机构，宁波市原老三区均已成立限制养犬工作领导小组，并组建了三个犬类管理服务中心和市犬类收容留检所。据有关部门统计，自2004年以来，宁波全市开展了13次犬类整治集中行动，各地组织了260余次整治行动，出动人员1.2万余人次，整治重点小区80余个，收容处置不符合豢养条件的各种犬类6600余只，限养区内累计登记制作养犬许可证5995只，检查整顿宠（动）物医院、交易市场230家，取缔非法交易市场、饲养场所七家，犬类管理取得了积极成效。但也要看到，犬类管理还存在许多长期困扰、难以解决的矛盾和问题，归纳起来看主要有以下四方面难题。

（一）管理政策不健全

一是管理范围太狭窄，难以适应城乡发展要求。如2004出台的《宁波市限制养犬规定》等政策法规中，适用范围主要是中心城市的原老三区以及各区县（市）的限制养犬地区，广大农村地区排除在管理范围之外。

二是管理理念以堵为主，难以适应产业发展要求。现有的政策法规重点是禁止养犬行为，如对养犬实行严格控制、严格管理、禁限结合，禁止个人饲养烈性犬、大型犬等，这跟宠物产业大发展现状产生重大冲突。

三是部分政策法规条款与社会脱节，难以适应依法执行刚性要求。犬之所以为恶，是因为主人不加约束、肆意放纵；而犬主之所以敢于肆意放纵、不加约束其豢养之犬，是因为目前政策法规虽有规定，但在实际执行中，缺乏刚性与力度。

（二）体制机制不完善

犬类管理是一项社会综合治理工作，涉及面广、社会影响大，需要各职能部门的密切协作，需要有效的管理体制和工作机制。根据目前规定，犬类管理体制机制主要是以公安部门主导的多职能部门联动管理制度。作为限制养犬工作的主管部门（主要职能部门）的各级公安机关，负责限养区内养犬的审批、登记、违章养犬的处理、狂犬、野犬及其他违反豢养规定的犬类的捕杀等，但各级公安机关能够调动的资源十分有限，如限养区犬类管理队伍中，主要是每个区一两名专职民警带四五名社区保安组成，原老三区加市留置中心也仅有工作人员 20 余名，且专项经费很少，很难实施有效的管理。可以说，面对量大面广的犬类管理工作，公安部门长期处于被动应付状态，管理效率和覆盖面难以提高。

（三）社会力量难调动

根据相关规定，犬类管理由公安、卫生、农业等部门分工负责，乡（镇）人民政府、街道办事处、居（村）民委员会和住宅小区物业管理组织应当配合有关部门做好限制养犬工作，单位和个人应当协助公安机关做好实施工作等。简而言之，犬类管理是职能部门负责制，其他机构和个人只起到配合作用。而实践中，养犬对象是城乡居民，他们分布于城乡社区之中，职能部门很难掌握他们养犬的具体情况，只有社区管委会、村委会、物业管理公司等才能够真正掌握居民的养犬动态。这些政策法规的规定，显然不利于动员社会力量参与犬类管理。相应地，居民饲养宠物犬引发的种种问题，大家都推给相关职能部门去处理，造成职能部门忙于奔波，而解决问题的效率不高。

（四）矛盾纠纷难降温

由于城乡居民养犬数量增多，引发的各种社会矛盾呈现出持续增长之势。这些社会矛盾，包括宠物犬引发的交通事故、宠物犬咬人、狂犬病疫情、宠物犬威胁、流浪犬扰民等，其中最常见的有遛狗不拴狗链、不给狗戴嘴套、禁区内违规遛狗、狗粪不及时清理等。养宠物犬引发大量的社区邻里纠纷，许多居民对社区邻里养犬怨声载道。据公安部门不完全统计，2016 年宁波因宠物犬引起的交通事故 5399 起，2017 年 1 ~ 3 月已有 1015 起；因宠物犬咬人引起的纠纷，2016 年 4328 起，2017 年 1 ~ 3 月 568 起。这些数据只包括公安部门接到报警的案件，如考虑到没有报警或当事人直接处理的案件，那数据就更大了。由此可见，居民豢养宠物犬引发的矛盾数量之多，对城市管理造成的问题之大。

二、破解犬类管理难题的四点建议

针对宁波犬类管理存在的主要难题，借鉴国内外犬类管理的先进做法，笔者以为可以通过以下四个方面应对措施来破解。

（一）创新管理体制

顺应社会发展大趋势，转变限制养犬管理思维，建立开放式、疏导式犬类管理新模式。政府工作重点应放在保底线、保安全上，主要管理工作应由社会力量来完成。这首先是要创新管理体制，宁波新的犬类管理体制，可以参照杭州市等地的先进经验，将犬类管理职责划归到城市管理系统中。犬类管理由公安系统主管或由城管系统主管，这两种方式各有利弊。公安系统主管威慑力大，养犬人更愿意配合，但是这种管理一般以被动的应诉为主，哪里报警有犬只伤人了才会出警处理，毕竟警力有限，难以形成全面而有效的管理。而由城管系统主管，相对来说工作难度更大一些，有些犬主人不太配合，抵触情绪更大。但其优点是主动式管理，城管执法队伍庞大，管理更细致，尤其对重点区域养犬的巡查管控力度更大。

（二）创新工作机制

其中最主要的是创新犬类登记管理方法，即按照“区县（市）级主管、街道办具体实施、宠物医院配合、宠物芯片强制植入”的模式开展养犬登记管理，实现犬类管理的便民化、专业化、信息化。具体管理方法是，以区级城管部门为区域犬类管理主管机构，委托各乡镇（街道）或社区办理实施饲养犬只许可，委托宠物医院（诊所）办理犬只登记手续，由宠物医院（诊所）提供犬只品种鉴定、疫苗注射、宠物芯片植入等技术性服务。值得一提的是，强制植入宠物芯片，将使每只宠物犬拥有永久身份证，注册登记后便与主人的信息绑定在一起，以此为基础，可以建立宁波全大市犬类管理信息平台，促进养犬的全域化、全程化、精准化、数据化管理。

（三）发动社会参与

犬类管理涉及面广、工作量大，必须调动广大群众积极性和创造性，才能够达到有效管理目的。发动社会参与的重点，是充分发挥社区居委会、村民委员会、物业以及爱犬协会等组织的作用，充分调动社会各方面力量，开展形式多样的管理活动和宣传教育活动。推广北岸琴森小区的犬类俱乐部管理模式，探索建立以社区为主的犬类自治管理组织，引导社区业委会、物业管理服务公司和广大市民参与到文明养犬工作中来。探索建立以宠物医院、宠物店等行业协会主导的犬类自治管理组织，加大对狂犬病危害、犬只管理与免疫、被犬咬伤后的处理等知识的宣传力度等，促成人人支持、人人参与、人人监督的犬类管理良好氛围。

（四）完善政策法规

重点是重新修订《宁波市限制养犬规定》，实行全域化管理，明确养犬人责任与义务，明确公安、农业、市场监管、城管、卫生、贸易等职能部门的权责，以及乡镇（街道）、社区（村委会）、宠物诊所、物业公司等的权责，尤其是明确城乡行政综合执法局（城管）的犬类管理主体权责，从犬只的免疫、养犬资格的审核、养犬的日常管理、无主犬的捕捉到狂犬病的防疫和犬类的市场交易，综合执法、公安、市场监管、卫计、农业和各街道（乡镇）都明确相应的职责。同时，要进一步完善城乡养犬、收留犬、无害化处理等相关政策，加大财政经费保障，增加管理服务的财政采购力度等。

后 记

2017年，面对错综复杂的国内外形势和艰巨繁重的改革发展稳定任务，宁波市认真学习贯彻习近平新时代中国特色社会主义思想，深入贯彻落实党的十八大、十八届历次全会和十九大精神，坚定不移实施“八八战略”，牢牢把握稳中求进工作总基调，牢固树立新发展理念，坚持以供给侧结构性改革为主线，凝心聚力，攻坚克难，统筹推进各项工作，实现了“名城名都”建设的良好开局。

宁波市政府发展研究中心牢牢坚持决策咨询研究和服务领导工作这条主线，紧紧围绕市委、市政府的决策部署，抓住事关宁波发展全局的重点及热点问题，进行深入调查研究，取得了一批可喜的研究成果。我们从中遴选了部分研究成果，分为名城名都、湾区经济、“一带一路”、实体经济、社会民生等五个篇章，结集为《新发展理念引领名城名都建设——2017宁波发展研究报告》，供决策参考和研究交流。

宁波市政府发展研究中心研究一处承担了本书编撰的相关工作，其他编委会成员和相关处室承担了审稿工作。全书由宁波市政府发展研究中心主任、党组书记林崇建主持审定。

本书在编辑过程中得到市有关领导及相关部门的关心和指导，还得到中国发展出版社的支持和帮助，在此特致谢忱。囿于水平，书中不足在所难免，恳望批评指正。

编 者

2018年4月